EDUCAÇÃO E SEUS ATORES
experiências, sentidos e identidades

Coleção Estudos em EJA

ORGANIZAÇÃO
Isabel de Oliveira e Silva
Geraldo Leão

EDUCAÇÃO E SEUS ATORES
experiências, sentidos e identidades

autêntica

Copyright © 2011 Os organizadores

COORDENADOR DA COLEÇÃO ESTUDOS EM EJA
Leôncio Soares
PROJETO GRÁFICO DE CAPA
Diogo Droschi
EDITORAÇÃO ELETRÔNICA
Conrado Esteves
REVISÃO
Ana Carolina Lins
EDITORA RESPONSÁVEL
Rejane Dias

Revisado conforme o Novo Acordo Ortográfico.

Todos os direitos reservados pela Autêntica Editora. Nenhuma parte desta publicação poderá ser reproduzida, seja por meios mecânicos, eletrônicos, seja via cópia xerográfica, sem a autorização prévia da Editora.

AUTÊNTICA EDITORA LTDA.
Rua Aimorés, 981, 8° andar . Funcionários
30140-071 . Belo Horizonte . MG
Tel: (55 31) 3222 68 19
Televendas: 0800 283 13 22
www.autenticaeditora.com.br

Dados Internacionais de Catalogação na Publicação (CIP)
(Câmara Brasileira do Livro, SP, Brasil)

Educação e seus atores : experiências, sentidos e identidades / organização Isabel de Oliveira e Silva, Geraldo Leão. – Belo Horizonte : Autêntica Editora, 2011. – (Coleção Estudos em EJA ; 10)

Vários autores.
Bibliografia.
ISBN 978-85-7526-499-7

1. Educação - Brasil - História 2. Pesquisa educacional 3. Sociologia educacional I. Silva, Isabel de Oliveira e. II. Leão, Geraldo. III. Série.

11-02687	CDD-370.981

Índices para catálogo sistemático:
1. Brasil : Educação : Aspectos sociais 370.981

Sumário

7 Apresentação
Isabel de Oliveira e Silva
Geraldo Leão

Parte I – Os sentidos da experiência na Educação de Jovens e Adultos

27 Entre desejos, desafios e direitos: a EJA como espaço de ampliação da qualidade de vida da terceira idade
Isamara Coura
Leôncio Soares

61 Uma interpretação filosófico-antropológica das experiências escolares de jovens e adultos na EJA
Luiz Felipe Lopes Cunha
Carmem Lúcia Eiterer

Parte II – Juventudes, territórios e identidades

93 Juventudes e identidades: sobre a constituição do corpo e de masculinidades no futebol
Eliene Lopes Faria
Ana Maria Rabelo Gomes

117 Juventude e relações intergeracionais na EJA: apropriações do espaço escolar e sentidos da escola
Carla Linhares Maia
Juarez Dayrell

141 Ser jovem no campo: dilemas e perspectivas
da condição juvenil camponesa
Cristiane Benjamim de Freitas
Geraldo Leão

Parte III – Identidades, processos educativos e ações coletivas

163 Identidade racial e docência no ensino superior: vivências e
desafios de professores pretos e pardos da UFMG
Ana Amélia de Paula Laborne
Nilma Lino Gomes

179 Educação popular, participação e cidadania: a experiência
do PMI (Programa de Melhoramento para a Infância)
Marcelo Edgardo Reinoso Faúndez
Lúcia Helena Alvarez Leite

207 Policiamento escolar e saberes profissionais
Luiz Alberto Oliveira Gonçalves
Windson Jeferson Mendes de Oliveira

243 Movimento sindical e fabricação de subjetividades:
as dirigentes sindicais e a arte de transformarem-se
a si mesmas
Shirley Aparecida de Miranda
Rogério Cunha Campos
Eloisa Helena Santos

265 Os autores

Apresentação

Isabel de Oliveira e Silva
Geraldo Leão

Este livro apresenta o resultado de pesquisas realizadas no âmbito da Linha de Pesquisa Educação, Cultura, Movimentos Sociais e Ações Coletivas, do Programa de Pós-Graduação em Educação da Faculdade de Educação da UFMG. Constitui-se na terceira obra dessa natureza publicada pela Linha: reunião de textos que tratam dos problemas práticos e teóricos que são objetos de pesquisa e de prática profissional de professores e estudantes do mestrado e do doutorado. A reunião em livro de análises realizadas no âmbito da Linha pretende fazer chegar aos profissionais que se encontram atuando em instituições escolares e não escolares, bem como aos demais pesquisadores da área, as reflexões realizadas na universidade e que podem subsidiar as análises e intervenções nas práticas cotidianas de educação em diferentes espaços educativos.

As investigações realizadas no âmbito dessa Linha de Pesquisa são articuladas pelas temáticas abordadas e, sobretudo, pelo compromisso de desvendar e compreender a complexidade dos processos educativos experienciados pelos diferentes sujeitos. As pesquisas desenvolvidas na linha têm como foco o enfrentamento tanto das desigualdades sociais que se refletem nas condições de vivência dos processos educativos quanto daquelas que são engendradas por esses mesmos processos. Assim, as análises desenvolvidas, ao se aproximarem dos sujeitos, dos movimentos sociais e das organizações, buscam desvendar as experiências individuais e coletivas e suas marcas na vida social mais ampla.

Nesta coletânea estão presentes análises que envolvem situações e projetos desenvolvidos com crianças, jovens e adultos, dentre os quais os idosos, esses últimos, uma faixa etária ainda pouco abordada no campo da educação. Dessa forma, este livro, no seu conjunto, permite dialogar com representações, análises e indagações sobre a formação humana, abrangendo as diferentes idades. As mutações sociais nas sociedades contemporâneas fazem emergir novos elementos de análise da experiência do tempo para esses diversos sujeitos. As fronteiras entre as idades parecem se mover alargando as experiências para além dos recortes etários, onde os sujeitos assumem novos papéis e relações sociais. Além disso, o Estado é confrontado com novas demandas e direitos, ao mesmo tempo que as condições sociais não são favoráveis para grande número de crianças, jovens, adultos e idosos.

Educação e seus atores: experiências, sentidos e identidades pretende, assim, contribuir para pensarmos os atores, os sujeitos sociais em sua constituição nos diferentes espaços e as relações entre esses espaços na configuração dos sujeitos e da vida social. As três partes que constituem o livro se interpenetram, guardando, no entanto, especificidades que procuramos destacar.

Na primeira parte, "Os sentidos da experiência na Educação de Jovens e Adultos", encontram-se dois artigos que analisam experiências de Educação de Jovens e Adultos (EJA) sob perspectivas inovadoras, seja pela abordagem teórico-metodológica, seja pelos sujeitos com os quais dialogam nas pesquisas realizadas. O primeiro texto, "Entre desejos, desafios e direitos: a EJA como espaço de ampliação da qualidade de vida da terceira idade", de Isamara Coura e Leôncio Soares, enfoca dois elementos que merecem destaque: os idosos como sujeitos da EJA e as relações entre educação e qualidade de vida. Coura e Soares indagam sobre as expectativas e motivações para a volta à escola por parte de sujeitos idosos, bem como a respeito das condições oferecidas a esses sujeitos para vivenciarem suas experiências escolares nessa fase da vida.

Ao problematizar a presença de homens e mulheres que retornaram à escola já na chamada terceira idade, o capítulo toca, mais uma vez, nas questões relativas ao direito de acesso à escolarização básica e à sua negação à esmagadora maioria dos brasileiros até muito recentemente. A condição de trabalhadores aparece nos discursos dos sujeitos como elemento central de suas experiências nas fases iniciais da vida. Sobre esse aspecto o trabalho assalariado e o auxílio no trabalho doméstico destacam-se como fatores impeditivos para a frequência à escola. Coura e Soares tomam esse discurso, no entanto, à luz do contexto histórico, político e social de vivência da infância e juventude desses sujeitos, ressaltando o caráter desigual do desenvolvimento brasileiro que excluía a maioria da população do direito à educação escolar. Embora seja um elemento já largamente discutido na literatura das ciências sociais, a associação dos discursos dos sujeitos que interpretam suas vivências com as questões macrossociais permite tratar a história a partir de histórias singulares. Nessa direção, as análises presentes nesse capítulo apresentam-se, inclusive, como possíveis elementos de reflexão com os sujeitos da EJA, já que seus discursos são parte do conhecimento sobre si mesmos e sobre seus contextos de vida.

Da história recente do Brasil, o capítulo discute os elementos que, de alguma forma, favorecem ou podem favorecer a presença desse grupo geracional na escola. Dentre esses fatores, encontram-se os demográficos que indicam o envelhecimento da população brasileira, associados ao contexto de reconhecimento social e legal dos direitos dos idosos, a partir das duas últimas décadas do século XX. Para Coura e Soares, no entanto, tais elementos não são suficientes para explicar a presença de homens e mulheres acima de 60 anos nos bancos escolares. Assim, trazem os discursos desses sujeitos que permitem identificar suas interpretações das próprias experiências e dos sentidos que elas assumem nesse momento da vida. É dessa interpretação que emergem elementos relacionados à qualidade de vida e à retomada de sonhos e desejos que fizeram parte das suas histórias pessoais.

O outro capítulo que integra essa parte do livro, intitulado "Uma interpretação filosófico-antropológica das experiências escolares de jovens e adultos na EJA", de Luiz Felipe Lopes Cunha e Carmem Lúcia Eiterer, apresenta resultado de pesquisa com ex-alunos de um programa de Educação de Jovens e Adultos que se dispuseram a participar voluntariamente de um processo de reflexão sobre a própria experiência por meio do curso de Antropologia Filosófica oferecido a eles. A pesquisa-intervenção tomou o pensamento de Paulo Freire como enfoque teórico. Essa análise desdobra-se em duas direções: a da compreensão das experiências de homens e mulheres na EJA e a da apropriação dos referenciais analíticos de Paulo Freire para a compreensão da experiência humana. Os autores empreendem um diálogo com trabalhos que explicitaram as interpretações de alunos e alunas da EJA, ampliando assim o universo de vozes que falam, neste texto, sobre a experiência de frequentar a escola básica na vida adulta. Assim, Cunha e Eiterer, para entender os sentidos da escola para os sujeitos, utilizaram-se de outras pesquisas que evidenciam experiências culturais, históricas e sociais semelhantes e partiram para uma reflexão com os sujeitos à luz do pensamento de Freire. A pergunta que guiou a intervenção com o grupo foi: o que é o ser humano? E, assim, os autores pretenderam e conseguiram apreender elementos da interpretação dos sujeitos a respeito de si mesmos e de suas experiências.

Embora o texto indique claramente quem são os sujeitos e o caráter voluntário da participação em um curso de Antropologia Filosófica, o que fornece indícios sobre os sentidos da escola para esses sujeitos, parece-nos relevante chamar a atenção para outros aspectos. Ou seja, o caráter reflexivo mais profundo expresso pelos sujeitos relaciona-se tanto com o curso em si (O que é o ser humano?) quanto com, possivelmente, uma história pessoal ou características pessoais favorecedoras de uma postura reflexiva perante si mesmos e o mundo. Refletir nessa direção permite relativizar a escola e, ao mesmo tempo, reforçar a ideia da complexidade e das múltiplas faces das experiências dos sujeitos.

As contribuições das reflexões construídas por Cunha e Eiterer parecem encontrar-se menos nos importantes achados relativos aos significados – para além do diploma e de objetivos utilitaristas ou instrumentais – do que na evidência das possibilidades interpretativas acerca da própria realidade presentes nas reflexões dos sujeitos da pesquisa. Além disso, a EJA não pode deixar de falar em Paulo Freire, e este texto nos coloca diante de diferentes dimensões: em sua interpretação do homem e das condições de opressão e em sua visão das possibilidades educativas das relações claramente emancipatórias. Esse capítulo oferece aos educadores subsídios para a construção de intervenções que colocam os educandos, suas experiências, valores e representações no centro dos processos educativos.

Na segunda parte desta coletânea, "Juventudes, territórios e identidades", encontram-se três capítulos. Nessa parte, são os jovens, a condição juvenil e suas experiências em diferentes contextos (ou territórios) que são problematizados. A rua, o bairro, a escola urbana e a escola do campo aparecem nesses capítulos como integrantes dos processos constitutivos das identidades e das subjetividades. O primeiro capítulo dessa parte, "Juventudes e identidades: sobre a constituição do corpo e de masculinidades no futebol", de Eliene Lopes Faria e Ana Maria Rabelo Gomes, tematiza o futebol como contexto de experiências de aprendizagem *do e no corpo*. As autoras realizam uma abordagem das construções sociais do gênero em que as masculinidades são abordadas como práticas sociais. Ancorado no conceito de *participação*, ao lado do conceito de *habilidade*, o texto enfatiza o conjunto de elementos presentes na aprendizagem do futebol – *significados, disposições corporais, tipos de atenção e de destrezas no uso de instrumentos e do próprio corpo, emoções e conhecimentos que caracterizam a prática*. Segundo as autoras, os sujeitos aprendem a partir da "participação plena em atividades socioculturais". O capítulo oferece uma descrição das vivências de jovens de um bairro de Belo Horizonte nas práticas futebolísticas caracterizadas como espaços de uma singular sociabilidade masculina, enfatizando o corpo masculino que se constitui no futebol, e o futebol que se constitui pelo corpo masculino. As autoras evidenciam o universo de construção simbólica sobre o ser homem e o masculino, intimamente articulada à compreensão do ser mulher e do feminino, elementos de oposição significados nesse contexto pela exacerbação de ações, vocabulário e disposições corporais associados ao universo masculino e à masculinidade. Identificam também a flexibilização nas "regras" que devem reger as relações entre os homens nos rituais do jogo em que o contato corporal e as manifestações de afetividade entre eles são não apenas tolerados, mas entendidos como desejáveis. Assim, a aprendizagem, no caso do jogo, envolve não somente sua dimensão técnica, mas, sobretudo a aprendizagem de códigos de conduta restritos a essa prática, o que passa a integrar o universo simbólico dos praticantes. As análises empreendidas pelas autoras, embora tratando de um tema que, à primeira vista, parece distante dos temas educacionais clássicos, revelam-se importante contribuição para a compreensão da aprendizagem – seja escolar ou não –, evidenciando sua dimensão integral no ser humano, que envolve as dimensões éticas, cognitivas e corporais a um só tempo.

O segundo artigo desta parte, "Juventude e relações intergeracionais na EJA: apropriações do espaço escolar e sentidos da escola", de Carla Linhares Maia e Juarez Dayrell, nos traz os jovens no ambiente escolar urbano. Assim como Faria e Gomes, o grupo focalizado é analisado como constituído nos universos simbólico e de relações de que participam. Assim, a questão geracional, presente quando se fala dos jovens, é analisada nesse trabalho em sua dimensão relacional. As análises referem-se a uma pesquisa realizada em uma sala de aula na qual conviviam jovens, adultos e idosos. O encontro de sujeitos de diferentes gerações no espaço da sala de aula é analisado nesse capítulo por meio da ideia de *fronteira cultural*, transpassada da ideia de espaço concreto para uma *espacialidade simbólica entre grupos ou campos que expressam distintas compreensões da realidade, valores, visões de mundo: ou seja, distintas culturas. Nesse sentido pode-se falar em fronteiras culturais.* Maia e Dayrell, ao operarem com essa ideia, captaram a existência, no espaço da sala de aula, tanto da barreira física e simbólica quanto de um espaço mais poroso, de comunicação, de troca entre os diferentes, onde se estabelece o jogo da alteridade. Assim, a dimensão relacional dos processos identitários evidencia-se de forma nítida, na medida em que o ambiente pesquisado oferece um campo de relações cotidianas não tão facilmente observável em outros contextos – uma especificidade da EJA em algumas configurações de sala de aula.

A observação prolongada e os elementos daí advindos e explicitados nesse texto possibilitaram tornar evidentes processos de socialização e as *epistemes* próprias a cada geração. Ao mesmo tempo que compartilham códigos, os distintos grupos geracionais adotam outros que são muito diferentes, até opostos, o que cria *ruídos* e *barreiras* à comunicação. Além disso, Maia e Dayrell destacam a diferença no plano da memória. Sendo as memórias constitutivas dos sujeitos e grupos, as gerações mais novas não compartilham das memórias das anteriores, ou o fazem apenas no plano do ouvir contar, e não do vivido. Assim, as relações intergeracionais observadas no contexto escolar representam um jogo de aproximações e distanciamentos entre os sujeitos pesquisados. Ou seja, a dinâmica das relações intergeracionais apresenta-se nesse contexto como um universo rico de interações, marcado por diferenças que não impedem a comunicação, cuja observação permite maior inteligibilidade do que é próprio a cada grupo.

O terceiro capítulo dessa parte, "Ser jovem no campo: dilemas e perspectivas da condição juvenil camponesa", de Cristiane Benjamim de Freitas e Geraldo Leão, analisa as experiências de escolarização de jovens do meio rural, estudantes do terceiro ano do ensino médio de uma Escola Família Agrícola – Escola Família Agrícola Paulo Freire no município de Acaiaca, Minas Gerais. Se o campo da educação e, especificamente os estudos da área da EJA e sobre juventude vêm procurando, há alguns anos, dar visibilidade ao sujeito jovem, ainda são poucos os trabalhos que se voltam para suas experiências de escolarização fora dos contextos urbanos. Partindo do reconhecimento das intensas transformações pelas quais passa a vida no campo, relacionadas às transformações mais amplas nos campos econômico, político, social e cultural, Freitas e Leão buscam compreender as suas repercussões na condição juvenil nesse contexto. Assim, embora focalizem jovens estudantes do Ensino Médio, o estudo traz elementos de suas experiências e práticas sociais, envolvendo as trajetórias escolares, mas não se restringindo a elas. Pelas vozes dos jovens do meio rural, esse capítulo permite entrar em contato com interpretações que esses sujeitos realizam a respeito da própria condição – jovens do meio rural – e, especialmente, sobre os sentidos que atribuem à vida no campo, ao trabalho e à escola, indagando ainda sobre os planos para o futuro.

Freitas e Leão, procurando ultrapassar a visão desses sujeitos restrita à condição de alunos, tomam sua condição de jovens do campo como um elemento da diversidade juvenil que deve integrar os estudos sobre os jovens e a juventude. Nessa direção, as análises empreendidas inserem-se no quadro dos estudos sobre esses sujeitos e sua condição, conferindo visibilidade às experiências escolares, de trabalho, sociais e culturais que ocorrem no contexto rural. Esse foco, no entanto, não impediu a atenção às análises que indicam a transformação das fronteiras entre rural e urbano ocorrida nas últimas décadas. A comunicação entre esses dois territórios é apreendida nesse capítulo, seja no que concerne à dimensão econômica com transformações nas formas e tipos de trabalho em que se inserem os trabalhadores do campo, seja nos modelos de socialização e de práticas culturais. A escolarização desses jovens também funciona como um elemento de comunicação entre o meio rural e o urbano na medida em que muitos jovens do campo estudam na cidade.

Para Freitas e Leão, *nesse contexto, os jovens produzem valores e elaboram projetos de vida que vão além do campo e da produção na agricultura familiar.* Como momento em que muitas definições sobre o futuro devem ser enfrentadas, a escola aparece como um elemento que amplia as possibilidades desses sujeitos. Eles podem ou não permanecer no meio rural, engendrando conflitos que integram suas experiências sociais e escolares.

Na pesquisa realizada, toma-se contato ainda com uma organização escolar que se difere do modelo urbano, largamente difundido e conhecido, em que os tempos e espaços assumem novas configurações. Essa organização ensejou hipóteses acerca das questões de gênero definidoras do perfil majoritariamente masculino da turma, dentre outras questões que permitem ampliar a compreensão das relações entre os diferentes elementos da experiência escolar.

No que concerne ao conhecimento relativo a essa parcela da juventude, o trabalho de Freitas e Leão oferece elementos fundamentais para rompermos com visões que não correspondem às experiências desses sujeitos. É o caso, por exemplo, da ideia de que os jovens do campo experimentam certa homogeneidade com relação aos gostos, condições e estilos de vida. O artigo apresenta uma imagem na qual se encontra uma variedade de estilos, valores e condições de vida, o que inclui o modo de vestir, de falar, bem como a posse de bens de consumo como celulares e o contato com a cultura midiática difundidos entre esse grupo. Esses elementos são importantes para a compreensão das experiências desses sujeitos e, fundamentalmente, para informar os projetos voltados para a educação do jovem do campo, seja no plano das políticas, seja no plano propriamente pedagógico.

A terceira parte deste livro intitula-se "Identidades, processos educativos e ações coletivas". Nela, reúnem-se os capítulos que se dedicam a um conjunto de problemas que envolvem questões identitárias no âmbito de processos educativos formais e não formais, bem como à dimensão educativa presente nas ações coletivas. O primeiro capítulo, "Identidade racial e docência no ensino superior: vivências e desafios de professores pretos e pardos na UFMG", de Ana Amélia de Paula Laborne e Nilma Lino Gomes, analisa os processos de construção da identidade racial de docentes do ensino superior. O texto focaliza a vivência da condição racial por parte desses professores em diferentes espaços, com centralidade para o ambiente acadêmico que integram, e investiga as nuances e os conflitos presentes nas experiências desses sujeitos, analisando-os à luz dos estudos sobre as relações raciais brasileiras. As autoras assumem como categoria analítica o conceito de raça, entendido do ponto de vista sociológico, o qual permite *compreender e desvelar a complexidade do quadro de desigualdades entre negros e brancos no Brasil*. Ancoradas na ideia de que as identidades raciais são uma construção social, histórica e cultural, as autoras contribuem para a compreensão da questão das identidades, as quais não podem desconsiderar a dinâmica das relações raciais no Brasil.

A pesquisa empreendida pelas autoras traz as vozes de professores da universidade a respeito da identidade racial nas quais encontram um discurso que expressa uma problematização do que denominaram seu *lugar racial na sociedade*. Laborne e Gomes trazem depoimentos e análises que indicam as tensões presentes nas reflexões dos sujeitos a respeito do próprio pertencimento racial. As autoras captaram que, nas interpretações que fazem a respeito da própria condição e das relações raciais no Brasil, esses professores expressam uma vivência subjetiva – que supõe sua interpretação e os olhares dos *outros* – marcada por ambiguidades que as classificações oficiais não são capazes de apreender. Por meio dos depoimentos, entramos em contato com interpretações de ações, disposições e angústias vividas pelos *outros* do ambiente familiar dos entrevistados e que revelam a complexidade da vivência subjetiva da condição de negro ou mestiço no Brasil. Expressam-se autoimagens e visões compartilhadas no grupo social. No entanto, vemos também, em algumas interpretações, a percepção de que tanto a vivência subjetiva quanto a interpretação que fazem da própria condição e das relações raciais são marcas sociais e que a mudança passa por transformações sociais complexas. O capítulo oferece, assim, elementos para a compreensão da questão das relações raciais no Brasil por meio do diálogo com uma literatura da qual utilizam categorias analíticas que permitem uma leitura dos depoimentos para além do individual, tratando-os como construções históricas, sociais e culturais.

O segundo capítulo dessa parte, "Educação popular, participação e cidadania: a experiência do PMI (Programa de Melhoramento para a Infância)", de Marcelo Edgardo Reinoso Faúndez e Lúcia Helena Alvarez Leite, ultrapassa o território brasileiro e analisa um programa chileno voltado para a infância e as crianças em seu caráter de educação popular. As análises focalizam os processos educativos dos adultos envolvidos – as mães – no contexto da participação em um movimento social.

O programa caracteriza-se como uma ação incorporada pela política pública de educação do Chile na área da Educação Infantil que conta com a participação das comunidades. Esse capítulo oferece importante contribuição para o entendimento de uma área da educação que vem crescendo em importância no mundo todo e que, nos países da América Latina, configura-se como um dos grandes desafios dos sistemas educacionais. A educação infantil é uma área da educação definida pelo seu caráter de compartilhamento de cuidados e educação das crianças entre famílias e instituições educacionais. Assim, esse capítulo apresenta uma oportunidade ímpar de discussão do sentido do compartilhamento dos cuidados e da educação das crianças pequenas entre as esferas pública e privada, o que supõe a construção de referências para uma zona de comunicação ainda pouco explorada nos sistemas educativos. Ao situar a experiência em análise, o texto apresenta elementos do contexto latino-americano no que concerne aos programas de educação *não formal* para a primeira infância, articulados a políticas de melhoria das condições de vida, o que, como revela a literatura da área, foi – e ainda é – uma marca dos debates e políticas para a primeira infância, cujas contradições merecem reflexão. Em diálogo com essa literatura, os autores destacam o caráter positivo das experiências de participação popular em programas voltados para a infância e voltam-se para a dimensão de enfrentamento das condições de pobreza a que estavam submetidas famílias e crianças envolvidas.

As análises que esse capítulo apresenta do Programa de Melhoramento para a Infância não perdem de vista sua inserção no contexto histórico do Chile nos anos 1970-1980 que, assim como no Brasil, ensaiava a retomada dos espaços de participação popular fechados pelo prolongado período de ditadura militar. A abordagem desse programa permite uma leitura das sociedades latino-americanas em um período da história recente em que a educação torna-se um elemento de mobilização e uma possibilidade de participação popular e exercício da cidadania por meio da articulação de diferentes organizações sociais.

Apresentando uma descrição da estrutura, do funcionamento e das condições de organização do Programa de Melhoramento para a Infância, o texto permite o acesso a uma experiência que consegue incorporar os elementos que há muito vêm sendo debatidos como características que devem integrar os programas de Educação Infantil, como a busca por assegurar o atendimento das especificidades da educação das crianças pequenas, tais como a articulação com as famílias e a comunidade, a flexibilidade na organização pedagógica, dentre outros elementos. O capítulo finaliza oferecendo uma reflexão sobre as relações entre educação, cultura e cidadania presentes na participação dos movimentos sociais na educação pública.

O terceiro texto desta parte do livro, "Policiamento escolar e saberes profissionais", de Luiz Alberto Oliveira Gonçalves e Windson Jeferson Mendes de Oliveira, apresenta uma importante contribuição à compreensão de um fenômeno que vem ganhando cada vez mais espaço: a violência no ambiente escolar. Esse tema vem sendo objeto de preocupação e debate dentro e fora dos muros da escola, nos debates acadêmicos, na mídia e em diferentes espaços sociais, mobilizando atores e instituições os mais diversos. O artigo introduz um desses atores – o policial – que, nos últimos anos, passa a frequentar o ambiente escolar atendendo a transformações nas práticas e relações aí estabelecidas. Essas relações ainda não estão suficientemente esclarecidas, embora já sejam objetos de pesquisas há algum tempo.

O capítulo aborda os processos constitutivos de novas identidades do policial diante de novas demandas apresentadas pela escola, focalizando os saberes e as habilidades mobilizados e/ou construídos no desempenho da função de policiamento escolar. Embora o foco seja o policial, o texto permite inferir elementos importantes a respeito das representações dos profissionais da escola sobre o fenômeno da violência escolar e os elementos a ela relacionados. Os autores situam a discussão sobre a violência escolar enfatizando as mudanças de discursos, bem como as transformações nas relações entre a escola e a polícia. Para isso, retomam, por meio da literatura, os processos constitutivos das imagens da polícia construídos historicamente, indicando as origens da incorporação, por essa instituição, da função de promoção da paz. Evidenciam, então, as contradições presentes nessa direção assumida pela polícia cuja função primeira relaciona-se com o combate ao crime e ao uso da força para manutenção da ordem social. Tais elementos nos parecem muito elucidativos para a compreensão das tensões presentes nas relações entre os atores das duas instituições – polícia e escola. As reflexões realizadas pelos autores oferecem elementos fundamentais para a reflexão sobre os processos civilizatórios atribuídos à educação escolar, sobre seus limites diante da complexidade das nossas sociedades, dentre outros elementos para a compreensão da escola na sociedade brasileira contemporânea.

O texto focaliza os policiais, em cujos depoimentos se apreende o caráter de uma construção na prática, e seus saberes, ainda não sistematizados e que, fundamentalmente, não integram os processos de formação pelos quais passam os policiais que hoje se relacionam com a escola. Assim, os autores encontram, na pesquisa realizada, policiais que possuem representações e discursos sobre a escola, os alunos e suas famílias baseados no senso comum e, nas palavras dos entrevistados, no *bom senso*, que arguem como elemento de sua prática profissional mobilizado cotidianamente. Assim, para esses agentes, a necessidade da presença da polícia na escola relaciona-se diretamente com essas representações, nas quais a ideia de fracasso das famílias torna-se referência fundamental.

Embora esses agentes informem que não tiveram formação para o trabalho de policiamento escolar – o qual se encontra, inclusive, em um lugar inferior na hierarquia das funções dentro da corporação –, eles indicam as habilidades que vêm desenvolvendo no exercício da função. Dentre elas, encontra-se o saber ouvir o jovem e indicar-lhe caminhos que os afastem de um destino de fracasso pessoal e social. Fazem isso, no entanto, mobilizando dimensões pessoais como a paterna, desenvolvendo linguagens e formas de abordagem que asseguram, em alguma medida, a efetividade de suas ações. O texto, dentre os muitos elementos que apresenta, chama ainda a atenção para uma dimensão fundamental. Estamos vivenciando hoje a entrada em relação com a escola – universo predominantemente feminino no que concerne aos atores adultos – de atores e de uma instituição constituídos em um universo marcadamente masculino.

Sem dúvida, os elementos aqui presentes oferecem subsídios importantes para o conhecimento da realidade escolar, mas, fundamentalmente, para a proposição de políticas de formação seja dos professores e das professoras, seja dos policiais que atuam ou virão a atuar na relação com a escola.

O quarto capítulo dessa parte, "Movimento sindical e fabricação de subjetividades: as dirigentes sindicais e a arte de transformarem-se a si mesmas", de Shirley Aparecida de Miranda, Rogério Cunha Campos e Eloisa Helena Santos, oferece-nos uma análise sobre a construção de subjetividades femininas no universo sindical, historicamente ambiente e práticas masculinas.

O capítulo focaliza as políticas de gênero da Central Única dos Trabalhadores (CUT), apresentando dados da representatividade das mulheres nos organismos sindicais. Focalizando a *fabricação de subjetividades* nos espaços e práticas sindicais, esse capítulo dedica-se a compreender as transformações ocorridas no tratamento dado às questões de gênero pela CUT. Miranda, Campos e Santos identificam, então, como a presença feminina redefine pautas, espaços e práticas. Assim, evidencia-se o caráter relacional das transformações que vivem as mulheres nesse universo, cuja presença também promove mudanças nesse espaço imprimindo-lhe, não sem contradições, demandas oriundas do universo e da experiência feminina.

Tendo como referência o contexto cultural das transformações do chamado projeto da modernidade em que um sujeito universal habitava as representações dos atores na esfera pública, os autores aproximam-se de sujeitos singulares – as mulheres – no universo sindical. Tomando a dimensão discursiva da realidade, o capítulo analisa a atividade sindical como *um campo no qual se fabricam discursos que definem a verdade sobre o sujeito* e no qual são construídas as práticas de regulação dos comportamentos e de mediação das relações conflitivas entre os atores e com a própria interioridade.

Nas entrevistas com mulheres sindicalistas, apreendem-se os processos por meio dos quais elas se inseriram nesse ambiente, evidenciando os processos de construção de si mesmas nesse espaço por meio da introdução de demandas e pautas de reivindicações que incluíam direitos reprodutivos e luta contra os mais diversos tipos de discriminação contra as mulheres no trabalho. Nesse processo, que inclui a construção discursiva que se desencadeia com a participação de mulheres nesse universo, as experiências das mulheres veem-se transformadas no deslocamento da ideia de *classe trabalhadora* para a de *mulher trabalhadora* e, depois, para a de *mulheres trabalhadoras*, refinando assim o reconhecimento das diferenças e dos direitos a elas relacionados.

Inúmeros elementos emergem da análise dos processos de participação dessas mulheres no universo sindical, em que o corpo se apresenta como elemento do debate público, na medida em que as condições de trabalho na fábrica não previram a presença feminina. Assim, desde questões espaciais, de tempo e materiais relacionadas à higiene, às relações de saber e poder, à maternidade, até o enfrentamento das questões globais que envolvem a luta sindical, o texto explicita processos que vão transformando relações de poder. Nesses processos, redefinem-se espaços e constituem-se novas subjetividades, o que inclui a apropriação de uma *gramática* própria, ressignificada por essas mulheres, transformando também o ambiente sindical.

Este livro expressa parte significativa dos temas e questões que têm sido objeto das investigações e práticas dos autores e autoras. Esperamos que ele seja mais uma contribuição às reflexões comprometidas com a superação de problemas históricos da educação brasileira. Acreditamos que, ao chamar a atenção para os sujeitos da educação, suas práticas sociais e interações nos ambientes escolares e não escolares, o livro oferecerá subsídios para os educadores em seu fazer cotidiano.

PARTE I

Os sentidos da experiência na Educação de Jovens e Adultos

Entre desejos, desafios e direitos: a EJA como espaço de ampliação da qualidade de vida da terceira idade

Isamara Coura
Leôncio Soares

A Educação de Jovens e Adultos vem sendo analisada por diversos aspectos por vários pesquisadores, e uma das marcas identitárias da EJA é a diversidade no que se refere aos seus educandos. Os sujeitos da EJA se diferem quanto a religião, etnia, gênero e especialmente no que tange a faixa etária. Percebemos em salas de aula de EJA pessoas jovens, adultas e idosas. No entanto, identificar a diversidade na EJA é apenas uma das etapas para se compreender com mais profundidade as especificidades dessa modalidade educacional.

Cada uma das pessoas que buscam por uma sala de aula de EJA traz consigo expectativas, desejos e motivações diferenciadas acerca da educação que se pretende receber. Chegam à escola com um ideal de escolarização criado no decorrer da vida e esperam ser atendidos. Podemos apontar que os motivos que movem um jovem ou um adulto a voltar a estudar se difere das expectativas que os idosos, também nessa condição, possuem.

Foi a partir dessa premissa que iniciamos uma pesquisa de mestrado pelo Programa de Pós-Graduação da Faculdade de Educação da Universidade Federal de Minas Gerais. A questão inicial da pesquisa dizia respeito a desvendar quais expectativas e motivações levavam pessoas da terceira idade, já alfabetizadas, a participar de salas de aula de EJA. Percebemos também a necessidade de compreender se a escola que frequentavam lhes oferecia o que esperavam.

A pesquisa foi realizada com sete pessoas, sendo três do sexo masculino e quatro do sexo feminino, com idades entre 60 e 81 anos no período da realização das entrevistas. Como critério para escolha dos sujeitos a serem pesquisados, levamos em consideração os seguintes critérios: ter mais de 60 anos de idade e estar em diferentes tempos de escolarização na Educação de Jovens e Adultos (EJA).

O Projeto de Educação de Jovens e Adultos da UFMG (PROEF) foi o local definido como campo, uma vez que, dentre os critérios de seleção de seus educandos, está o de possuir a idade mais avançada. Após analisarmos as fichas que constavam na matrícula dos estudantes do projeto, definimos os escolhidos e entramos em contato com eles para questioná-los a respeito do desejo de participar da pesquisa em questão. Dentre os que aceitaram participar, dois já haviam concluído o ensino fundamental e frequentavam as aulas no Projeto de Ensino Médio de Jovens e Adultos (PEMJA) da UFMG, e os demais frequentavam diferentes períodos do curso no Projeto de Ensino Fundamental de Jovens e Adultos do Segundo Segmento (PROEF-2) da UFMG.

A investigação foi realizada por meio de entrevista semiestruturada e observação dos sujeitos em momentos relacionados a algumas atividades escolares. A partir da realização das entrevistas percebemos que a pesquisa nos levaria também a analisar as dificuldades encontradas por esses indivíduos para frequentarem uma escola durante suas vidas, a importância que atribuíam ao saber escolar e como voltar a estudar estava melhorando a qualidade de vidas dessas pessoas da terceira idade.

A reflexão que apresentamos nesse artigo é parte do trabalho de dissertação de mestrado ancorada na questão da presença da terceira idade na EJA. Para tanto, apontaremos algumas questões referentes ao direito à educação, as expectativas e motivações dessas pessoas ao buscarem pela escola e os resultados dessa busca gerando mais qualidade de vida nessa fase da vida.

Educação no Brasil: um direito de difícil aquisição

O desejo pela escolarização esteve presente durante a vida desses sujeitos desde a infância, quando não tiveram a oportunidade de concluir seus estudos em "idade regular", até chegarem à terceira idade. Em vários momentos de suas falas, eles se referem a essa vontade de estudar que alimentaram durante o curso de vida.

Frequentar a escola no Brasil foi, durante muitos anos, um privilégio para poucos. A própria história mostra quão desiguais foram as oportunidades de escolarização na sociedade brasileira. A princípio, por causa da falta de iniciativa governamental no sentido de universalizar o direito à educação, apenas os filhos das famílias mais abastadas chegavam a escolarizar-se. Foram séculos e séculos mantendo a grande maioria da população longe das escolas.

Paiva (1973) apresenta índices altos de analfabetismo para a população brasileira durante o período imperial e o início da República no Brasil: em 1872, os dados do censo davam conta de que 84,25% da população não sabia ler e escrever, e, para o ano de 1890, o índice de analfabetos era de 85,21%. Paiva (1973) afirma ainda que para apenas 10% da população brasileira era oferecido o ensino elementar.

A intenção de garantir a educação apenas para parcela mais rica da sociedade revelava o ideal político brasileiro que, independentemente de ser uma monarquia ou ter se transformado em uma república, mostrava-se interessado em deixar o poder nas mãos da elite e manter o povo vivendo à margem dos acontecimentos.

A distância do povo em relação às questões políticas no Brasil não foi uma característica própria do século XIX. Ainda hoje vemos o quanto a participação popular nos movimentos políticos é incipiente. A escolarização do povo foi vista como uma ameaça à garantia dos privilégios da elite que dominavam o poder político, e, portanto, criar escolas para todos não fazia parte das metas. Durante anos as elites que comandaram o poder desejaram um povo ignorante e sem consciência de seus direitos para poder, assim, fazer seus interesses privados se sobreporem aos interesses públicos. Para aqueles que tentavam se opor ou resistir, houve, em vários momentos históricos, uma repressão que os levou a se manterem quietos e calados diante das situações de injustiça e opressão.

O período entre as décadas de 30,[1] 40 e 50 do século XX compreende o momento em que os sujeitos desta pesquisa, encontrando-se em idade escolar, deveriam estar na escola cursando o que hoje chamamos de ensino fundamental. No entanto, todos eles tiveram problemas para que pudessem frequentar a escola enquanto crianças. E um dos problemas apontados por esses sujeitos como causa por não terem concluído seus estudos é justamente a falta de escolas para pessoas da camada popular. Faz-se necessário, portanto, buscar elementos referentes às políticas educacionais referentes àquela no Brasil.

O governo de Getúlio Vargas, período compreendido entre 1930 e 1945, coincidiu com o período em que grande parte dos sujeitos da pesquisa estaria nas escolas de educação básica. Para tentar entender e contextualizar o momento é necessário tratar de ações do período como *o Manifesto dos Pioneiros da Escola Nova* de 1932, o qual preconizava uma universalização

---

[1] Aqui levamos em consideração especialmente a aluna Claudina, nascida no ano 1925.

do ensino pelo desenvolvimento de um sistema de educação pública e gratuita. Tal documento defendia que:

> Em nosso regime político, o Estado não poderá, decerto, impedir que, graças à organização de escolas privadas de tipos diferentes, as classes mais privilegiadas assegurem a seus filhos uma educação de classe determinada; mas está no dever indeclinável de não admitir, dentro do sistema escolar do Estado, quaisquer classes ou escolas, a que só tenha acesso uma minoria, por um privilégio exclusivamente econômico [...] (*Manifesto dos Pioneiros da Escola Nova* de 1932, *apud* BOMENY, 2007).

Outro momento de destaque na história da educação no governo de Vargas foi a presença de Gustavo Capanema à frente do Ministério da Educação. Capanema permaneceu nesse cargo de 1937 a 1945 e foi responsável por medidas importantes para reorganizar o ensino no País e ao mesmo tempo amenizar os atritos entre Estado e Igreja Católica quanto à questão educacional. Entretanto, apesar da movimentação gerada pelo *Manifesto dos Pioneiros da Escola Nova* e das medidas de Capanema no governo, a universalização do ensino básico gratuito não chegou a ocorrer.

A Constituição de 1934 apresenta alguns avanços em relação à educação pública, como a proclamação da educação como direito de todos[2] e do ensino primário gratuito para todos.[3] Porém, logo depois, houve um retrocesso na

---

[2] Conforme Art. 149 – "A educação é direito de todos e deve ser ministrada, pela família e pelos Poderes Públicos, cumprindo a estes proporcioná-la a brasileiros e a estrangeiros domiciliados no País, de modo que possibilite eficientes fatores da vida moral e econômica da Nação, e desenvolva num espírito brasileiro a consciência da solidariedade humana". (Brasil, *Constituição da República dos Estados Unidos do Brasil*, 16 de julho de 1934).

[3] Conforme Art. 150 : "Parágrafo único - O plano nacional de educação constante de lei federal, nos termos dos arts. 5º, nº XIV, e 39, nº 8, letras a e e , só se poderá renovar em prazos determinados, e obedecerá às seguintes normas: a) ensino primário integral gratuito e de freqüência obrigatória extensivo aos adultos.[...]" (Brasil, *Constituição da República dos Estados Unidos do Brasil*, 16 de julho de 1934).

Constituição de 1937, já que, mesmo tendo mantido a definição da obrigatoriedade e da gratuidade do ensino público, foi retirada a definição da educação como direito, não havendo ainda uma definição clara sobre a garantia desse direito nem referência sobre o financiamento educacional na constituição do Estado Novo.

Com a democratização do Brasil surge a Constituição de 1946, que continha em seu texto, no título VI do Capítulo II intitulado "Da Educação e da Cultura", os pontos que merecem destaque no que se refere à educação brasileira na época:

> Art. 166 - A educação é direito de todos e será dada no lar e na escola. Deve inspirar-se nos princípios de liberdade e nos ideais de solidariedade humana.
>
> Art. 167 - O ensino dos diferentes ramos será ministrado pelos Poderes Públicos e é livre à iniciativa particular, respeitadas as leis que o regulem.
>
> Art. 168 - A legislação do ensino adotará os seguintes princípios:
>
> I - o ensino primário é obrigatório e só será dado na língua nacional;
>
> II - o ensino primário oficial é gratuito para todos; o ensino oficial ulterior ao primário sê-lo-á para quantos provarem falta ou insuficiência de recursos (Brasil, *Constituição dos Estados Unidos do Brasil*, 18 de setembro de 1946).

É importante ressaltar que mesmo a lei garantindo o ensino primário oficial gratuito para todos, como pode ser observado acima, a realidade era outra. A lei garantia, mas efetivamente não havia uma expansão do acesso à escola para todos os brasileiros. Mesmo no governo de Juscelino Kubitschek, que tinha como meta desenvolver o Brasil 50 anos em cinco, a educação ficou em segundo plano, a ponto de terem sido retomadas nessa época as ideias do Manifesto de 1932 para a elaboração de um novo documento, no ano de 1959, exigindo mudanças nos rumos da política em relação às questões educacionais.

Apesar de a legislação vista nessas épocas referidas anteriormente garantir o direito de educação a todos de forma gratuita, boa parte da população brasileira de baixa renda não chegou a frequentar ou concluir o ensino primário em "idade regular". Na pesquisa em questão pode-se perceber que tal direito, ainda que garantido no papel, estava sendo negado de forma efetiva. Entre os sete sujeitos entrevistados, apenas quatro conseguiram concluir o primário em idade regular. A falta de escolas públicas é um dos fatores apontados por esses sujeitos como uma das causas que os levaram a ter uma escolarização nesta etapa da vida:

> Nunca fui à escola. Tudo que eu aprendi, aprendi assim sozinha, sofrendo, né... Os meus irmãos escreviam um pouquinho porque ninguém, ninguém fez o primário. Todo mundo aprendeu assim, meio que sofrendo sozinho mesmo. Porque nós morávamos na fazenda e meu pai não se preocupava em trazer uma escola para a fazenda... (Elvira).

Em relação à escolarização das pessoas de classes populares na época do Estado Novo, Schwartzman (1985, p. 268), em seu texto "Gustavo Capanema e a educação brasileira: uma interpretação", apresenta uma análise que pode explicar as razões da falta de escolas para a população mais pobre:

> Como o ensino primário continuou sendo atribuição dos governos estaduais e o Ministério se preocupava basicamente com o nível secundário e superior, o ensino primário ficou cada vez mais relegado a segundo plano... A ênfase no ensino clássico e humanista para o nível secundário se explica pela idéia, então existente, de que caberia à escola secundária a formação das elites condutoras do país, enquanto que as grandes massas seriam atendidas pelo ensino primário ou por escolas profissionais menos prestigiadas – comercial, agrícola, industrial, etc.

Isso pode ser ilustrado a partir das explicações dos entrevistados que pararam de estudar após terem concluído o primário em "idade regular". Independentemente de viverem em cidades do interior ou na capital de Minas Gerais, fica evidente que não havia preocupação em proporcionar a continuidade dos estudos às crianças das classes menos favorecidas, uma vez que o ginásio gratuito não era uma realidade:

> Em Itabirito eu fiz o primário, né? De primeiro ano até o quarto ano. Tirei o diploma de quarto ano primário. Aí eu fiz admissão, que eu queria, né? Mas foi nessa época da admissão meus pais não tinham condição. O meu pai, até não era falta de esforço dele, mas porque o salário não dava mesmo. E então foi quando eu fiz admissão, mas tinha três tipos de uniformes. Lá nessa época não tinha colégio estadual, era só particular. Então, de cara assim, só pude ingressar e não pude continuar por causa do... primeiramente eram os uniformes que ficavam muito caro, depois também os livros que tinha que tá comprando e tudo... então eu comecei e parei (Perpétua).

> Eu tinha muita vontade de ter estudado, sabe? Continuar meus estudos, né. Porque eu via meus filhos todos inteligentes aí. Eu também me acho inteligente, só não tive oportunidade para estudar. Num tive mesmo. Nessa época de criança era difícil escola em Belo Horizonte. Tava formando Belo Horizonte, não tinha colégios. Os colégios que tinha você podia contar na mão, era Santo Agostinho, Arnaldo, Loyola. Todos particulares (Ivan).

Além da falta de escolas públicas gratuitas, o trabalho também fez com que essas pessoas permanecessem longe da escola. São todos oriundos de famílias numerosas e de classes populares, e a necessidade de trabalhar para auxiliar ou até mesmo amparar o sustento do núcleo familiar é outro aspecto levantado pelos entrevistados como sendo um dos fatores responsáveis pela sua baixa escolarização. É interessante, entretanto, perceber que tal fato não aparece apenas na pesquisa aqui apresentada, mas já foi destacado como responsável pela baixa escolaridade dos sujeitos envolvidos em outras pesquisas que discutem questões relacionadas à educação de jovens e adultos.

Dentre essas pesquisas pode-se citar a de Santos (2001), que apresenta, em sua dissertação de mestrado, através dos relatos de seus sujeitos de pesquisa, o trabalho como um importante fator que os levou a se manter distante da escola. Ela afirma:

> [...] compõe um grupo bastante significativo de egressos que identificaram no trabalho e na necessidade de contribuir de forma mais efetiva para a família, o motivador central da interrupção da trajetória de escolarização (SANTOS, 2001, p. 143).

Compreendendo que a pesquisa de Santos (2001) foi realizada com pessoas de faixa etária entre 28 e 39 anos na época das entrevistas, notamos que o embate entre escolarização e trabalho não é apenas uma questão geracional, que esteve presente em nossa sociedade em uma determinada época, como poderíamos supor se levássemos em consideração apenas o relato da pesquisa aqui apresentada, que tem como sujeitos pessoas acima dos 60 anos de idade. Mas, mais do que isso, é uma questão econômica e social que perpassa várias épocas e gerações no Brasil e até mesmo outras partes do mundo. É isso que Llosa (2000), em seu estudo com jovens e adultos realizado na Argentina, revela:

> O primeiro momento significativo é o trajeto que abrange a passagem pela educação inicial até a sua interrupção. Embora apareçam sinais que indicam a valorização da educação formal nas famílias de origem, as trajetórias familiares também se relacionam com a não continuidade da escolaridade; isso pode ser interpretado como uma "estratégia de sobrevivência familiar" em que a decisão da interrupção combina diferentes situações familiares de conflito (separações, falecimento de parentes relevantes, etc.) num contexto de pobreza (LLOSA, 2000, p. 15).

No caso dos entrevistados da pesquisa em questão, Elvira afirma que, com a morte do pai, ela e os irmãos tiveram que trabalhar. Já Perpétua conta que aos 14 anos trabalhava em uma fábrica de tecidos em Itabirito. A vida de trabalho para Isabel e seus irmãos também começou cedo, uma vez que os pais adoeceram e ficaram inválidos tornando-se, assim, o trabalho dos filhos fundamental para a manutenção de uma renda familiar. Claudina, apesar de em seu relato não dizer ter "saído para trabalhar" e auxiliar no sustento da casa, conta que, por ser a única filha de um total de seis irmãos, era quem ajudava a mãe nas tarefas domésticas.

Para os homens a questão do trabalho também se mostrou presente muito cedo. Ivan passou por dificuldades financeiras, era órfão de pai e mãe e vivia com seus irmãos, tendo todos que trabalhar para prover seu próprio sustento. Quanto à falta dos pais em relação à interrupção de sua escolarização enquanto criança, ele percebe a questão do trabalho como mais um elemento responsável, mas afirma também que faltou quem lhe orientasse sobre a importância de se estudar naquela época: "Eu não tinha quem me orientasse, né? Era órfão de pai e mãe, e a gente vivia com os irmãos com muita dificuldade, a gente tinha mesmo era que trabalhar".

Ao falar da falta de orientação para que se escolarizasse, Ivan acabou por tocar em um aspecto que também foi destacado por Raimundo em sua entrevista. Este último relata que foi criado por uma madrinha após a morte de sua mãe e que, por serem pessoas criadas na roça, ela não só não o incentivava a estudar como também o criticava quando ele demonstrava seu interesse em frequentar as salas de aula. Comumente sua vontade de sair da roça e ir para cidade em busca de uma escola era interpretada por sua madrinha como uma estratégia para fugir do trabalho.

Além da falta de escolas públicas gratuitas para que pudessem estudar e do fato de terem que enfrentar as jornadas de trabalho precocemente, a relação da família com o significado do saber escolar foi outro fator relevante destacado por muitos dos entrevistados que os levaram a deixar ou ficar longe da escola. Eles apontam para o fato de que a família muitas vezes não incentivava a ida à escola. Estudar era tido por muitos pais ou responsáveis, no caso daqueles que foram criados por outros membros de sua família, como uma "perda de tempo", já que o trabalho era mais importante para a sobrevivência daquele grupo familiar.

Essas pessoas chegaram à vida adulta, e o desejo pela escolarização permanecia latente, mas os desafios para concretizá-los também se faziam presentes. Casaram-se, tiveram filhos e era o momento de garantir o sustento e a estrutura familiar. Mais uma vez, ainda não era o momento, de estudar, diante de outras prioridades.

Foi então na terceira idade que esses sujeitos conseguiram chegar novamente a frequentar uma sala de aula. Dentre os motivos podemos citar: a maioria deles já se encontrava aposentada e a família já não necessitava de tantos cuidados, ou seja, como eles mesmos afirmam, os filhos já estavam "criados". Eles estariam ali lutando por um direito que durante muito tempo lhes foi negado, mas que foi possível concretizar depois de seus 60 anos de idade.

A história da EJA muitas vezes se parece com a história desses entrevistados, os quais desejavam uma escolarização garantida por lei, mas que para se concretizar foi, e, ainda é, necessário superar vários desafios. A trajetória da EJA no Brasil se caracteriza por uma luta constante para se manter como modalidade educacional que busca garantir o acesso a uma educação formal àqueles que tiveram esse direito negado na chamada "idade regular". No entanto, ter garantia de acesso à escola é apenas um passo para se concretizar esse desejo; no caso dos entrevistados, outros direitos relativos à terceira idade acabaram auxiliando nesse processo. É sobre esses direitos que trataremos a seguir.

Os direitos da terceira idade como facilitadores do acesso à educação

Para falarmos da presença da terceira idade nas salas de EJA devemos levar em consideração uma conjunção de fatores:

o aumento da expectativa de vida da população brasileira, a criação de leis que garantem direitos a essa parcela da população e a ampliação da oferta gratuita de escolas de Educação de Jovens e Adultos, dentre outros. Faz-se, portanto, necessário discutir acerca de alguns direitos já adquiridos e de sua efetiva implementação e ainda pensarmos sobre a necessidade de novas políticas públicas para essa parcela da população para que o País envelheça com qualidade de vida.

No Brasil tem se observado um aumento da expectativa de vida da população, o que acarreta um aumento do número da população idosa no País. De acordo com a Pesquisa Nacional por amostra de domicílios (PNAO) de 2009 havia no Brasil 21 milhões de pessoas acima dos 60 anos. Dados estatísticos apontam ainda que em 2020 nosso país ocupará o sexto lugar, no mundo, no que tange ao número de idosos.

No entanto, Debert (1999) destaca que as preocupações com o envelhecimento populacional não devem ser reduzidas apenas aos aspectos demográficos e que estudos que tratam desse tema não se devem simplesmente ao aumento do número de pessoas acima de 60 anos na população. A preocupação de estudiosos do assunto hoje em dia é garantir a essa população boas condições de vida. Essa preocupação aumenta quando se trata de um país como o Brasil, no qual há grandes desigualdades sociais.

De acordo com Lobato (2004) envelhecer com dignidade não é uma responsabilidade individual, mas coletiva, já que implica criação de políticas públicas e na garantia de acesso dos idosos a tais políticas. Para tal autora, a velhice, assim como as outras idades da vida, não se dá de forma igual para todos de uma mesma sociedade, uma vez que é determinada por um conjunto de fatores como a classe social a que o indivíduo pertence, questões de gênero, raça e etnia.

Em relação às políticas públicas, Lobato (2004) refere-se à criação, na década de 1990, da Política Nacional do Idoso

(Lei nº 8.842, de 04/01/1994) que explicitava em seu artigo 3º o dever da família, da sociedade e do Estado de assegurar o direito à cidadania de pessoas idosas, garantindo sua participação na comunidade, na defesa da dignidade, do bem-estar e do direito à vida dos idosos. A referida autora aponta também a elaboração, em 1998, da Política Nacional da Saúde do Idoso (PNSI) que tinha como objetivos a busca por um envelhecimento saudável, a preservação das capacidades funcionais e a autonomia e a qualidade de vida dessa população. E ainda a aprovação, em 2003, do Estatuto do Idoso, que incorporou, segundo a autora, grande parte das diretrizes da Política Nacional do Idoso.

Laranja (2004), analisando o Estatuto do Idoso, dentre outros o artigo 21 do capítulo V (Da Educação, Cultura, Esporte e Lazer), defende que esse documento tem como ênfase integrar o idoso à cultura moderna, especialmente no que diz respeito aos avanços tecnológicos. Afirma ainda que este Estatuto pretende preservar a pessoa idosa no tempo presente, uma vez que a mantém sintonizada com o progresso, fazendo com que se sinta parte do mundo e possa não só contribuir mas também atuar nele. O autor ainda completa:

> Nesse ponto, o Estatuto estabelece um comando normativo geral a ser observado por toda a sociedade em relação ao idoso, e simultaneamente garante a oportunidade de manter nele a auto-estima, fazendo-o sentir-se útil. Não sem razão, o *Parágrafo 2º* afirma que os idosos devem participar das comemorações de caráter cívico ou cultural, para a transmissão de seus conhecimentos e vivências às demais gerações, e assim preservar a memória e identidade culturais (LARANJA, 2004, p. 40, grifo do autor).

A criação de políticas públicas que garantam uma melhoria na qualidade de vida das pessoas acima dos 60 anos de idade pode ter contribuído para que elas venham a ocupar os bancos escolares de EJA atualmente. Isso porque, com tais políticas, o idoso se vê amparado em seus direitos.

Outra lei que pode ter contribuído para a presença desses sujeitos nas salas de aula é a gratuidade nos transportes coletivos públicos urbanos e semiurbanos para pessoas acima dos 65 anos de idade. Essa gratuidade foi assegurada nacionalmente através do Artigo 39 do Capítulo X do Estatuto do Idoso.

O benefício da gratuidade em transporte coletivo para pessoas acima de 65 anos de idade é garantido a todos os idosos nesta faixa etária, independentemente da condição financeira em que se encontrem, mas certamente veio beneficiar principalmente os idosos das classes menos favorecidas. Essa lei permite a pessoas com baixa condição financeira – grande parte dos educandos de EJA, os quais, em sua maioria, pertencem a classes populares – ter acesso a locais como a escola sem nenhum ônus financeiro com sua locomoção. Para muitos, ter que gastar com o deslocamento casa-escola poderia comprometer parte do orçamento doméstico, afastando assim, mais uma vez, este sujeito da escolarização.

As políticas que vêm sendo criadas em favor das pessoas idosas estão em consonância com o modelo exigido pela sociedade atual – a qual vem envelhecendo, mas que necessita de um envelhecimento com qualidade de vida. O velho de hoje não é mais o velho de décadas atrás. Segundo Santa Rosa (2004) houve uma mudança na imagem do idoso, que passou de um idoso doente, senil e decrépito para um idoso ativo, que trabalha, viaja e desfruta da vida se divertindo normalmente. A partir dessa nova realidade surge o conceito de velhice bem-sucedida, o qual, para esta autora,

> é concebido a partir de contextos culturais específicos de certos grupos sociais com certa representação da vida humana e dos limites do homem para intervenção no corpo humano e representa o fim das divisões tradicionais e estanques entre as faixas etárias (SANTA ROSA, 2004, p. 30).

Para Néri e Cachioni (1999) o conceito de velhice bem-sucedida possui três conotações. A primeira está vinculada à ideia da realização do potencial individual para que se alcance o bem-estar físico, social e psicológico, tendo este sido avaliado pelo indivíduo e por seu grupo de idade. A segunda relaciona-se a um funcionamento aproximado com o da média da população mais jovem quanto a atividades referentes às práticas médicas, cosméticas, físicas, sociais e educacionais destinadas à preservação da juventude e promoção de envolvimento dos idosos em atividades julgadas como sendo apropriadas a eles. A terceira conotação diz respeito à manutenção de competências e domínios condizentes com uma vida saudável.

Já Santos e Sá (2003) apontam um conjunto de elementos que devem ser levados em conta ao se pensar em envelhecer com qualidade de vida. Dentre estes, citam a situação econômica, as providências tomadas para que se permita o desenvolvimento e a adaptação da pessoa por meio da educação continuada e das adaptações sociais e ainda questões relativas à plasticidade individual e social quanto à velhice. No que tange à educação afirmam:

> a educação, portanto, é um dos meios para vencer os desafios impostos aos idosos pela idade e pela sociedade, propiciando-lhes o aprendizado de novos conhecimentos e oportunidades para buscar seu bem-estar físico e emocional (SANTOS; SÁ, 2003, p. 93).

Outro elemento que pode ajudar a pensar sobre a presença de pessoas da Terceira Idade nas salas de EJA foi a V Conferência Internacional de Educação de Adultos (CONFINTEA), realizada no ano de 1997 em Hamburgo. Essa conferência proclamou o direito de todos à educação continuada ao longo da vida. Di Pierro (2005), ao abordar o tema, chama a atenção para o fato de que no Brasil, até então, não havia consenso em torno do paradigma da educação ao longo da vida proclamado na V CONFINTEA. Ela ainda comenta (2005, p. 1119):

> A necessidade da aprendizagem ao longo da vida se amplia em virtude também da elevação da expectativa de vida das populações e da velocidade das mudanças culturais,

que aprofundam as distâncias entre as gerações, as quais a Educação de Jovens e Adultos pode ajudar a reduzir (Di Pierro, 2005, p. 1119).

Outro aspecto que merece destaque nessa discussão é a existência de escolas de Educação de Jovens e Adultos gratuitas, preocupadas não só com a alfabetização mas também com a continuidade dos estudos dos educandos para a conclusão de, pelo menos, a educação básica. Se, enquanto estavam na "idade regular" para escolarizar-se, não tiveram acesso à escola para concluir seus estudos, hoje, na terceira idade, têm na EJA o lugar destinado à realização dessa escolarização.

Um bom exemplo nesse sentido encontra-se no parecer aprovado pela Câmara de Educação Básica (CEB) do Conselho Nacional de Educação (CNE) – CNE/CEB/11/2000 – sobre as diretrizes curriculares para Educação de Jovens e Adultos. O documento referido apresenta a preocupação dessa modalidade de ensino com as pessoas da Terceira Idade, demonstrando que a EJA é o espaço destinado para levar o direito à educação, antes negado, a esses sujeitos.

O parecer CNE/CEB/11/2000 destaca a Educação de Jovens e Adultos como uma promessa de desenvolvimento para todas as pessoas de todas as idades. Segundo este, a EJA possibilitará a adolescentes, jovens, adultos e idosos "atualizar conhecimentos, mostrar habilidades, trocar experiências e ter acesso a novas regiões do trabalho e da cultura". O parecer, ciente do crescimento da expectativa de vida da população no Brasil e, consequentemente, do crescimento do número de idosos em nossa sociedade, tendo em vista as pouquíssimas opções destinadas a pessoas da terceira idade para que estas desenvolvam seus potenciais e suas experiências de vida, ressalta como atribuições da EJA:

> Esta tarefa de propiciar a todos a atualização de conhecimentos por toda a vida é *a função permanente* da EJA que pode se chamar de *qualificadora*. Mais do que uma função, ela é o próprio *sentido* da EJA. Ela tem como base

o caráter incompleto do ser humano cujo potencial de desenvolvimento e de adequação pode se atualizar em quadros escolares ou não escolares. Mais do que nunca, ela é um apelo para a educação permanente e criação de uma sociedade educada para o universalismo, a solidariedade, a igualdade e a diversidade (Parecer CNE/CEB/11/2000, p. 11, grifos do relator).

No entanto, apesar de esses fatores contribuírem para se justificar a presença da terceira idade na Educação de Jovens e Adultos, eles não explicam por que essas pessoas decidiram buscar tal escolarização. Houve, portanto, a necessidade de buscar elementos, através da vivência e da experiência de pessoas que, nessa fase da vida, frequentam salas de aula desta modalidade de ensino, para se tentar chegar a conclusões acerca das questões que moveram a investigação científica aqui discutida.

Desejos, desafios e contribuições da escolarização nesta fase da vida

A partir dos relatos dos educando, pode se perceber que a escolarização, ou seja, a passagem por um processo educativo formal, fazia parte dos sonhos desses cidadãos. Ainda que tendo passado por certas dificuldades, os sujeitos pesquisados souberam contorná-las para chegar a uma escola. O que demonstraram é que têm consciência de suas idades, dos seus limites, mas que pretendem aproveitar cada ano de vida realizando seus projetos e, assim, buscar uma velhice mais feliz. Isabel, em seu relato, retrata bem esse momento:

> Mas sempre lá dentro de mim eu tinha um sonho de estudar, sabe? E esse sonho foi passando, né? Até que um dia eu acreditei que tinha morrido esse sonho, mas só que adormece. E quando eu me vi com 70 anos já e pensei assim: "Puxa vida!" eu pensava que já estava muito velha. Engraçado, eu já estou com 70 anos, num estudei, num morri e o que eu estou fazendo aqui? Vou estudar. Voltei a estudar (Isabel).

Percebe-se, através da fala de Isabel, que estar na terceira idade, não tendo mais que cumprir um horário no emprego ou se preocupar com a criação dos filhos, podendo contar com transporte gratuito para se chegar a uma escola de EJA, também gratuita, não é o suficiente para levar essas pessoas a frequentar um banco escolar. É preciso um elemento mais forte, que venha do interior de cada uma dessas pessoas. É preciso sonhar, desejar essa escolarização. Em relação à importância dos sonhos, Paulo Freire (2001, p. 13) afirma:

> Sonhar não é apenas um ato político necessário, mas também uma boa conotação da forma histórico-social de estar no mundo de mulheres e homens. Faz parte da natureza humana que, dentro da história, se acha em permanente processo de tornar-se... não há mudança sem sonho como não há sonho sem esperança...

Cada um deles, ao ver-se diante da oportunidade de frequentar uma escola, tinha certamente, junto com seus sonhos, expectativas iniciais quanto ao que encontrariam nesta escola, tendo ou não frequentado uma. Segundo Carlos e Barreto (2005) os alunos, tendo ou não frequentado uma escola, possuem uma ideia do que encontrarão numa dessas instituições.

> O fato de nunca ter posto os pés numa escola não significa que "seu" João não tenha ideias bem precisas a respeito da escola. Para ele, assim como para a imensa maioria dos adultos analfabetos, a escola é o lugar onde os que não sabem vão aprender com quem sabe (o professor) os conhecimentos necessários para ter um trabalho melhor (menos pesado, mais bem pago) e um lugar social mais valorizado (CARLOS; BARRETO, 2005, p. 63).

As expectativas com relação a uma escolarização impulsionaram-lhes a irem em busca da realização de seus objetivos. A escola significava para cada um uma forma de completar algo que julgavam deficitário em suas vidas. A maior parte dos entrevistados tem como expectativa inicial de sua volta à escola o aprendizado de saberes próprios de uma instituição escolar, como é o caso de Elvira: "Eu tinha essa meta de vida. Eu quero aprender, apesar de ter dificuldades, eu quero aprender, eu vou aprender". Já Antônio desejava ter explicações sobre as matérias através dos professores, uma vez que lia livros didáticos em casa, mas nem sempre entendia o que estava lendo. Também foi o desejo pelo saber escolar que levou Perpétua à escola na terceira idade:

> Oh, eu acho que é porque eu queria tanto, tanto saber, sabe? Que eu, se fosse daqui a cinco, seis anos, que eu conhecesse essa escola, tivesse essa oportunidade, eu começava de novo. Entendeu? Para mim... com certeza! Podia estar lá com meus 70 [anos]. Eu acho que para mim num vai fazer diferença essa parte da minha idade. Se eu tivesse com meus 70, meus 75, igual está a dona Claudina, a dona Isabel, eu estaria lá também (Perpétua).

A educação não tinha, a princípio, um caráter utilitário, mas fazia parte de um projeto de vida para que pudessem se reconhecer como pessoas capazes e plenas. Tal posição reflete uma visão de que tinham de si mesmos como membros de uma sociedade que tem como uma de suas características a valorização do saber formal e científico.

Outro elemento apontado além do sonho de passar por uma escola é a tentativa de se manter ativo após os 60 anos. Claudina, que na época da entrevista tinha 81 anos, salienta esse aspecto:

> Então fui para o projeto porque ficar em casa fazendo o quê? Ficar, por exemplo, numa cadeira de balanço, aí fazendo um crochê, fazendo um tricô, cochilando, lendo um livro. Às vezes lendo, cochilando por cima do livro, né? Eu acho que eu tenho que fazer alguma coisa. Então, menina, a melhor coisa do mundo que me aconteceu foi isso: voltar a estudar! Quando eu pensei em voltar a estudar, foi para não ficar parada, porque eu acho que um carro parado enferruja, uma máquina parada enferruja (Claudina).

No entanto, o que se percebe é que, com a convivência na escola, sentindo-se capazes de aprender e cada vez mais autônomos, seus desejos foram sendo redimensionados. Se as expectativas iniciais giravam em torno de aprender e de ocupar um tempo ocioso, com o passar do tempo as metas são de conclusão de ensino médio e até mesmo de fazer uma faculdade. Os sonhos que alimentaram internamente de ter um diploma referente a uma determinada profissão, no primeiro momento de chegada à escola, não eram ao menos expostos. Eram guardados somente para eles, pois os viam distantes de serem realizados. Ao perceberem seu desempenho no ensino fundamental, foram acreditando mais que seria possível chegar à concretização de seus ideais.

No relato de Perpétua pode-se notar que os objetivos educacionais vão se ampliando. Após ter feito uma viagem para a Europa, desejava ir para escola aprender mais, ter uma melhor cultura geral e saber falar outra língua. Agora, já vê o ensino médio como uma realidade e a faculdade como uma possibilidade. Acredita que apenas poderá ter como empecilho questões financeiras: "E se eu tiver oportunidade, vou fazer Pedagogia, sabe? Isso se eu conseguir lá na escola. Porque, assim, condições financeiras de pagar, eu tenho certeza que eu não tenho" (Perpétua).

Elvira também já deixou seu antigo sonho de se tornar uma enfermeira formada ser conhecido por todos. Ela conta que sempre teve este desejo: "Sempre tive vontade de ser uma enfermeira, de curso superior mesmo. Eu queria ser uma enfermeira de alto padrão". Aposentou-se como auxiliar de enfermagem sem ter ao menos o ensino fundamental, mas, ao ver as enfermeiras em seu local de trabalho, desejava ser formada como elas. Para quem até então nunca tinha frequentado uma escola, este sonho estava distante demais. Agora, cursando o ensino médio, acredita que pelo menos o curso técnico de enfermagem vai concluir: "Vou fazer o curso técnico. O técnico de enfermagem".

Para Raimundo, a meta agora é concluir o ensino médio. Ele acredita em si, mas revela ter na sua idade um possível problema para concretizar esse objetivo. Esse mesmo entrevistado revela que a memória é outro fator que vem desafiando seu desenvolvimento escolar. Ele conta que sua memória não tem lhe auxiliado no aprendizado, mas que continua indo às aulas também para melhorar esse aspecto. "Mas também minha cabeça tem hora que não dá, não, sabe? Às vezes eu estou estudando um negócio hoje, amanhã eu já esqueço. Mas o que me levou a estudar é justamente para melhorar isso". No que tange à sua idade ele relata:

> [...] pelo menos a oitava série, o segundo grau eu quero fazer sim. Depois, terminando a oitava série, né, se Deus quiser, eu quero fazer o segundo [grau]. Agora, se Deus quiser, o ano que vem eu vou terminar a oitava, né? Por um lado, se eu não morrer muito depressa, né? Porque 70 anos você espera [...] igual o Raul Seixas, você fica de boca aberta esperando a morte chegar (Raimundo).

A questão da idade perante a realização de seus sonhos aparece nos relatos como uma preocupação também para outros entrevistados. Apesar da consciência de seu tempo de vida, esses sujeitos têm procurado viver sem deixar que tal fato se torne um empecilho na realização de seus projetos. O que demonstram é que procuram trilhar seus caminhos, deixando que o destino se encarregue de determinar se atingirão ou não os objetivos almejados. É isso que demonstra os relatos abaixo:

> Meu tempo está muito curto, porque eu, se eu pudesse ter uma formação mais cedo, seria melhor para mim. Por quê? Não é para eu chegar a lugar nenhum não. É para eu completar aquilo que eu sempre sonhei. Realizar aquilo que eu sempre sonhei, que foi estudar, né? [...] Menina, eles me perguntam. "Dona Claudina, a senhora vai continuar?". Sabe o que eu falo? "Ainda que esteja de bengalinha eu chego lá". [...] Lá, até onde a saúde der, até onde Deus permitir (Claudina).

> Lógico que eu vou ter um retorno nesse conhecimento que eu vou adquirir lá, com certeza! Eu acho que é por aí

Educação e seus atores: experiências, sentidos e identidades

mesmo, por isso que eu estou lá. E tenho certeza que vou dar continuidade. Deus me dando vida e saúde eu vou ta lá (Perpétua).

Além dos obstáculos citados, dois dos homens entrevistados apontam certa insatisfação das esposas por eles frequentarem uma escola. Raimundo e Antônio revelaram essa relação conflituosa advinda da posição contrária das esposas ao fato de voltarem a estudar:

> Olha, muita gente, muitos acham bom. Mas... é minha mulher, por exemplo, ela é contra. Ela diz que papagaio velho não aprende língua mais e não sei o quê. No começo ela começou a achar ruim, mas depois, agora não. Agora ela acostumou. [...] É ciúme bobo, né. Mulher tem ciúme besta (Raimundo).

> [...] minha mulher que fala assim: "Mas você gosta de estudar demais! Parece que já está cansado de velho e fica com essa ilusão". Eu digo para ela: "Não, mas eu preciso ter a minha experiência". [...] Ela não gosta, não. Mas ela também não sabe muita leitura, não. Ela que acha ruim e diz que eu já estou cansado e não sei o quê [risos]. Que eu já estou nessa idade, né? Eu falei: "Não, não estou nem aí. Eu estou estudando e os professores me explicando as coisas, para mim está beleza!" (Antônio).

Os problemas de Antônio para voltar a estudar não pararam por aí. Até mesmo quando o estudo se tornou um direito seu, teve que superar problemas no trabalho para chegar a frequentar a escola novamente. Antônio é funcionário da UFMG e, como dito anteriormente, o PROEF foi criado, inicialmente, para os funcionários da Universidade, ou seja, tal projeto foi criado para pessoas que, como Antônio, trabalhavam na Universidade e não tinham concluído seus estudos. Ainda assim houve resistência por parte dos superiores para que os empregados fossem liberados para frequentar as aulas. É isso que relata Antônio:

> Porque nós fomos estudar e os chefes ficaram enchendo a paciência da gente, né? "Ah, porque vocês têm que pagar

> as horas que vocês saíram para estudar e tal e tal". [...]
> Aí foram e entregaram eles, e o professor falou: "Vocês
> não podem fazer isso, não, vocês vão estudar porque é
> licenciado, é vontade do governo que pediu. Vocês vão
> estudar". Aí nós conversamos com o... Fomos na Reitoria
> [...] Até, trouxe um papel lá e leu para todos: "Não, deixa os
> rapazes estudar, não tem problema não." Aí eles quietaram
> e largou nós quietos [risos]. O problema é que nós ficamos
> 15 anos [com] eles atrasando nós aí. Porque era para ter
> liberado e nós ficamos 15 anos esperando. [...] Não fiz há
> mais tempo porque você sabe como esse pessoal é. Exigia
> para gente, né? Quer só trabalho. Na hora, depois que o
> governo liberou, eu fui estudar (Antônio).

As dificuldades encontradas pelos empregados, de uma forma geral, para flexibilizar o horário a fim de facilitar seus estudos, aparecem em várias empresas. A pressão que recebiam para que não deixassem o emprego para ir à escola, assim como as afirmações de que teriam que pagar as horas que saíam para estudar, deixam claro que os obstáculos a serem vencidos para escolarizar-se eram grandes. O embate trabalho, família e escola fazia parte do cotidiano desses sujeitos, e sempre a escola tinha que esperar um pouco mais. No caso de Antônio, foi necessário esperar mais 15 anos após a criação do PROEF para que chegasse a frequentar as aulas.

Os relatos referentes à falta de escolarização na infância, assim como na adolescência e na vida adulta, que aparecem nesta pesquisa destoam dos resultados que muitas vezes aparecem em pesquisas similares com jovens e adultos. Aqui os percalços escolares não são apresentados como uma questão de incompetência, desinteresse ou preguiça, ponto que em muitas pesquisas feitas com este perfil de educandos é destacado, pelos próprios entrevistados, como um dos fatores que os levaram a não ter concluído os estudos.

No caso dos sujeitos desta pesquisa, pode-se identificar em suas falas a posição de vítima da falta de condições financeiras

Educação e seus atores: experiências, sentidos e identidades

e sociais, diferente daquela que os vê como os culpados por não terem adquirido seus diplomas quando mais jovens. A expressão mais usada por eles para justificar a falta de escolarização – "eu não tive oportunidade" – revela não sua incompetência ou desinteresse, mas sua posição de excluído socialmente, que, de certa forma, se reconhece como tal. Reconhecem-se como alguém que foi excluído do direito à educação escolar por ter que trabalhar para auxiliar no sustento e organização de sua família.

Porém, mesmo descrevendo alguns elementos dificultadores, essas pessoas não pensavam em desistir. Conseguiam contornar os obstáculos e prosseguir nos seus propósitos. Isabel, por exemplo, encara a distância percorrida até o ponto de ônibus como a caminhada que tem que fazer para melhorar sua saúde; ao mesmo tempo é o caminho que a leva à concretização de seu ideal de escolarização.

O que podemos notar é que as grandes motivações que levam esses sujeitos a continuar a frequentar a escola, apesar de algumas condições adversas, encontram-se no fato de a escola, hoje, estar respondendo às suas expectativas. Isso pode ser observado, por exemplo, quando destacam os momentos preferidos na educação atual.

Eles contam com grande entusiasmo acerca da oportunidade, através da escola, de ter acesso a espaços que antes não frequentavam. A escola possibilitou a Claudina ir ao Congresso de Leitura do Brasil (COLE) representar sua turma. Foi a primeira vez que foi a um congresso nacional e, mais do que isso, como participante ativa, uma vez que estava com o grupo que iria apresentar uma pesquisa realizada em sua escola. Claudina sentiu-se extremamente feliz por estar ali representando seus colegas de turma e seus conterrâneos mineiros, uma vez que destaca que estava entre grupos de vários outros estados brasileiros.

Outros se referiram aos trabalhos de campo como momentos especiais vivenciados após a volta à escola. Contam sobre os "passeios" a Ouro Preto e Sabará como eventos importantes e,

50

mais ainda, sobre a oportunidade de conhecer e visitar museus. Ivan declara que antes de frequentar a escola nem ao menos sabia da existência do Museu de Artes e Ofícios que fica na Praça da Estação, região central de Belo Horizonte. Diz que agora vai a museus, o que nunca, antes de estar na escola, realizava.

Além de oferecer aos alunos momentos culturais dos quais estavam sendo privados, a escola é, para eles, um local de socialização. Nela encontram pessoas novas com as quais estabelecem novos laços de amizade, ampliando assim, seus meios de se relacionar socialmente. Eles apontam as amizades feitas na escola entre membros de diferentes gerações, seja entre colegas de classe de diferentes faixas etárias, como é típico de escolas de Educação de Jovens e Adultos, ou entre eles e os monitores/professores.

A relação de amizade estabelecida é, às vezes, de tanto carinho, que alguns, como é o caso de Ivan, consideram que os amigos da escola fazem parte de sua família. Se ao buscarem uma escolarização eles esperavam ter acesso aos conhecimentos escolares, acabaram encontrando muito mais. Seja através de festas, trabalhos de campo ou atividades tradicionais do cotidiano escolar, a escola vem mudando a vida desses sujeitos de forma significativa.

Arroyo (1995), em seu texto "Quando a escola se redefine por dentro", afirma que há uma transformação em relação a sua função social. Segundo ele, a escola vem alargando sua concepção de educação que era reduzida a transmitir o domínio de certas habilidades como escrita, leitura e operações matemáticas básicas. Agora a escola está vivenciando experiências através de festas, rituais e celebrações que alargam essa concepção de educação, redescobrindo-se e recuperando-se como espaço cultura, de celebração da memória coletiva e de socialização.

A partir da vivência de tempos e espaços escolares que estabelecem novas relações sociais, vários elementos da vida desses educandos têm se modificado. Eles apontam que tem havido uma maior integração entre os membros de suas famílias. O fato de estar na escola vem aproximando-os mais de seus filhos, genros, noras e netos, seja pelas caronas tão necessárias, em casos como o de Claudina e Isabel, por auxiliarem na realização de pesquisas e atividades escolares ou ainda pelo fato de a escolarização ter possibilitado a esses educandos maiores subsídios teóricos para participar de discussões acerca de assuntos atuais, ampliando, assim, o diálogo na família.

Além de elementos teóricos, a volta à escola tem promovido, através da autoconfiança que gera em cada um dos educandos, uma participação mais ativa em espaços familiares e sociais, em geral. As falas de Elvira e Isabel podem comprovar a desinibição que o ato de escolarizar-se vem provocando:

> Eu fico mais tranquila, né? Tenho mais segurança, não fico tão tímida. Até mesmo quando tem reunião em família, assim, eu já converso. Não sou assim de me intrometer muito, não. Mas, se é um assunto que eu acho que eu posso entrar, eu converso e "troco ideias", não fico assim mais no cantinho igual eu ficava (Elvira).

> É, eu tinha muito acanhamento de participar, assim, de uma conversa. Não junto com os meus filhos, porque, pelo contrário, eu sempre cheguei perto deles e perguntava: "O que é isso? Que palavra é essa? Como é que escreve isso?". Então assim, igual hoje, vai juntar uma turma aí, né? Tem professor disso, daquilo, daquilo outro e tal, e eu hoje não tenho acanhamento de sentar no meio deles. Então eu fiquei muito mais desinibida depois que eu comecei a estudar. E mesmo feliz, né? (Isabel).

A mudança de comportamento não foi um benefício apenas para elas. Ivan também afirma que hoje é uma pessoa menos ansiosa e mais extrovertida. Raimundo também se refere às mudanças e declara que a volta à escola lhe tornou uma pessoa mais calma, permitindo-lhe contornar melhor os conflitos:

> Melhoraram até as relações com os outros assim, né? Às vezes as pessoas menos, assim, esclarecidas que a gente,

a gente vê aonde que a gente estava, né. Eu era muito brigão também dentro de casa, sabe? Às vezes tem hora que a gente fica nervoso com a meninada aí, atrapalha a gente aí, mas eu acho que tem que superar as coisas, né... Brigava à toa, então hoje eu tenho minha consciência que, mesmo se o cara quiser brigar comigo, eu evito a briga. Eles falam que a escola do mundo é a melhor escola que tem, né. Mas é engano (Raimundo).

Para Raimundo a convivência estabelecida entre as pessoas através do ambiente escolar fez com ele se tornasse uma pessoa menos impulsiva. Diz que consegue contornar melhor os momentos de desavenças em casa ou em outro ambiente social. A diversidade encontrada na escola pode tê-lo auxiliado nesse processo de mudança de postura. Ao conviver com pessoas diferentes, procurando respeitá-las, foi reformulando suas atitudes ao lidar com conflitos. Sobre essa mudança de comportamento provocado pela escolarização, reflete Dayrell (1996, p. 144):

> Vista por esse ângulo, a escola se torna um espaço de encontro entre iguais, possibilitando a convivência com a diferença, de uma forma qualitativamente distinta da família e, principalmente do trabalho. Possibilita lidar com a subjetividade, havendo oportunidade para os alunos falarem de si, trocarem idéias, sentimento. Potencialmente, permite a aprendizagem de viver em grupo, lidar com a diferença, com o conflito.

As transformações apontadas pelos educandos em relação ao comportamento, por exemplo, saber lidar melhor com os conflitos, ter melhor condições para dialogar na família e participar de atividades sociais não era algo previsto por eles quando resolveram procurar uma escola de EJA. No entanto, além das mudanças que ocorreram quanto à parte cognitiva, a escola promoveu novas atitudes e posturas, favorecendo suas relações sociais. Tal fato vai ao encontro do que afirma Giovanetti (2006, p. 251): "Um outro elemento-chave que fundamenta a EJA, na perspectiva da mudança social, encontra-se na concepção de homem como um ser nas relações, ou seja, em afirmar que o homem se constitui nas relações com o outro".

Podemos notar que voltar à escola após os 60 anos tem garantido a esses sujeitos uma relação mais ativa com sua vida em seus aspectos biológicos e sociais. Sentem-se capazes de aprender, de fazer algo e de ser úteis, servindo muitas vezes de exemplo para seus amigos e familiares. A educação pode ser vista como uma opção para manter viva e sadia a população idosa que cresce cada vez mais em nosso País, população que merece ter destaque nas políticas públicas, uma vez que o idoso no Brasil, muitas vezes, é visto apenas como o aposentado, ou seja, o inativo, da nação.

Veras (1999), na introdução ao livro *Terceira idade: alternativas para uma sociedade em transição*, afirma que a aposentadoria tem sido o selo da velhice e da inutilidade social. O autor destaca os termos "inativo" ou "aposentado", os quais levam à formação do estereótipo de que o indivíduo nessa condição não tem nenhuma atividade ou que permanece sempre em seus aposentos esperando a morte chegar. Veras (1999) ainda acrescenta que a passagem de um período ativo, no trabalho, para o de aposentado, que ocorre muitas vezes com uma deterioração do padrão de vida e sem reconhecimento social, pode gerar graves consequências econômicas e sociais. Além disso, pode trazer consequências pessoais, como maior tendência ao alcoolismo, perda do sentido da vida e sentimento de inutilidade, dentre outras.

Aposentar-se é, portanto, deixar de lado uma parte que durante muitos anos foi uma das faces que constituiu o ser humano com um ser social. É um período que requer uma readaptação da pessoa a sua nova condição de vida. Isso porque as mudanças vão desde o horário e a rotina do trabalho, passando pelas relações de amizade até chegar à condição econômica que afeta a vida de toda a família. Para muitos a aposentadoria é o momento do descanso merecido, de estar mais com a família e ter mais momentos de lazer, mas para outros pode ser o início de um isolamento social, o que é chamado por alguns autores de "morte social", expressão inicialmente cunhada por Guillemard (*apud* VERAS, 1999).

Duarte (2004) também comunga desse pensamento. Em seu texto, para tratar de tal assunto, fala de uma dupla existência que todo ser humano vive: além de sua existência física, o ser humano possui uma existência social, que lhe confere características de ser social. O autor ressalta que é na velhice que essas existências sofrem uma maior oposição entre si:

> Em sua dupla existência sente um contraste cada vez maior entre o *ser social* cada vez mais sem vez e sem sentido que carrega em corpo e mente e a sua reserva biológica de vida. E no dia em que sentir que somente esta última tem o direito de existir, já sem eira nem beira, já sem nenhum propósito exterior, sentirá, tendo ou não consciência disso, a chegada da *morte social* (DUARTE, 2004, p. 203).

Para Sabrina Tunes Fonseca (2005) é necessário uma ampla conscientização sobre o envelhecimento, a qual passaria por uma política de reeducação da pessoa idosa e de todos os sujeitos sociais para que se pudesse conceber esse processo com o fenômeno que complexo que é. A autora acrescenta ainda que a falta de conhecimento sobre a gerontologia impede que a sociedade, de um modo geral, perceba a multiplicidade que há na velhice, levando a limitar as transformações culturais e sociais.

A pesquisa aqui discutida mostra o perfil de idosos ativos, que desejam aprender e participar ativamente da sociedade em que vivem. Idosos que trazem consigo energia e disposição para buscar novos desafios e cada vez mais autonomia. A educação que inicialmente foi perseguida por estes como a realização de um sonho de frequentar uma escola regular e adquirir saberes formais passou a ser promotora de qualidade de vida e garantiu a essas pessoas acesso a espaços que antes não frequentavam, novas amizades, reativação da memória e melhoria na autoimagem. Se buscavam esse espaço apenas como um lugar para adquirir maior habilidade quanto à leitura e à escrita, tiveram também acesso a instrumentos e momentos que lhes garantiram uma maior compreensão do mundo e uma participação mais efetiva neste.

Quanto à Educação de Jovens e Adultos, devemos explicitar que, nesse caso, de acordo com o que foi analisado, ela vem cumprindo o que foi dito a seu respeito no parecer CNE/CEB 11/2000. Este documento que "a educação de jovens e adultos representa uma promessa de efetivar um caminho de desenvolvimento de todas as pessoas, de todas as idades". Aponta ainda que através da EJA, adolescentes, jovens, adultos e idosos atualizem seus conhecimentos, mostrem suas habilidades, troquem experiências e tenham acesso a outras culturas e trabalhos.

A análise feita demonstra que a EJA vem também garantindo sua função de dar a todos acesso à atualização dos conhecimentos por toda a vida, o que foi considerado pelo parecer referido como sua função permanente. Nesse sentido, a modalidade educacional em questão vem cumprindo também um papel relevante quanto aos apontamentos da V CONFINTEA, os quais defendiam a educação ao longo da vida.

Referências

ARROYO, Miguel G. Quando a escola se redefine por dentro. *Presença Pedagógica*. Belo Horizonte, p. 39-49, nov./dez. 1995.

BOMENY, Helena. *Manifesto dos Pioneiros da Educação Nova*. Disponível em: <http://www.cpdoc.fgv.br>. Acesso em: 10 mar. 2007.

BRASIL. CONSTITUIÇÃO DA REPÚBLICA DOS ESTADOS UNIDOS DO BRASIL (DE 16 DE JULHO DE 1934). Disponível em: <www.planalto.gov.br/CCIVIL_03/Constituicao/Constitui%C3%A7ao34.htm>. Acesso em: 12 mar. 2007

BRASIL. CONSTITUIÇÃO DOS ESTADOS UNIDOS DO BRASIL DE 1937. Disponível em: <www.planalto.gov.br/ccivil_03/Constituicao/Constitui%C3%A7ao37.htm>. Acesso em: 12 mar. 2007.

BRASIL. CONSTITUIÇÃO DOS ESTADOS UNIDOS DO BRASIL DE 1946. Disponível em: <www.planalto.gov.br/CCIVIL_03/Constituicao/Constitui%C3%A7ao46.htm>. Acesso em: 12 mar. 2007.

BRASIL. CONSTITUIÇÃO DA REPÚBLICA FEDERATIVA DO BRASIL DE 1988. Disponível em: <www.planalto.gov.br/ccivil_03/Constituicao/Constitui%C3%A7ao.htm>. Acesso em: 12 mar. 2007.

BRASIL. ESTATUTO DO IDOSO. LEI n. *10.741/2003* do dia 01 de outubro de 2003. Disponível em: <http://www.planalto.gov.br/ccivil/LEIS/2003/L10.741.htm>. Acesso em: 13 dez. 2006.

CARLOS, José; BARRETO, Vera. Um sonho que não serve ao sonhador. In: *Construção coletiva: contribuições à educação de jovens e adultos*. Brasília: UNESCO, MEC, RAAAB, 2005.

DAYRELL, Juarez. A escola como espaço sócio-cultural. In: DAYRELL, Juarez (Org.). *Múltiplos olhares sobre a educação e cultura*. Belo Horizonte: Ed. UFMG, 1996.

DEBERT, Guita G. A construção e a reconstrução da velhice: família, classe social e etnicidade. In: NERI, Anita Liberalesso; DEBERT, Guita Grin (Orgs.). *Velhice e a sociedade*. Campinas: Papirus, 1999.

DEBERT, Guita G. *A* antropologia e o estudo social dos grupos e das categorias de idade. In: BARROS, Myriam M. L. de (Org.). *Velhice ou terceira idade? Estudos antropológicos sobre identidade, memória e política*. 3. ed. Rio de Janeiro: Ed. FGV, 2003.

Di PIERRO, Maria Clara. Notas sobre a redefinição da identidade e das políticas públicas de educação de jovens e adultos no Brasil. In: *Educação e Sociedade*. Campinas, v. 26, n. 92, p. 1115-1139, out. 2005. 2003 (LEI ORDINÁRIA) 01/10/2003.

DUARTE, Valter. Morte social. In: LEMOS, Maria Tereza Toribio Brittes; ZABAGLIA, Rosangela Alcantara. *A arte do envelhecer: saúde, trabalho, afetividade e Estatuto do Idoso*. Aparecida. São Paulo: Idéias & Letras; Rio de Janeiro: UERJ, 2004.

FONSECA, Sabrina T. *A construção de um grupo de idosas de baixa renda sobre o eixo do trabalho*. Dissertação (Mestrado) – Universidade Federal de Minas Gerais, Belo Horizonte, 2005.

FREIRE, Paulo. Pedagogia dos sonhos possíveis: a arte de tornar possível o impossível: In: FREIRE, Ana Maria A. (Org.). *Pedagogia dos sonhos possíveis*. São Paulo: UNESP, 2001.

GALVÃO, Ana Maria de O.; SOARES, Leôncio José Gomes. História da alfabetização de adultos no Brasil. In: ALBUQUERQUE, Eliana Borges C.; LEAL, Telma Ferraz (Orgs.). *A alfabetização de jovens e adultos em uma perspectiva de letramento*. Belo Horizonte: Autêntica, 2004, p. 27-58.

GIOVANETTI, Maria Amélia G. de C. A formação de educadores de EJA: o legado da Educação Popular. In: SOARES, Leôncio J. G.; GIOVANETTI, M. A. G. de C.; GOMES, N. L.(Orgs.). *Diálogos na educação de jovens e adultos*. 2. ed. Belo Horizonte: Autêntica, 2006.

HADDAD, Sérgio; Di PIERRO, Maria Clara. Escolarização de jovens e adultos. *Revista Brasileira de Educação*, n. 14, p. 108-128, mai./jun./ jul./ago. 2000.

INSTITUTO BRASILEIRO DE GEOGRAFIA E ESTATÍSTICA. *Censo Demográfico*. Disponível em: <www.ibge.gov.br>. Acesso em: 19 nov. 2006.

LARANJA, Anselmo Laghi. Estatuto do Idoso: ampliação e alargamento dos direitos humanos na sociedade brasileira. In: LEMOS, Maria Tereza T. Brittes; ZABAGLIA, Rosangela Alcantara (Orgs.). *A arte de envelhecer: saúde, trabalho, afetividade e Estatuto do Idoso*. Aparecida, São Paulo: Idéias & Letras; Rio de Janeiro: UERJ, 2004.

LLOSA, Sandra; SIRVENT, María Teresa; TOUBES, Amanda; SANTOS, Hilda; BADANO, María del Rosario; HOMAR, Amalia. *La situación de la Educación de Jóvenes y Adultos en la Argentina*. CD-ROM. 23ª Reunião Anual da Anped, Caxambu: MG, 2000.

NÉRI, Anita L.; CACHIONI, Meire. Velhice bem sucedida e educação. In: NÉRI, Anita L.; DEBERT, Guita G. (Orgs.) *Velhice e sociedade*. Campinas: São Paulo: Papirus, 1999.

OLIVEIRA, Jacqueline Barbosa de. *Quando os pais vão para a escola: significados da experiência e desdobramentos na família*. Mestrado (Dissertação) – Universidade Federal de Minas Gerais, Belo Horizonte, 2003.

PAIVA, Vanilda Pereira. *Educação popular e Educação de Adultos – contribuições à história da educação brasileira.* São Paulo: Loyola, 1973.

PARECER CNE/CEB/11/2000 SOBRE AS DIRETRIZES CURRICU-LARES PARA EDUCAÇÃO DE JOVENS E ADULTOS. Disponível em: <www.mec.gov.br>. Acesso em: 23 nov. 2005.

SANTA ROSA. Ana Lúcia Cardoso de. O envelhecimento na pós-modernidade. In: LEMOS, Maria Tereza T. Brittes; ZABAGLIA, Rosangela Alcantara (Orgs.). A arte de envelhecer: saúde, trabalho, afetividade e Estatuto do Idoso. Aparecida, São Paulo: Idéias & Letras; Rio de Janeiro: UERJ, 2004.

SANTOS, Andréa Temponi; SÁ, Maria Auxiliadora A. dos S. De volta às aulas: ensino e aprendizagem na Terceira Idade. In: NERI, Anita L.; FREIRE, Sueli Aparecida (Orgs.). *E por falar em boa velhice.* 2. ed. Campinas: Papirus, 2003.

SANTOS, Giovania Lúcia dos. *Educação ainda que tardia: A exclusão da escola e a reinserção em um programa de educação de jovens e adultos entre adultos das camadas populares.* Dissertação (Mestrado em Educação) – Faculdade de Educação, UFMG, Belo Horizonte, 2001.

SCHWARTZMAN, Simon. Gustavo Capanema e a educação brasileira: uma interpretação. *Revista Brasileira de Estudos Pedagógicos,* maio/ago. 1985. Disponível em: <www.schwartzman.org.br/simon/capanema_interpretacao.htm>. Acesso em: 15 mar. 2007.

TAXAS DE ESCOLARIZAÇÃO DOS IDOSOS NO BRASIL. Disponível em: <http://www.ibge.gov.br>. Acesso em: 01 nov. 2005.

VERAS, Renato (Org.). *Terceira idade: alternativas para uma sociedade em transição.* Rio de Janeiro: Relume Dumará, 1999.

Uma interpretação filosófico-antropológica das experiências escolares de jovens e adultos na EJA

Luiz Felipe Lopes Cunha
Carmem Lúcia Eiterer

Contextualizando a investigação

O texto que aqui trazemos é fruto de pesquisa financiada pelo CNPq e resultou em dissertação de mestrado defendida em 2009 no Programa de Pós-Graduação em Educação da Faculdade de Educação da UFMG (FaE). Procuramos, naquela ocasião, entender o significado antropológico-filosófico que se apreende nas enunciações dos educandos da EJA sobre suas experiências escolares. Para isso, empreendemos um trabalho de campo que buscou, como apresentaremos adiante, o diálogo com jovens, adultos e idosos em vias de se formar no ensino médio da EJA, e procuramos aprofundar nossas leituras sobre a produção teórica de Paulo Freire entre os anos 1959 a 1973. Passaremos a seguir a apresentar as razões que a nosso ver justificaram a construção desse percurso investigativo.

É uma ocupação relativamente comum entre docentes e pesquisadores da EJA procurar compreender quais são os sentidos e significados que essa modalidade de educação tem para os seus educandos e, talvez, consequentemente, qual é a função da EJA em nossa sociedade. Ou seja, a que e a quem ela se destina? Qual o objetivo da ação pedagógica quando realizada com pessoas que, de alguma forma, foram excluídas do processo de escolarização? Tal resposta não é simples e vem movimentando pesquisas que problematizam os significados que a EJA tem em diversas políticas, programas e práticas, bem como as representações pessoais e coletivas que os educandos e a sociedade sobre ela constroem. É a respeito desses significados que nossa investigação visou contribuir: podemos analisar as representações de alguns educandos da EJA sobre suas escolarizações nessa modalidade de educação como movimentos de *expansão da consciência* que deslocam o discurso sobre si desses educandos, movimento analisado por Paulo Freire como *processo de conscientização?*

Acreditamos, a partir do resultado dessa investigação, que esta modalidade da educação pode proporcionar um *movimento ressignificador da consciência de si* que os educandos experienciam ao refletir sobre o outro, sobre si mesmos e sobre o mundo em que ambos estão envolvidos. Experienciar significa não apenas experimentar algo ou vivenciar um acontecimento, mas pensá-lo, refletir sobre algo experimentado para experimentá-lo novamente por um novo ângulo, enriquecendo, assim, a experiência (VAZ, 1974). Este movimento – que diferencia o fenômeno humano do animal, e é, no pensamento antropológico de Freire, a vocação ontológica do ser humano, ou seja, o caminho pelo qual o ser humano se desenvolve plenamente – pode ser realizado pelo sujeito em diversos momentos de sua vida, ao longo de todo o processo de envelhecimento humano e pode ser potencializado no espaço-tempo da EJA, quando esta se abre para o diálogo com seus educandos e para a perspectiva do aprender ensinando, ou do ensinar aprendendo.

De Freire (2003) a Santos (2001), passando por Vieira Pinto (1982), Arroyo (2001), Giovanetti (2003), Dayrell (1989),

Vieira (2006), Soares (2006), Paiva (2006) e Possani (2007) – alguns dos autores que pensam a educação de pessoas jovens e adultas encontramos, seja nos depoimentos dos educandos que participaram das pesquisas, seja nas teorizações sociológicas, antropológicas, psicológicas, filosóficas e pedagógicas sobre a EJA, interpretações que revelam, sem muitas vezes se deter sobre isto, o *significado existencial* dessas experiências de escolarização.

Observemos, entretanto, que nem toda forma de organização pedagógico-administrativa em EJA potencializa esse movimento ressignificador da consciência que conceituamos como *expansão da consciência*. Há formas de educar que, por essa via de raciocínio, deseducam ou desumanizam, pois não permitem ao ser humano desenvolver conscientemente sua capacidade afetivo-cognitiva, dificultando, mas não impossibilitando, o desenvolvimento pleno do sujeito. Como veremos, os métodos de ensino que não se preocupam com aquelas questões que em EJA são mais ou menos comuns – quem se educa, para o que se educa e sobre o que se educa – acabam por reduzir a educação a um conjunto de informações mais ou menos relevantes, mais ou menos relacionadas com a vida das pessoas e com a sociedade em que a escola se insere e, muitas vezes, relacionadas de forma reprodutiva com esta sociedade. Mesmo na EJA encontram-se propostas político-pedagógicas que na prática redundam numa continuidade do que já se faz no ensino regular diurno e noturno, acreditando que o educando pode aprender as mesmas coisas de forma acelerada, a fim de recuperar um pretenso "tempo perdido".

Nos questionamos, em relação aos sentidos que a escolarização em EJA tem para seu educando, sobre o significado filosófico-antropológico que neles habita. Por isso, Freire é fundamental nesta investigação, já que nos ajuda a pensar o significado existencial que tem o processo educacional quando promove o diálogo entre educandos e educadores, identificando, sobretudo oriundas de camadas, que ele estimula o despertar da capacidade cognitivo-reflexiva autêntica do ser humano: a conscientização.[1] Nesse sentido, a conscientização é o processo pelo qual os envolvidos na relação cognitiva aprofundam seu conhecimento sobre o objeto, observando-o sob diversos prismas, e aprofundam o conhecimento sobre si mesmos e sobre o outros envolvidos, observando a relação do seu pensamento com o objeto e do pensamento do outro com o mesmo objeto. Para Freire, é nesse processo, ao qual chama de relação gnosiológica, que os sujeitos percebem o condicionamento do objeto do conhecimento e o condicionamento da consciência que pensa o objeto (1983). Parece-nos que esse distanciar-se das coisas para pensá-las em diálogo com o outro e, assim, repensar-se é o movimento cognitivo experimentado por alguns educandos da EJA que o representam como um "saber falar de si", "saber falar com o outro" e "saber falar das coisas".

O espaço-tempo da EJA, ao promover esse encontro autenticamente dialógico com o outro em torno de um objeto cultural, parece possibilitar um ressignificar-se das consciências que haviam, em diferentes intensidades, introjetado a ideia de incapacidade natural para os estudos, mesmo quando percebem que as condições de escolarização na infância eram desfavoráveis à sua permanência. Entendemos que a vergonha antes sentida e agora combatida invoca um novo *pronunciar-se* que, de várias formas, alcança uma percepção comum para, pelo menos, parte dos educandos da EJA: se sentem mais autônomos e confiantes no *uso da palavra com os outros* – aprendendo a perceber o ponto de vista do outro e *consigo mesmos* – reconhecendo seu próprio ponto de vista.

Essa sensação apresentada pelos educandos é o que estimula o questionamento filosófico em nossa investigação

---

[1] Conscientização tem em Freire um significado fenomenológico, não se restringindo aos campos psicológico e político, apesar de incidir sobre estes. Indica o movimento dialético que a consciência realiza *no* e *com* o mundo e *com* o outro se tornando *consciência de si* e *para si*, e compreendendo o condicionamento e a liberdade das consciências que pensam o mundo. (BARREIRO, 1986; PREISWERK, 1998; TORRES, 1976)

sobre a escolarização em EJA, indicando, assim, uma resposta desafiadora para a pergunta que fizemos acima sobre o objetivo da ação pedagógica quando realizada com pessoas que foram excluídas do processo de escolarização: *possibilitar ao sujeito o experienciar-se* – resposta capaz de ressignificar o valor das práticas pedagógicas.

Todos os conteúdos, todos os métodos e todas as disciplinas teriam, no fundo, uma finalidade existencial que não pode ser mensurada nem transmitida, pois o outro, o educador, por exemplo, apenas media a relação do eu (educando) consigo mesmo, com o outro e com o mundo. Na verdade, afirmamos, com base nesta investigação, que esta é a consequência fundamental de diversas experiências em EJA que respeitam e dialogam com seus educandos, pois, analisando fenomenologicamente tal movimento, identificamos o processo pelo qual a consciência transita de um modo de estar *no* e *com* o mundo quase que "mergulhado" acriticamente no fenômeno, para um estar *no* e *com* o mundo que consegue refletir de forma mais crítica sobre o fenômeno, distanciando-se e aproximando-se dele de forma consciente e livre.

Para averiguar se tais conclusões são pertinentes, decidimos ter acesso direto aos depoimentos de alguns sujeitos em vias de se formarem. No entanto, já conhecíamos os depoimentos originados de entrevistas em pesquisas como a de Santos (2001) e de Dayrell (1989), e a partir dessas entrevistas confirmamos o aparecimento da ressignificação do discurso sobre si quando os ex-educandos eram questionados sobre o que pensavam ou sentiam em relação à escolarização em EJA.[2] Preferimos,

---

[2] A pesquisa de Santos (2001) incide sobre os mesmos espaços pedagógicos de EJA que a nossa pesquisa. Nossos sujeitos estudaram no PROEF-1, PROEF-2 e no PEMJA, respectivamente, Projeto de Ensino Fundamental de Jovens e Adultos 1º Segmento, 2º Segmento e Projeto de Ensino Médio de Jovens e Adultos. Os três são vinculados ao PROEJA, Programa de Educação Básica de Jovens e Adultos da UFMG, tendo, cada um dos projetos, autonomia político-pedagógica em relação ao PROEJA. Nesses espaços, alunos da graduação experimentam a docência orientados por professores da UFMG.

portanto, como estratégia metodológica, em vez da entrevista do grupo focal ou do grupo de diálogo, remontar o espaço da sala de aula ao propor um minicurso sobre Antropologia Filosófica para jovens e adultos que estudavam no último ano do Projeto de Ensino Médio de Jovens e Adultos (PEMJA), ou seja, que estavam prestes a se formarem no ensino médio. Essa seleção se fundamentou na procura de relatos que se referissem à totalidade da formação na EJA, mesmo que estivessem ligadas a situações específicas. Pois o que pretendemos neste trabalho é compreender algum sentido geral e existencial em relação a essas escolarizações, não relatar a trajetória dos educandos, tarefa importante e que vem sendo desenvolvida em outras pesquisas, algumas delas embasadoras da nossa.

Tal metodologia, inspirada nas perspectivas da pesquisa participante e da pesquisa ação, mas que não foi por nós identificada em nenhuma das pesquisas qualitativas a que tivemos acesso no mestrado, objetiva alcançar uma reflexão mais aprofundada sobre os significados dessas experiências escolares, permitindo a interação entre esses educandos pelo diálogo sobre suas trajetórias de vida e sobre a temática antropológico-filosófica que facultou a construção coletiva de novos olhares sobre essas trajetórias – olhares que incidem sobre as interpretações de Santos e Dayrell. Desta forma, acreditamos que contribuímos mais para a produção de conhecimento no campo da Educação de Jovens e Adultos ao *analisar com os sujeitos* dessa pesquisa quais os significados de suas experiências escolares em EJA, experiências que perpassam suas trajetórias de vida.

A experiência anterior do pesquisador como professor de história e de filosofia, respectivamente, em dois projetos que compõem o referido Programa de Extensão da UFMG, o Projeto de Ensino Fundamental – Segundo Segmento (PROEF-2) e o Projeto de Ensino Médio de Jovens e Adultos (PEMJA), favoreceu o acesso e a organização desta atividade, uma vez que já havia um relacionamento anterior dele com a maior parte dos educandos. Desse modo, não foi difícil propor um espaço-tempo de encontro descontraído onde as pessoas não sentissem vergonha ou receio de se expressarem livremente acerca suas experiências e relacioná-las às dos outros.

Contudo, por razões de natureza metodológica o minicurso proposto não apontava a escolarização de jovens e adultos como foco da interlocução porque não pretendíamos direcionar com ele as falas dos educandos. Elegemos a Antropologia Filosófica como temática e partimos da pergunta: *o que é o ser humano?* Nossa postura como professor do minicurso foi a de um apresentador-problematizador de questões e conceitos que facilitavam as interações entre os participantes e, quando era preciso e apareciam questões pertinentes à pesquisa, um estimulador do *pensar coletivo*, sem direcionar esse pensamento.

Tal temática mostrou-se especialmente adequada, pois, nos ajudando a pensar o que é o ser humano, permitiu identificar que a teoria antropológica os leva a refletir, sem constrangimentos, sobre suas experiências de vida e, a partir delas, sobre as de escolarização, permitindo o acesso a reflexões que aprofundam a compreensão sobre o significado da EJA em nossa sociedade.

Realizamos um total de 11 encontros, às sextas-feiras, das 19 às 21 horas, com 12 pessoas, algumas vezes mais, mas só um encontro com nove pessoas, por motivo de chuva muito forte. A oferta e a frequência ao curso eram livres, não havendo nenhum vínculo entre ele e o Programa de EJA da Universidade. Não existia, portanto, nenhuma instância reguladora (avaliação, frequência) que obrigasse esse sujeitos a engajarem-se nele. A maioria destas pessoas tinha idade entre 41 e 55 anos, sendo que duas tinha idades fora desta faixa, uma possuía 23 anos e outra 70 anos de idade, e os designamos com pseudônimos para apresentar seus depoimentos. Com auxílio de áudio, devidamente autorizado por todos os participantes, através de Termo de Consentimento Livremente Esclarecido, gravamos os encontros. Entregamos para cada participante um caderno que serviu como um "diário de anotações" sobre o curso e sobre qualquer assunto que se relacionasse a ele. Este caderno foi recolhido ao final dos encontros.

Como o espaço para apresentarmos os objetivos, as metodologias, o desenvolvimento e conclusões nos é limitado neste texto, pedimos ao leitor interessado que se remeta à dissertação disponibilizada digitalmente para saber mais detalhes em cada um destes tópicos. O que procuraremos aqui é, sumariamente, analisar o significado filosófico-antropológico presente nos enunciados desses 12 educandos sobre suas experiências de escolarização em EJA, utilizando a Antropologia Filosófica e a Teoria Epistemológica que Freire desenvolveu entre 1959 e 1973. Para isso, não poderemos recorrer aqui à integralidade dos depoimentos dos sujeitos que participaram da pesquisa nem ao levantamento mais sistemático das pesquisas no campo e do pensamento de Freire. Estes serão utilizados à medida que forem necessários e apenas o suficiente para nos fazer entender, o que dificulta a compreensão completa da pesquisa, mas possibilita compreender a profundidade de algumas experiências em EJA que, por diversos motivos e vias, desenvolvem processos de *expansão da consciência* sobre si, o outro e o mundo, elemento mediador entre as consciências.

Os significados que os sujeitos atribuem ao processo de escolarização em EJA e sua interpretação antropológico-filosófica

É importante ter sempre em mente que a maioria dos educandos da EJA possui uma memória antiga ou recente que, de diversas formas e em várias intensidades, pode entrar em conflito com a atual escolarização. O *jogo dialético* entre o sentir-se excluído, que, muitas vezes, implica *sentir-se menos* ou inferior em relação à capacidade de aprendizado, e o atual momento de uma nova escolarização, que pode implicar *sentir-se mais* perante uma sociedade que valoriza o conhecimento letrado e escolarizado é tenso e evoca lembranças que dialogam com e significam esta nova escolarização. A exclusão escolar, muitas vezes sentida pelo que a sofre como uma incapacidade pessoal para os estudos escolares, a desvalorização e o desrespeito social para com a pessoa não ou pouco escolarizada contribuem para a formação de algo relativamente comum entre os educandos: a *inferioridade naturalizada*, nomeada por Freire como *autodesvalia* (fenômeno de introjeção que fazem os oprimidos da visão que deles tem os opressores). Em diversas pesquisas na EJA percebemos nos depoimentos dos pesquisados o sentimento de *vergonha* por não ter estudado.

> Antes eu me sentia excluído. Eu conversava, conversava! Mas o relacionamento era assim, era um troço mais fechado. Porque... tipo assim, o Engenheiro chegava perto de mim e falava assim: "Ó Zé, eu preciso disso, disso e disso pronto até o dia tal". Eu não tinha como chegar e argumentar com ele, chegar assim: "Ó Dr. Fulano de tal, não tem como eu aprontar porque o número de pessoal que tem aqui é pouco!". Não conseguia conversar, entendeu? Hoje não, se falar assim: "Eu preciso disso até tal dia assim". Aí eu viro para ele e falo assim: "Ó, se não aumentar o número de pessoal nós não temos condições, não! Tem que aumentar o número de pessoal, porque eu vou precisar de tantos pintores aqui para poder terminar essa etapa do serviço". Então, facilitou mais o diálogo por isso, porque você tem como conversar (Depoimento de José *apud* SANTOS, 2001, p. 127).

Nesse depoimento, por exemplo, José apresenta que a escolarização em EJA facilitou seu conversar com os outros. Mas o conteúdo da conversa que José hoje tem com o engenheiro já era, ao que tudo indica, conhecido por ele: o fato de faltar número suficiente de trabalhadores para ter o serviço pronto no dia exigido. Parece que a transformação ocorrida é existencial, aquela que implica a forma de *estar com* e *no* mundo, *com* os outros. Alguma coisa modificou em José que o possibilita ampliar suas relações com os outros, provavelmente seu autoconceito e sua autoestima, o que representa, pelo ponto de vista antropológico-filosófico, o desenvolvimento em José de uma compreensão dos limites e dificuldades presentes antes e pós este movimento de escolarização em EJA. Não sabemos se José tinha ciência, antes de ingressar na EJA, de que ela poderia ajudá-lo em suas dificuldades de relacionar-se com outras pessoas mais escolarizadas do que ele, por exemplo, o engenheiro.

Parece provável, como veremos em outro depoimento retirado de Santos (2001), que, apesar de os educandos *sentirem* essa inferiorização de si, que chamamos *vergonha* eles não a *pensem* (no sentido de compreendê-la plenamente), pois, talvez, não saibam antes de escolarizarem-se na EJA que, além do estigma social em relação aos não escolarizados, também eles introjetaram a vergonha de não ter estudado. E isto é epistemologicamente compreensível: apenas compreendemos um problema ao experienciá-lo, afastando-nos dele para olhá-lo sobre outro ângulo. Mas esse movimento só é possível se construímos elementos que nos possibilite afastarmo-nos do problema, no caso, a sensação de inferioridade cultural. É o que nos mostra este outro depoimento, agora de Maria, retirado também da pesquisa de Santos.

> Hoje, *agora que eu me autoavalio e percebo que tudo isso aconteceu.* Hoje, você entendeu? Por exemplo, na coisa do CP [referindo-se ao PROEF]: *quando eu entrei para o CP, eu não entrei com essa palavra:* "Ah, é porque eu estou com vergonha de não ter estudo!". Não! Hoje é que eu sei que eu tinha vergonha de não ter estudo, *hoje é que eu sei disso. Percebe que diferença?* [...]

> [...] Agora... quando eu percebi essa coisa do estudar, do voltar, do poder, então, assim, *eu me percebo podendo modificar isso tudo.* E uma das coisas que realmente mais modificou na minha vida foi isso comigo mesmo, o *meu Eu liberto. Que até então, o meu Eu era prisioneiro de mim mesma,* e isso é muito complicado! Hoje eu sei que não é poder tudo, não é, mas é poder quase tudo. [Solicitada por Santos a dar exemplos dessa libertação, afirma que]

> É ajudar os meus filhos a ter vontade de estudar. É poder pegar o material de escola... Eles chegavam com o material de escola: "Mãe o que é isso?". Mamãe não sabia, mamãe não podia ajudar: "Não sei!". *A tal da vergonha de não saber! Não assumido, claro, mas é claro que é isso.* Saber, que diferença, que o estudar faz essa diferença? É isso o que eu estou sentindo hoje. A minha vida profissional e financeira não mudou em nada, mas eu sou livre. Isso é ser feliz. *É você poder olhar de frente para o outro e falar: "Oi, como é que vai?".* Isso é ser feliz! É essa... esses laços que quebraram. Porque *o simples fato de eu ter feito uma mudança de postura diante da vida, uma mudança de pensamento diante da vida...*

Essa consciência não apaga todas as mágoas, como Maria aponta a seguir, mas não deixa de ser para ela uma significativa conquista.

> As mágoas continuam, mas o simples fato de eu ter conseguido dar essa reviravolta no meu pensar, para mim já é uma coisa assim, muito... ah, meu Deus, assim... já é uma coisa muito importante, entendeu, é isso! [...] [Levada a refletir sobre as causas de, apesar das dificuldades constantes, ter continuado no CP, ela responde:] "foi porque eu tinha um objetivo. Eu ainda tenho. O quê é que eu queria? Queria não ter vergonha de não ter estudo. É essa a principal coisa que eu voltei a estudar, não ter vergonha, mesmo. Era perder essa vergonha. Porque, *a partir desse momento, porque enquanto eu estava me sentindo assim, humilhada pela falta de estudo, eu não tinha percebido que também eu sentia vergonha de não ter estudo.*" (Depoimento de Maria *apud* SANTOS, 2001, p. 99-101, grifos nossos.)

É após o movimento de escolarização em EJA que fica claro para os entrevistados de Santos – e o mesmo é identificável no trabalho de Dayrell (1989) e no nosso – o significado que esta tem em suas vidas e os motivos que os levaram a procurá-la. Mas Maria, diferentemente dos outros depoimentos em Santos, é a única que analisa suas trajetória de escolarização utilizando um conceito um tanto refinado: "*meu Eu liberto*", pois, até seu retorno à escola, "o *meu Eu* era prisioneiro de *mim mesma*".

Afirmação interessante se considerada do ponto de vista fenomenológico e freiriano.

No contexto de uma interpretação freiriana, consideramos que os limites de uma consciência são construídos na relação desta consciência com a circunstância em que ela existe, sendo esta circunstância formada por outras consciências e pelo mundo (momento histórico) que media as relações entre as consciências. Cada pessoa é, desta forma, condicionada ao seu momento histórico-cultural, mas livre para nele se movimentar e criar dentro desses limites. Maria, com sua trajetória de vida e em resposta aos problemas e situações vividas, criou uma forma de lidar com eles, forma que respondia àquela crença sem base lógica de que "quem não estudou possui dificuldades em aprender, não gosta de estudar ou não tinha responsabilidade e perseverança". Em muitos casos a forma de lidar com essa crença pelos que a sofrem é o silêncio, a vergonha de se expor ao se comunicar com o outro que estudou, preferindo se calar para não demonstrar a "falta de estudo". E isso não por vaidade intelectual, mas por vergonha de ser quem se é. Mas o que é essa vergonha se não um sentimento de inferioridade perante o outro, uma subjetivação de conceitos e crenças socialmente construídas que o próprio sujeito incorpora? Desta forma, a vergonha representa um limite construído pelo próprio sujeito que a sente, pois aceita, de forma não consciente, a crença que o rebaixa.

Apesar de essa aceitação ter forte influência da sociedade que mantém as crenças e estar intimamente ligada a formação de cada sujeito, o que extrapola a vontade do indivíduo, é ele quem pode construir para si que determinada crença é verdadeira, sendo ele também o único que pode desconstruir para si tal crença. A vergonha de Maria era uma prisão criada por ela mesma. Foi a resposta interna de Maria para sua circunstância – resposta criada numa interação, como apresentamos, mas que depende dela para ser assumida e passar a representar para ela mesma um *limite opressor.* Alguns limites são intransponíveis para qualquer consciência, são os limites biológico-cognitivos da natureza humana, outros, mais histórico-culturais, podem ser transpostos, mas envolvem um movimento doloroso e difícil, no caso que estamos estudando aqui, o movimento de regressar/ingressar nos bancos escolares, espaço que pode ter sido doloroso e poderá vir a sê-lo novamente, por razões que vão do campo econômico ao psicológico.

Maria, após seu novo movimento de escolarização, compreendeu o porquê dessa escolha: vontade de se libertar de si mesma. Seu movimento foi o de romper antigos limites que ela sentia mas não nomeava, mas que agora são claros e possibilitam um novo autoconceito com novos limites. A nova escolarização tem seu significado condicionado à antiga exclusão escolar, não sendo possível entender esta sem aquela. E é por ser assim que podemos entender as experiências de Maria, José e dos sujeitos de nossa pesquisa que passaremos a apresentar como movimentos de *afirmação da liberdade,* relacionados ao já mencionado movimento de *expansão da consciência.* Ao buscarem um direito negado, poder frequentar a escola, descobrem outro direito que havia sido negado junto com aquele: o de sentir-se igual ao outro, mesmo sendo diferente, para estabelecer um diálogo e poder se expressar sem vergonha. A vergonha sentida pelas pessoas excluídas do direito à educação básica provoca, na maioria dos relatos a que tivemos acesso nesta pesquisa e nas que analisamos, o silenciamento e o constrangimento, dois fenômenos que impedem a plena formação humana. Formação que somente é plena ao se usar livremente a palavra, *o dizer a sua palavra* de que nos fala Paulo Freire, *dizer* que ocorre quando não nos sentimos inferiores ao outro, mas iguais na diferença (Freire, 2003). Vejamos os depoimentos a seguir:

> Criam-se barreiras, né?, lá fora... que, às vezes, você se
> sente humilhado e é realmente isso, humilhado porque,
> às vezes, você tá numa roda de pessoas que têm um nível

melhor do que o seu, bem elevado, e você tá bem inferiorizado. E isso faz com que você se acabe distanciando desse grupo, porque as conversas, você não vai tá inteirado ali, né? Então, você se sente mesmo... A pessoa fala: "Olha lá, nem terminou o ensino médio, então essa pessoa aí é meio burrinha..." Esse tipo de coisa... (Depoimento de Edmílson colhido no minicurso realizado nesta pesquisa).

Noutra ocasião ele prossegue em sua reflexão.

É. Eu acho que aí fica assim, é como se fosse uma... a inclusão escolar é como se fosse... é como se numa construção de uma parede ficasse faltando alguns tijolos porque você parou de estudar. Quando você volta a estudar, no princípio você tem as necessidades, você sente a necessidade de voltar, mas você não sabe, é... como explicar isso. Porque você ainda não tem a... a... é... aquilo formado. Quando você termina, como no nosso caso que a gente está terminando aqui, a gente tá completando os tijolos que estavam faltando, e você percebe a parede, você consegue explicar isso. Por quê? *Porque foi um preenchimento de coisas passadas que ficaram faltando, mais a experiência de sua vida.* Não é? Essa é a história. Vou falar do período meu, três anos aqui no PEMJA, faz com que concretize aquilo que lá no comecinho eu não estava muito bem sabendo o que que era. Então faz com que você conscientize do que realmente você sentia. *Porque abre espaços mesmo.* Você estudando, você voltando a estudar você clareia a sua mente, você trabalha o seu cérebro. É lógico que a gente trabalha ele no dia a dia, mas de uma forma diferente. Aqui, pelo fato da gente falar que a gente está vindo na escola, *os assuntos são completamente diferentes. E isso, essa troca de informações que nós temos uns pelos outros é que faz com que você tampe os buracos dessa parede. E quando está concreto, não é, tá mais claro, você sabe falar.* Porque você está mais pé no chão, você está mais sustentado. E a sustentação faz com que você tenha clareza dos fatos – "ah, não, hoje eu estou aqui por causa disso, disso, disso. E isso foi importante por causa disso e disso. Eu parei por causa disso, disso e disso". O fato de eu ter voltado a estudar pela falta do contato com os outros lá fora é... é... essa coisa da moral, da dignidade, retomou. Os outros falam: "nó, você está estudando, que bom". E é bom você ouvir isso, não é? "Nossa, você está estudando, que legal". Então isso faz sentido. E isso faz com que esse ego que a gente tem que foi perdido lá atrás volte a aflorar de novo. *Porque, se ele volta a aflorar, você tem visão* (Depoimento de Edmílson colhido no minicurso realizado nesta pesquisa, grifos nossos).

Esses dois depoimentos de Edmílson dialogam com o depoimento de Maria. Ele nos apresenta o sentimento de inferioridade em relação ao outro escolarizado, sentimento que fica claro após a escolarização em EJA. Parece que a experiência escolar atual *abriu espaços* em sua mente, fazendo-o compreender o que lhe faltava: a dignidade, sua autoestima, que chama de ego. Isso é muito claro para Edmílson, tão claro que ele compreende que não é a escolarização apenas que possibilita o retorno do "ego" perdido, entra nesta história a "experiência de sua vida", a experiência de exclusão escolar, de baixa autoestima, em muitos casos relacionada à depressão, e a "luta" cotidiana para escolarizar-se – além, é claro, de outras circunstâncias que nos escapam nessa pesquisa, pois na "experiência de vida" desses sujeitos existe uma infinidade de circunstâncias que complementariam essa análise. O fato que precisamos salientar, e que pode ser melhor compreendido pelo leitor ao ter contato com nossa dissertação, é que numa sociedade em que a escola representa, se não a única, pelo menos a forma mais aceita e hegemônica de desenvolvimento cognitivo dos seus indivíduos, quem não se escolariza por completo está, direta ou indiretamente, rebaixado. Se não fosse assim o que explicaria a vontade de retomar os estudos escolares, se a experiência anterior de escolarização foi traumática? Não apenas empregos e salários estão condicionados à escolarização, mas a dignidade desses sujeitos que se sentiam inferiores aos demais cidadãos escolarizados. No entanto, além disso, ao completarem essa nova escolarização, descobrem que mais "tijolos" faltavam nessa construção, mas que o sentimento de inferioridade encobria: o valorizar-se ao se sentir igual aos demais, o sentir-se capaz de dialogar com qualquer um, a ampliação de horizontes que os conteúdos escolares permitiram; todos relacionados a um novo uso da palavra, agora, sem a vergonha que reprimia seu *pronunciar*, que revela um novo *pronunciar-se*. Vejamos outro depoimento do mesmo autor:

> Quando eu parei de estudar houve a morte de um ciclo, quando voltei a estudar tive a ressurreição do ciclo. Para se ter a vida é necessário a morte, entretanto precisamos morrer várias vezes. Por que estou estudando hoje? Por descobrir que com o estudo consigo preencher várias necessidades, tanto externas como internas. Externas: melhorar na questão de ocupar uma condição financeira melhor, em que a sociedade exige com níveis de ensino cada vez mais complexos de conhecimento. Internas: tive a necessidade da procura do entendimento, da compreensão, dos ensinamentos que fazem com que o cérebro exercite o questionamento dos mistérios que a vida apresenta em cada instante sobre o comportamento humano; natureza dos elementos que estão ao redor; dos procedimentos da busca pelo saber. Como se eu fosse uma pedra bruta e eu mesmo o lapidador. Lapidando essa pedra até conseguir chegar a limpidez como de um diamante (Depoimento escrito no diário de anotações por Edmílson).

Não podemos deixar de salientar um elemento importante para as pesquisas em EJA: em quase todos os depoimentos existe a ideia de que o indivíduo é o responsável pela interrupção de sua trajetória escolar: "quando *eu parei* de estudar". Para a maioria dos educandos da EJA, e é provável que isso esteja relacionado a uma cultura que afirma ser o indivíduo o único responsável pelo que lhe ocorre de bom e de ruim, não é a sociedade quem cria impedimentos que impossibilitam a permanência das crianças populares no ambiente escolar, mas a criança ou o jovem que decidem evadir-se da escola. No entanto, já contamos com numerosas pesquisas[3] que visam compreender os fatores políticos, econômicos e sociais que levam à exclusão escolar e os mecanismos escolares que contribuem para essa exclusão ou *expulsão*. A educação de pessoas jovens e adultas, segundo essas pesquisas, é consequência de uma relação desigual de acesso e permanência no sistema de ensino no Brasil que dispensa a uma boa parcela dos nossos jovens e crianças a falta de condições adequadas para o pleno desenvolvimento educativo, como a necessidade de trabalhar para contribuir com o sustento familiar – fato que, inevitavelmente, concorre com o tempo escolar.

> Em primeiro lugar, eu gostaria de recusar o conceito de evasão. As crianças populares brasileiras não se evadem da escola, não a deixam porque querem. As crianças populares são *expulsas* da escola. [...] É a estrutura da sociedade que cria uma série de impasses e de dificuldades, uns em solidariedade com os outros, de que resultam em obstáculos enormes para as crianças populares não só chegarem à escola, mas também, quando chegam, nela ficarem e nela fazerem o percurso a que têm direito (FREIRE, 1995, p. 35, *apud* POSSANI, 2007, p. 36-37, grifo de FREIRE).

Ao retomarem o percurso a que têm direito, esses educandos da EJA, como vínhamos analisando, descobrem dimensões em suas formações que ficaram silenciadas, mas que no ambiente da EJA em que se inseriram foram resgatadas e revalorizadas, possibilitando um novo pronunciar-se.

> No meu ramo de trabalho eu tenho que estudar pra melhorar [Augusto trabalha no ramo da construção civil]. Mas muitas das vezes o que a gente aprendia no passado não é o que se pede hoje. Antes tinha que saber somar, subtrair,

---

[3] DAYRREL (1989); SANTOS (2001); FONSECA (2005); SOARES (2006); SOARES, GIOVANETTI & GOMES (2005); FREIRE (2006b); ARROYO (2001); OLIVEIRA (1999); POSSANI (2007); PAIVA (2003). Essas são algumas das pesquisas que, por diversas formas e motivos, apontam para a exclusão escolar como fenômeno social que mantém a desigualdade de acesso e permanência ao ensino básico.

dividir e multiplicar. Quer dizer, mudou muito as formas de fazer, né? Igual em português, na biologia o corpo humano, aqueles negócios todos. Mas a única coisa mais importante que eu acho é o seguinte, é... *hoje eu posso falar melhor de mim do que alguns anos atrás. E... e eu sempre vejo também a... a colocar a palavra certa no lugar certo. Vamos supor, no relacionamento pessoal* (Depoimento de Augusto colhido no minicurso, grifos nossos).

Ele prossegue em outro trecho:

A escola me propôs um campo de visão tão grande que chegou a fugir da minha imaginação. Me abriu amplos horizontes, aí que eu compreendi que não sabia nada. Estou consciente hoje que: comecei a adquirir conhecimentos e não posso parar (Depoimento retirado do diário de anotações de Augusto).

Queremos nos deter um pouco mais sobre essa última colocação de Augusto. Todos somos seres de cultura, escolarizados ou não, alfabetizados ou não, nascemos em sociedades organizadas e somos educados desde o primeiro minuto de vida até o momento de nossa morte. Aprendemos linguagens, costumes e práticas que nos permitem sobreviver e relacionarmo-nos uns com os outros. Segundo a Antropologia Filosófica da qual Freire é tributário, o ser humano é um ser de relações *no* e *com* o mundo e *com* os outros. Nessas relações aprendemos e criamos linguagens e culturas que transformam o mundo objetivo (natureza independente do humano) em mundo histórico-cultural (natureza humana). Desta forma, o ser humano, ser de relações que é, ao ser naturalmente desafiado pela natureza a construir sua morada e sobreviver, a transforma com o seu trabalho que é também fruto de suas relações com os outros humanos. O resultado dessa transformação, que se separa do humano, é o que constitui seu mundo, sua morada, a cultura. Transformando o mundo objetivo em mundo da cultura é que o ser humano se faz plenamente humano e se diferencia dos demais animais. Este mundo da cultura se prolonga em mundo da história. De modo que, apesar de não podermos concordar com a afirmação de Augusto que relata ter compreendido não saber nada antes de ingressar na EJA (Augusto frequentou o ensino fundamental no PROEF-2 e o médio no PEMJA), pois ele já possuía uma profissão, uma história de vida e diversos saberes, podemos compreender o valor que essa experiência em EJA o possibilitou ao ampliar seus conhecimentos e ao formar nele uma melhor compreensão de si e da linguagem que utiliza para expressar seus sentimentos. Ele nos afirma que a experiência na EJA o permitiu "falar melhor" de si mesmo "do que alguns anos atrás" e "a colocar a palavra certa no lugar certo [...], no relacionamento pessoal". Este é um dado fundamental: a linguagem nos permite compreendermo-nos, e seu poder de comunicação pressupõe o saber usar a palavra para se expressar com os outros. É claro que antes da escolarização na EJA Augusto sabia se comunicar e falar de si, mas algo nesse espaço-tempo educativo melhorou, para ele, essa comunicação e autorreflexão. Logo veremos este ponto mais a fundo, mas podemos já adiantar que os sujeitos da pesquisa de Dayrell (1989), Santos (2001) e Cunha (2009) afirmam ser esse *saber se expressar* sobre si e para o outro fruto do encontro com outros sujeitos em torno de objetos culturais que não fazem parte de seus cotidianos.

O espaço-tempo pedagógico da EJA tira esses educandos do cotidiano que, na maioria das vezes, não permite a reflexão c o diálogo, colocando-os frente a frente com objetos e conceitos que formam um novo olhar sobre esse mesmo cotidiano em que se inserem. Como podemos observar nos três depoimentos a seguir:

> Na escola você não deixa de ampliar o seu conhecimento, círculo de amizades, estar relacionando com outras pessoas, relacionando com crescimento, abre um circulo, abre um mundo diferente, um outro mundo (Depoimento de Joaquim retirado do minicurso).

> A escola de jovens e adultos possibilitou a me entender melhor, no sentido de refletir melhor sobre as questões da vida. Eu sempre achei que seria difícil e que não daria

> conta de aprender, mas quando se estuda em um local onde temos liberdade de expressão e pessoas que se preocupam em nos ajudar [referindo-se ao PROEF e ao PEMJA], aprendemos com mais facilidade (Depoimento de Éder retirado do diário de anotações).
>
> Tudo pra mim foi muito importante nesse espaço e já estou sentindo um friozinho no peito só de pensar que já está acabando [o ensino básico]. Estes relacionamentos que tive durante seis anos foram marcantes para mim, cheguei aqui [no Programa de Educação Básica de Jovens e Adultos] depois de ficar viúva, e por isso mesmo, começando uma nova fase da minha vida. Já havia estudado até o 3° ano ginasial, parei para casar e formar família. Voltar pra mim foi... É indescritível o sentimento. Sou muito grata primeiramente a Deus que me concebeu vida e saúde, e depois aos colegas e monitores [professores] que passaram por nós (Depoimento de Angélica retirado do diário de anotações).

É interessante como o diploma não é mencionado em nenhum momento como o principal objetivo. Durante todo o minicurso o que se afirmou sobre a experiência de escolarização em EJA foi ser esta um momento de encontro, diálogo e aprendizagem. O diploma é importante e traz benefícios básicos a esses sujeitos, mas o crescimento afetivo-cognitivo construído nas interações constantes entre eles que a EJA proporcionou os possibilita perceber o mundo, o outro e a si mesmos de uma nova forma. Os conceitos discutidos, os novos colegas com outras vivências, os trabalhos em grupo, o contato com os professores, transformaram significativamente, segundo seus depoimentos, suas visões de mundo. Vejamos na transcrição de um trecho do diálogo que se deu no espaço do minicurso:

> **Angélica:** Que eu não sabia que existiam esses problemas. Eu via na televisão, mas eu não convivia com pessoas, tipo assim, que apanhou do marido, sabe? [...] Vou sentir falta, tanto que eu vou tentar ficar aqui não é? Eu vou tentar continuar aqui, porque é importante estar nesse meio,

é o meio acadêmico que eu costumo dizer. Porque aqui nesse meio não vai comentar a receita do bolo de cenoura, o vestido que eu fiz e deu errado, a gente vai comentar estudos, assunto de política, assuntos... Tem muita gente aqui que entende muito de política, então é assunto que a gente abre a mente, faz bem para esquecer o problema que está lá em casa, sabe?

Luiz: Então além da socialização com as pessoas, abriu outros campos também do saber...

Angélica: Que estão envolvido com o dia a dia nosso e como ele disse, não é?, que não sabia que era tão fácil, porque a gente fica naquela rotina de cabeça baixa o tempo todo, vai para lá e vem para cá, o dia que você começa a conversar com os professores, ouvir professores, às vezes até ensinar professores, porque tem muitos, não é, Amanda?, que chegam lá e falam: "gente eu não sabia disso!" Igual uma de professora de história que aprendeu com a Dona Ivone sobre Getúlio Vargas, porque ela viveu naquela época! Então a gente ensina também, e isso é troca, então é válido por isso também, não só pelo aprendizado. E eu queria até deixar aqui que vai me ajudar fazer, que eu quero relembrar de como as pessoas chegaram, sabe? E como elas terminaram... Essa é minha ideia, eu só não sei assim como destrinchar, não é? Então para mim é muito bom, tanto que você sabe que eu adoro Filosofia também, História eu gosto demais, meio que eu gosto de discutir e é gente, é bom trabalhar com gente. Falar não é? É bom falar. Luiz, eu aprendi a mexer com o meu corpo. Eu tive cinco filhos e não sabia que o meu filho não era do meu sangue, você acredita nisso? Não sabia, aquela história de "sangue do meu sangue" é mentira, eu fiquei besta de ver. Eu tive cinco filhos achando que todo mundo era sangue do meu sangue e cada um tem o seu sangue. Então, quer dizer, para mim foi maravilhoso saber disso tudo. Saber como funciona aqui o meu estômago, o meu fígado, porque, não é?, a gente larga aquilo para lá e os professores são muito bons nisso, para explicar aquelas coisas, eu gosto demais.

Novamente a experiência de escolarização é apresentada como um distanciar-se do cotidiano que sufoca e mantém "a cabeça baixa", possibilitando outro olhar para o mesmo cotidiano, que, invariavelmente, não será mais o mesmo. Não foi o cotidiano que mudou, ele é o mesmo, foi o sujeito que o vivencia quem se transformou. Seu olhar não é mais o mesmo, e o que possibilitou esta transformação foi o encontro com outros sujeitos (educandos e educadores) que trazem outras experiências de vida em torno de temas e conceitos novos.

Essa é a relação gnosiológica, ou epistemológica de que nos fala Freire, onde sujeitos *cointencionados* ao objeto de seu pensar *comunicam-se* seu conteúdo, distanciando-se desse objeto e, ao mesmo tempo, aprofundando seu saber sobre o objeto. O objeto tem, nesta relação, a função de mediador do pensamento dos sujeitos e os sujeitos a função de mediadores, um para o outro, de seus pensamentos sobre o objeto. Por isso, para Freire, e o mesmo se nota nas reflexões destes educandos, o pensar não se esgota no objeto, mas depende dele para comunicar-se. Da mesma forma, a EJA se apresenta nesses depoimentos como espaço-tempo de encontro em que se aprende e ensina sobre o mundo ao se transformar o mundo, pois o que ocorre é a transformação do olhar desses educandos sobre o mundo. Ou seja, o espaço-tempo da EJA promove uma transformação para além dela, pois incide sobre o cotidiano destes educandos ao transformar o pensar deles sobre o mundo e sobre si mesmos.

Poderia parecer-nos óbvia esta conclusão, de que numa situação em que se aprendem novos conceitos, ideias e valores ocorra um *aprender a falar melhor sobre si, para si, para o outro e sobre o mundo*. Mas não é tão óbvia se observarmos que muitas pesquisas sobre o processo de escolarização na EJA passam ao largo dessas discussões mesmo apresentando elementos que claramente apontam para a percepção da experiência de escolarização na EJA como uma experiência ressignificadora da consciência de si. Notamos, com o exposto até aqui, que essas experiências são tão significativas que transformam a autoimagem desses educandos, já que antes se sentiam *menos*, pois, de fato, estavam silenciados, ou seja, acreditavam ser algo que os diminuía perante a sociedade. Tal limitação opressora é angustiante e dificulta ainda mais a reinserção em um novo processo de escolarização, já que provoca o medo de não conseguir completar os estudos, de não compreender o que se ensina, de errar. E o medo de errar dificulta o próprio processo de aprendizagem, pois é pelo erro que construímos o conhecimento.

Reingressar num processo de escolarização nessas condições é extremamente difícil, pois envolve dificuldades objetivas (tempo, dinheiro, encontrar uma escola de EJA) e subjetivas (medo, insegurança, trauma, vergonha, etc.). Mas, quando esses sujeitos encontram forças e um espaço de EJA que os recebe com diálogo e respeito, as possibilidades de concluírem seus objetivos aumentam.

> Nossa escola, a nossa aqui, que é de jovem e adulto... Quando a gente se reuniu, aprendeu, gostou, mas na época da escola normal era um saco. Não tinha nada. Era matéria. Não tinha essa vivência, não tinha essa história como a gente aqui na EJA tem. Experiência. Eu que estudei naquela escola, se aquela escola fosse assim, eu acho que eu não tinha saído! Tinha ficado, entendeu? Agora era assim português, matemática... E era regra. Entendeu? Não era como nós estamos aprendendo hoje a estudar matemática, estudar história, estudar ciência. Era aquela regra. Português verbal, chato demais. Lições demais. Medo. Medo de levar algum zero, de voltar para casa com o boletim. Eu não tenho que mostrar boletim para ninguém. Entendeu? Então é diferente. Uma sensação de dignidade, não é? Teve mais sentido, teve mais liberdade. Eu acho que teve mais liberdade de pensamento (Depoimento de Angélica colhido no minicurso).

Ainda outra contribuição,

> Ter estado no PEMJA foi muito bom mesmo com algumas dificuldades. Aprendi o que é ter amigos e descobri que

> posso ser alguém graças a todos que estiveram comigo nessa jornada. Se não fosse por eles eu jamais teria concluído o ensino médio e me descoberto como uma poetisa [pois publicou um livro de poesia no PEMJA] que antes tinha medo, ou não sabia relatar os seus anseios e seus medos. Foi com o PEMJA que eu pude voltar a sonhar. Fato que com minha família não era possível, pois para ela eu jamais seria alguém ou chegaria onde estou. [...] Pois desde que a minha filha nasceu eu só ouvia da minha família que eu não tinha que estudar e que até a 4ª série já estava muito bom, pois segundo eles eu não precisava estudar porque eu não seria nada. Mas o PEMJA mudou essa visão e hoje, graças a ele, espero chegar a faculdade pois sei que sou alguém com um futuro em frente (Depoimento colhido no diário de anotações de Ana Júlia).

Se antes muitos destes sujeitos se sentiam *menos*, inferiorizados, agora se sentem *mais*, pois se sentem capazes de *nomear* suas dificuldades e limites. Conseguem expressar melhor seus pensamentos e sentimentos porque desenvolveram conceitos e linguagens e transformaram o autoconceito que possuíam. Podemos afirmar que o que ocorreu foi uma revolução da *consciência de si, do outro* e *do mundo* que tinham, revolução que forma um novo *nomear-se* que postula o *ser mais*. Enfrentaram uma *situação-limite* que os oprimia, a exclusão escolar e a inferioridade naturalizada, com o *ato-limite*, o escolarizar-se e a afirmação da capacidade de aprender. Por esse motivo é que podemos interpretar essas experiências como *afirmação da liberdade*, já que não aceitam os limites anteriormente impostos às suas consciências, e como *expansão da consciência*, pois ampliam seus horizontes e compreendem melhor o *estar no e com o mundo* de suas consciências, visualizando novas *situações-limite* que exigirão novos *atos-limite*. E não fizeram tal transformação sozinhos, fizeram-na coletivamente, ao dialogarem suas experiências e aprenderem juntos novos conceitos e valores, como nos trabalhos em grupo que tantas dificuldades trouxeram ao obrigá-los a aceitar o diferente e expor suas personalidades.

Analisando tal fato sob o prisma da filosofia de educação freiriana, podemos afirmar que a dificuldade de *pronunciar a sua palavra* está relacionada com uma dificuldade de se entender e de entender seu entorno, com o qual a consciência estabelece relações. Não compreender essas relações pode levar a um silenciamento dos sujeitos perante outros que julguem mais letrados. Tal condição é nociva ao pleno desenvolvimento cognitivo, pois é dizendo o mundo junto com o outro, ou seja, conhecendo-o, que "eu" me descubro ser de conhecimento e descubro o mundo como objeto do "meu" ato cognitivo.

Os jovens, adultos e idosos que reingressam na EJA apresentam em seus depoimentos a falta sentida anteriormente de um lugar onde pudessem conhecer e ser conhecidos, falar e ser ouvidos, enfim, socializar conhecimentos e experiências. Em suma: onde pudessem se descobrir como seres de conhecimento e o mundo como objeto cognoscível. Mesmo não sendo essa a motivação apresentada no início do retorno escolar, e isso é o que estamos tentando mostrar aqui, é o sentimento expresso nessa experiência ressignificadora do discurso sobre si.

O "falar de si", não apenas para o outro, mas *para si*, a nosso ver, é uma das características fundamentais da transformação ocorrida no processo de escolarização. Isso não significa que antes de frequentarem uma escola de EJA esses sujeitos não falavam sobre si, mas a qualidade desse falar muda, se amplia, pela aquisição de novos conceitos, linguagens e conhecimentos provenientes de um processo de letramento escolar e pelo encontro com outros iguais e diferentes em torno desses novos objetos de conhecimento.

A escolarização, sob o prisma da exclusão, nos obriga a perceber o processo de libertação. Pois, para quem viveu a exclusão, sua superação envolve todo um analisar da vida pessoal, da trajetória percorrida, das relações estabelecidas e da nova forma de encarar a realidade. Isso não significa que esses sujeitos se tornem profundamente críticos de sua realidade e de si mesmos, o que também ocorre, mas que conseguem estabelecer relações de conscientização com o mundo, o outro e consigo mesmos de forma mais segura e com mais autoconfiança. Essa segurança se percebe na capacidade de enunciar esse movimento da consciência que objetiva a realidade, os outros e a si mesma, como no depoimento a seguir:

Mas agora que já estou terminando o ensino médio me sinto diferente, tenho coragem de comunicar abertamente com qualquer pessoa, independente de qualquer assunto. Estou tão consciente de quanto eu me modifiquei que proponho até fazer um gráfico, conforme está o meu espaço. Espero continuar com outros caminhos. Vejamos o gráfico:

(Depoimento de Jorge colhido no diário de anotações)

O "ter coragem para se comunicar" é fundamental na construção de um processo educativo dialógico, pois é necessário que o sujeito se exponha, enunciando seu pensamento ao outro para, assim, e somente assim, poder observar seu próprio pensar. O mesmo, logicamente, vale para o outro, com o qual participa desse processo. Essa coragem sentida permite outro olhar para si mesmo, olhar que antes não existia, pois havia limites ao processo de conscientização.

Este *saber se comunicar*, ou melhor, *sentir* que pode se comunicar com qualquer pessoa é um sentimento forte nos depoimentos. Tal consciência não surge apenas de uma relação que esses sujeitos tiveram com conteúdos escolares, objetos da relação cognitiva, mas de uma relação com o outro em torno desses conteúdos. A relação gnosiológica freiriana nos ajuda a compreender esse ponto: esse processo é transformador porque possibilitou um encontro entre consciências em torno de objetos sobre os quais exerceram a reflexão e comunicaram o conteúdo dessa reflexão. Professores, colegas, coordenadores, todos os envolvidos no processo pedagógico vivenciado participaram dessa comunicação. Esse diálogo entre consciências mediatizadas pelo mundo e pelo currículo escolar possibilitou aquilo que chamamos de *expansão da consciência*, expansão que somente é possível em coletividade, já que sozinho ninguém transpõe os limites impostos às consciências.

Tal conscientização não é um processo definitivo a que se chega para sempre ser crítico, mas um movimento constante da consciência que busca compreender-se compreendendo o outro e o mundo com o qual se relaciona. De alguma forma esse movimento foi realizado por esses sujeitos em seus processos educativos na EJA ao ingressarem num momento de encontro com o outro e com objetos que mediavam esse encontro. Esses objetos não são simples objetos, mas novos conhecimentos que os ajudam a se situarem na história, a entenderem sobre seu corpo, a trabalharem em grupo e conviverem com a diferença, a se comunicarem e descobrirem que juntos podem "crescer" intelectualmente e afetivamente com essa comunicação, sendo que, no fundo, e eles percebem isso, são eles que se transformam com a ajuda do outro, são eles mesmos os responsáveis pela continuidade dessa conscientização.

Observações finais

Pelo que foi aqui exposto, julgamos que a antropologia filosófica freiriana, por procurar compreender o existir real

Educação e seus atores: experiências, sentidos e identidades

dos seres humanos, enquanto seres de consciência e de relação, possibilita uma compreensão filosófica do significado libertador que habita os enunciados dos sujeitos sobre a experiência de escolarização em EJA. Entendemos que esses enunciados apresentam a experiência de um *aprender a dizer a sua palavra* (FREIRE, 2003). Elemento fundamental para o processo de formação humana que vise à humanização libertadora da consciência, e não à desumanização opressora.

O movimento de libertação da consciência é a constituição de *atos-limite* que enfrentam *situações-limite* que circunscreviam as consciências dos sujeitos participantes dessa pesquisa. Esse movimento pode ter continuidade ao longo da vida desses educandos ou não; isso dependerá das relações que eles experienciarem em suas vidas. Mas o fato é que ele ocorre e significa um novo contato, com o outro, o saber, a linguagem, o mundo e consigo mesmos. Por isso a libertação é um movimento de *expansão da consciência*. Ela tem novos limites agora, os quais, esperamos esperançosamente, possam ser novamente transpostos pelos sujeitos.

Essa *expansão da consciência*, ao indicar uma ressignificação do discurso sobre si, presentifica também, para a consciência do educando de EJA, uma nova identidade, agora articulada com a experiência escolar em EJA. Tal movimento constituidor de um *novo eu* (que não é um outro, mas uma continuidade que se transforma) aponta para a escolarização na EJA como momento de reconstrução da consciência de si. Uma reconstrução mais positiva, pois vencem "barreiras" subjetivas e objetivas ao antigo projeto de escolarizar-se.

Por esse ponto de vista, podemos dizer que o que se pode alcançar com a formação de jovens, adultos e idosos na EJA pode ser muito mais significativo existencialmente do que formar um cidadão consciente de seus direitos e empregável. "A minha nova escolarização me ajudou a me descobrir como alguém que tem sonhos e que pode ultrapassar as barreiras impostas pelo destino" (Frase de Ana Júlia colhida no diário de anotações).

Referências

ARROYO, Miguel González. A Educação de Jovens e Adultos em tempos de exclusão. Alfabetização e cidadania. *Revista de Educação de Jovens e Adultos*. Rede de Apoio à ação alfabetizadora no Brasil, n. 11, p. 9-20, abr. 2001.

ARROYO, Miguel González. Educação de jovens-adultos: um campo de direitos e de responsabilidade pública. In: SOARES, L., GIOVANETTI, M. A. G. C.; GOMES, N. L. *Diálogos na Educação de Jovens e Adultos*. Belo Horizonte: Autêntica, 2005.

BARREIRO, Júlio. *Educación popular y proceso de concientización*. 11. ed. México: Siglo XXI, 1986.

CUNHA, Luiz Felipe Lopes. *Uma interpretação filosófico-antropológica das experiências escolares de jovens e adultos na EJA*. Dissertação (Mestrado em Educação) – Programa de Pós-Graduação em Educação da FaE-UFMG, Belo Horizonte, 2009.

DAYRELL, Juarez Tarcísio. *De olho na escola: as experiências educativas na ótica do aluno-trabalhador*. 365f. Dissertação (Mestrado em Educação) – Faculdade de Educação da UFMG, Belo Horizonte, 1989.

FONSECA , M. C. F. R. *Educação matemática de jovens e adultos* (2. ed.). Belo Horizonte: Autêntica, 2005.

FREIRE, Paulo. *Ação cultural para a liberdade e outros escritos*. 11. ed. São Paulo: Paz e Terra, 2006b.

FREIRE, Paulo. *Conscientização: teoria e prática da libertação: uma introdução ao pensamento de Paulo Freire*. São Paulo: Cortez & Moraes, 1979.

FREIRE, Paulo. *Educação como prática da liberdade*. 29. ed. Rio de Janeiro: Paz e Terra, 2006a.

FREIRE, Paulo. *Educação & atualidade brasileira*. 2. ed. São Paulo: Cortez; Instituto Paulo Freire, 2001.

FREIRE, Paulo. *Extensão ou comunicação?* 8. ed. Rio de Janeiro: Paz e Terra, 1983.

FREIRE, Paulo. *A importância do ato de ler*. São Paulo: Moderna, 2003a. (Coleção palavra da gente; v.1. Ensaio)

FREIRE, Paulo. *Pedagogia da autonomia*. 24. ed. São Paulo: Paz e Terra, 2002.

FREIRE, Paulo. *Pedagogia do Oprimido*. 17. ed. Rio de Janeiro: Paz e Terra, 2003.

GIOVANETTI, Maria Amélia G. A relação educativa na educação de jovens e adultos. ANPED, 2003, Poços de Caldas. *Anais da ANPED*, 2003. p. 1-20.

OLIVEIRA, Marta Kohl de. Jovens e adultos como sujeitos de conhecimento e aprendizagem. *Revista Brasileira de Educação*. n. 12, set./out./nov./dez. 1999.

PAIVA, Jane. Tramando concepções e sentidos para redizer o deireito à educação de jovens e adultos. *Revista Brasileira de Educação*, v. 11, n. 33, set./dez. 2006.

POSSANI, Lourdes de Fátima Paschoaletto. *Educação de jovens e adultos. Um olhar sobre a exclusão*. São Paulo: Articulação, 2007.

PREISWERK, Matthias. *Educação Popular e Teologia da Libertação*. Petrópolis: Vozes, 1998.

SANTOS, Geovania Lúcia dos. *Educação ainda que tardia: a exclusão da escola e a inserção em um programa de educação de jovens e adultos entre adultos das camadas populares*. 333 f. Dissertação (Mestrado em Educação) – Faculdade de Educação da UFMG, Belo Horizonte, 2001.

SOARES, Leôncio (Org.). *Aprendendo com a diferença*. Estudos e pesquisas em educação de jovens e adultos. 2. ed. Belo Horizonte: Autêntica, 2006.

SOARES, Leôncio; GIOVANETTI, Maria Amélia; GOMES, Nilma Maria (Orgs.). *Diálogos na educação de jovens e adultos*. Belo Horizonte: Autêntica, 2005.

TORRES, Carlos Alberto. *Consciência e história: a práxis educativa Paulo Freire*. São Paulo: Loyola, 1976.

VAZ, Henrique de Lima. A experiência de Deus. In: BOFF, L.; BUZZI, A. R. (Orgs.). *Experimentar Deus hoje*. Petrópolis: Publicação CID, 1974.

VIEIRA, Maria Clarisse. *Memória, história e experiências: trajetórias de educadores de jovens e adultos no Brasil*. Tese (Doutorado em Educação) – Faculdade de Educação da UFMG, Belo Horizonte, 2006.

VIEIRA PINTO, Álvaro. Sete lições sobre Educação de Adultos. São Paulo: Cortez, 1982.

PARTE II

JUVENTUDES, TERRITÓRIOS E IDENTIDADES

Juventudes e identidades: sobre a constituição do corpo e de masculinidades no futebol[1]

Eliene Lopes Faria
Ana Maria Rabelo Gomes

O presente trabalho retoma aspectos da constituição do corpo e das identidades no futebol discutidos em precedência (FARIA, 2008), para buscar evidenciar o processo de aprendizagem do e no corpo vivenciado pelos jovens praticantes. Tomamos como pressuposto o fato de que o futebol no Brasil se (re)produz a partir de amplos e difusos processos de aprendizagem, que interagem com algumas práticas formais de ensino.[2] Em 2005/2006, foi realizada investigação no cotidiano das práticas

---

[1] Parte das análises e dados aqui apresentados está publicada em Faria (2009).

[2] Há uma variedade de estudos que tematiza a difusão do futebol no Brasil. Embora tenham sido produzidos com abordagens teóricas e com objetos de investigação diferentes, muitos trazem como linha de fundo da argumentação a ideia de que essa produção se dá a partir de processos culturais difusos. Sem tratar o tema da aprendizagem, vários autores oferecem pistas importantes sobre a cotidianidade da aprendizagem do futebol: DAOLIO (1997, 2000), GUEDES (1998), PEREIRA (2000), RAMALHO (1998), LUCENA (2001), DAMATTA (1994, 1987, 2006), CRUZ (2006), CALDAS (1994), LEITE LOPES (1994), TOLEDO (1994, 2002, 1996), CARRANO (2000), GALEANO (2000), GESTALDO e GUEDES (2006), só para citar alguns.

futebolísticas de jovens em um bairro de Belo Horizonte com o objetivo de descrever e analisar seus modos de praticar e de aprender. Em outras palavras, o futebol foi tomado como prática cultural na qual os processos de aprendizagem são indivisíveis da sua produção cotidiana.

Para realizar a pesquisa etnográfica, focamos a prática social buscando dar relevo aos aspectos sutis e invisíveis – porque naturalizados na percepção da maioria dos participantes – que permitissem compreender os modos de aprendizagem desse esporte amplamente difundido no Brasil. Optamos por investigar as práticas futebolísticas de jovens da periferia da cidade porque são esses sujeitos que têm intensificação do acesso às práticas esportivas/futebolísticas nos diferentes tempos sociais, na escola (aulas de Educação Física, recreios, entradas e saídas das aulas) e fora da escola. Além disso, elegemos como lócus da pesquisa um bairro da periferia de Belo Horizonte porque é nesses contextos (ao contrário dos bairros mais centrais da cidade) que se multiplicam os espaços/tempos de produção do jogo: nas escolas públicas (que garante acesso às camadas populares), nos projetos sociais da Prefeitura[3] e "escolinhas" de futebol, nas peladas nas imediações do bairro, nos times amadores de futebol de várzea, nas torcidas dos times profissionais de futebol, etc. Enfim, buscamos contextos em que o futebol é parte da sociabilidade juvenil.

Um dos princípios que fundamentou o estudo é que se aprende sempre nas diferentes situações, ou seja, assumimos que nas práticas futebolísticas os jovens praticantes estão sempre aprendendo alguma coisa. Para descrever seus modos de aprendizagem como parte da prática social, utilizamos os conceitos de *participação periférica legitimada* (LPP) em *comunidades de prática* de Lave e Wenger (1991). A aprendizagem como "atividade situada" constitui a definição central do processo que Lave e Wenger (1991, p. 29) chamam de *Legitimate*

---

[3] Projeto Esporte Esperança/Segundo Tempo da Prefeitura de Belo Horizonte.

Peripheral Participation (LPP): processo pelo qual aprendizes participam em comunidades de prática em que o domínio do conhecimento e das habilidades possibilita o movimento em direção à "participação plena nas práticas socioculturais". Assumindo uma visão relacional da pessoa e da aprendizagem, os autores (1991, p. 54) dão ênfase às "múltiplas relações através das quais ela [pessoa] define a si mesma na prática". Afirmam também que o "desenvolvimento da identidade é central para as carreiras de novatos (*newcomers*) na comunidade de prática e, assim, fundamental para o conceito de LPP" (p. 115).

Entendemos, ainda, que esportes são práticas culturais e, desse modo, carregados de significados. A complexidade da prática futebolística mostrou, entretanto, que aprender (a cultura) não se esgota na tentativa de análise de duas dimensões, os gestos/movimentos e a dimensão simbólica, mas que, no processo de incorporação da prática social, outros elementos, como o ambiente, os instrumentos e sua agência estão – literalmente, podemos dizer – em jogo. Buscamos, portanto, dar relevo a esse conjunto de elementos que envolvem a aprendizagem do esporte: significados, disposições corporais, tipos de atenção e de destrezas no uso de instrumentos e do próprio corpo, emoções e conhecimentos que caracterizam a prática. Para isso recorremos ao que poderia ser chamada de uma abordagem ecológica da cultura (cf. VELHO, 2001). Assim, ao lado do conceito de participação (LAVE; WENGER, 1991), trouxemos para o centro das análises a noção de *habilidade* proposta por Tim Ingold, considerada como *campo total de relações* dentro do qual uma dada prática e sua aprendizagem podem ser descritas. No caso do futebol o campo de relações a ser descrito envolve o jogador, a bola, os outros jogadores e o treinador, o campo/ambiente, os torcedores.

Tim Ingold (2000, 2001a, 2001b) propõe a noção de cultura como *habilidade* e de "aprendizagem como educação da atenção". Para o Ingold (2001b, p. 27), "o ser humano, com suas atitudes e disposições particulares, não é produto nem dos gens nem da cultura, nem de ambos juntos". Ele "é formado dentro de um processo vitalício (*lifelong*) de desenvolvimento ontogenético". Buscando mover-se para além "da dicotomia entre capacidades inatas e competências adquirida" (ou entre biologia e cultura) e com foco nas "propriedades emergentes de sistemas dinâmicos", Ingold (2001a, p. 114) sugere que é por meio de um "processo de habilitação (*enskilment*)" que "cada geração se desenvolve dentro e além dos conhecimentos de seus predecessores". Isso o leva a concluir que, no desenvolvimento do conhecimento, a contribuição que cada geração dá para a próxima está no desenvolvimento de um modo particular de orientação/ação/interação em um ambiente, que o autor trata como *educação da atenção*. De acordo com essa abordagem, o que se aprende e se transmite às novas gerações não seria (somente) a cultura, mas habilidades constituídas também a partir da cultura.

O quadro teórico adotado possibilitou a descrição dos modos situados de aprendizagem do futebol, dando relevo aos diferentes aspectos das práticas cotidianas: os diferentes modos de participação na prática; as relações de poder/aprendizagem entre experientes e aprendizes; os exercícios/*ensaios* futebolísticos como contextos de aprendizagem; a linguagem como elemento constitutivo da prática; a constituição da identidade dentro desse processo.

Após anunciar a demarcação fundamental da prática do futebol – que caracteriza os homens como praticantes legítimos do jogo –, passamos a narrar elementos que envolvem a sua aprendizagem. Tratado como um jogo de "*contato entre os seres humanos*" (como o definiu um jovem praticante), a aprendizagem do futebol é descrita como um processo de incorporação (ou de constituição de habilidade) *da* e *na* prática. Nesse contexto, o tema da identidade também ganhou força. Assim, o texto que segue coloca foco nas aprendizagens constituídas nos diferentes contextos juvenis e aborda os aspectos que envolvem a prática futebolística como exercício de masculinidade, como um contexto de constituição de corpos e de identidades masculinas.

"Futebol é coisa de homem": os praticantes do jogo

> Ah, eu acho que tem algumas meninas que têm uma certa facilidade pra jogar futebol, mas acho que *a maioria das meninas não gosta de jogar futebol por causa que expõe muito a beleza delas, usar calção, esse negócios, isso é mais coisa masculina do que pra feminino, por isso que elas não seguem muito jogando futebol* (Schiva, jovem de 17 anos, grifos nossos).[4]

> *Eu acho que a mulher, não tem inteligência, ela não tem a coordenação pra jogar futebol que o homem tem.* [...] Mesmo em seleção brasileira [...] (Professor de Educação Física, grifos nossos).

A pesquisa de campo reafirmou a ideia, amplamente difundida no Brasil, de que futebol é prática do âmbito masculino ao revelar a exclusão explícita das mulheres dos contextos futebolísticos. Diferentemente dos homens (para os quais os processos de exclusão se dão de maneira velada em um emaranhado de situações difíceis de serem discernidas), o universo feminino é tão completamente separado no contexto empírico pesquisado que foi inevitável tratar as questões de gênero presentes no futebol.[5]

Do tempo em que as mulheres eram espectadoras da maioria dos esportes coletivos, sendo proibidas de realizar algumas práticas (como o futebol), até os dias atuais, houve grande mudança. Hoje as mulheres são protagonistas de muitas

---

[4] Para preservar os sujeitos da pesquisa, todos os nomes utilizados são fictícios.

[5] Vários estudos possibilitam compreender a generificação no esporte como parte de processos culturais mais amplos na sociedade: ALTMANN, (1998); GOELLNER (2000); PACHECO; CUNHA JUNIOR (1997); SOUSA (1994, 1997) são alguns exemplos.

modalidades esportivas. Contudo, ainda não se pode afirmar a igualdade de acesso/inserção de homens e mulheres em algumas modalidades esportivas (que permanecem *generificadas*). Assim, algumas modalidades, como é o caso do futebol, ainda apresentam, no "início do século XXI, uma gama de discriminações e preconceitos quanto à ação das mulheres, seja em clubes, espaços populares ou na escola" (DORNELLES; MOLINA; NETO, 2003, p. 90).

Não há como negar portanto que, como outras atividades, a prática do futebol, no contexto histórico cultural brasileiro, está registrada como prática.[6] Isso faz com que em muitas situações a participação de mulheres seja considerada um desvio (GUEDES, 2006, p. 50). Como afirma Goellner (2000, p. 81):

> Criado, modificado, praticado, comentado e dirigido por homens, o futebol parece pertencer ao gênero masculino, como parece também ser seu o domínio de julgamento de quem pode/deve praticá-lo ou não. É quase como se à mulher coubesse a necessidade de autorização masculina para tal. [...] Ou seja, é um jogo para machos.

Segundo Damo (2005, p. 139), "o futebol no Brasil é marcado por um arbitrário cultural que o define como um espaço privilegiado da homossociabilidade masculina; de certo modelo de masculinidade", ou seja, os meninos jogam futebol "para se fazerem meninos". Desse modo, as mulheres, de uma forma geral, "tendem a se [auto]excluírem do futebol na medida em que ele é culturalmente marcado como um jogo para meninos. Quando isso não acontece, elas são então excluídas". Os argumentos mais frequentes são de que "elas não sabem jogar" e por isso "atrapalham o jogo" (DAMO, 2005, p. 157). Acrescenta o autor (2005, p. 166): as alegações de que "as meninas não sabem

---

[6] O que não significa, no entanto, uma universalização desse significado. Bem diferente do caso de países como o Brasil, Argentina, Itália e Inglaterra, por exemplo, "que utilizam o universo futebolístico como área reservada à masculinidade", nos Estados Unidos o futebol "tornou-se área reservada feminina, reforçando a idéia de que *futebol é coisa de mulher*" (MOURA, 2005, p. 142).

jogar" e de elas "avacalham o jogo" devem ser compreendidas a partir de uma noção mais alargada de jogo, no sentido de que, para além do futebol ou de outra modalidade qualquer, existe um jogo de *status* ou, se preferirem, um operador simbólico em ação. O que está em jogo no futebol dos meninos é, basicamente, sua honra pessoal (a coragem e a virilidade, sobretudo), ainda que elas sejam seguidamente implícitas.

O estudo possibilitou a compreensão de que, para além da dominação masculina no futebol, há um discurso que se estabelece na educação do masculino e do feminino, ficando homens e mulheres marcados nessa relação cultural. Afinal, enquanto as mulheres não devem jogar futebol, a identidade masculina no Brasil está, em grande medida, atrelada à intimidade com essa prática cultural. Assim, se o futebol é continuamente praticado, muitas vezes até a exaustão, sem que haja qualquer tipo de regulação da assiduidade, isso não se deve ao fato de que esses participantes escolhem livremente. Como prática cultural, o futebol no Brasil é "prescrito" histórico-socialmente para que meninos/jovens se tornem homens. Generificado, o exercício de aprendizagem do futebol se constitui também num exercício da masculinidade.[7]

Constituindo corpos e identidades: anotações sobre o futebol e masculinidades

> [...] eu, pelo menos, gosto de jogar futebol, jogar baralho... e o que eu não gosto de fazer é jogar queimada [...] eu quero que a gente faça muita atividade de macho (Clayton, 6ª série).

A pesquisa de campo realizada em um bairro de Belo Horizonte destacou uma ampla participação masculina no

---

[7] O termo "gênero" é utilizado para rejeitar explicações biológicas, indicar as diferenças entre homens e mulheres como construções culturais, sugerir que qualquer informação sobre as mulheres é necessariamente informação sobre os homens. Os estudos de gênero afirmaram a primazia metodológica de investigar as relações sociais de gênero sobre a investigação das concepções de cada um dos gêneros.

universo do futebol, ou seja, a ausência (ou exclusão) quase total das mulheres. À exceção da aula de Educação Física (quando dividiam o espaço da quadra de futebol com as alunas), nas demais situações – no recreio da escola, no projeto social de futebol, no treino do time de futebol do bairro, nas práticas de lazer (na pelada), etc. – os jovens dominavam o espaço. A convivência entre meninos, rapazes e homens no futebol colocou em evidência o complexo exercício de constituição de identidades nesse contexto.[8]

Como afirmam Lave e Wenger (1991, p. 58), "a aprendizagem envolve a pessoa por inteiro", de modo que "atividades, tarefas, funções e entendimento não existem isoladamente". Segundo os autores (1991), "esses sistemas de relações surgem e são reproduzidos e desenvolvidos em comunidades sociais", de maneira que a pessoa é definida por, bem como define, essas relações (e aprende). Para Lave e Wenger (1991, p. 53), ignorar esse aspecto da aprendizagem é negligenciar o fato de que a "aprendizagem envolve a construção de identidades" e de que "identidade, conhecimento e [ser] membro social são implicados um no outro". Enfim, a "aprendizagem e um senso de identidade são inseparáveis: eles são aspectos de um mesmo fenômeno" (p. 58).

Como arena simbólica de um *ethos* masculino, o esporte representa para a maioria de homens "o principal lócus de ensino, de preservação, de re-atualização e de expressão pública das normas tradicionais de masculinidade" (MOURA, 2005, p. 140).[9] Desse modo, ele pode ser entendido

---

[8] Neste trabalho daremos centralidade à constituição da identidade masculina, embora saibamos que outras identidades atravessam a produção deste esporte: a identidade de torcedor, por exemplo.

[9] Não apenas o esporte constitui a identidade de gênero: a família e a escola são contextos de aprendizagem do masculino e do feminino. Assim, a compreensão da masculinidade em "contextos culturais diferentes pode envolver práticas que estão em contradição com outros espaços culturais" (MOITA, 2003, p. 20-21).

como um dos contextos interacionais de constituição de identidades.[10]

A passagem do universo feminino, onde todas as crianças, meninos e meninas, iniciam seu processo de desenvolvimento e aprendizagem, para o universo masculino, aparece de formas muito diferentes nas sociedades e culturas. Como afirma La Cecla (2005), a masculinidade é performaticamente constituída no corpo em contraposição à corporeidade feminina que caracteriza o primeiro contexto de convivência e socialização. Em diálogo com os trabalhos do antropólogo Maurice Godelier (1982) sobre os Baruya da Nova Guiné – em que essa passagem se dá através da frequentação da "casa dos homens, materializada e localizada num lugar específico" –, Welzer-Lang (2001, p. 467) usa o termo "casa-dos-homens" para "metaforizar os lugares de socialização masculina em nossas sociedades complexas".

A convivência masculina nos espaços de futebol do bairro (para "jogar bola", para observar as práticas, para conversar com os amigos, até mesmo para "estar lá") é reveladora da importância do tipo de sociabilidade que esse esporte oferece/promove. Como afirma Pelé (jovem de 12 anos), quem joga no campo de futebol e/ou nos contextos de pelada da favela "é só homem [inclusive nas conversas sobre futebol], as mulheres gostam de brincar de bingo". Como na "casa-dos-homens" descrita por Welzer-Lang (2001, p. 462), trata-se de contextos "onde a homossociabilidade" pode ser vivida e "experimentada em grupo de pares" – quando os mais velhos mostram, corrigem e servem como modelo para aqueles que buscam acesso à virilidade.

O universo do futebol é, portanto, um lócus "especialmente apto para oferecer à comunidade masculina espaços, atores,

---

[10] Sem pretender ampliar a discussão, assumirei as identidades como um construto de natureza social. Como propõe Moita (2002, 2003) – que faz uma crítica às visões essencialistas –, as identidades não têm uma base imutável que se mantém no decorrer da história. A identidade "tem a ver com tornar-se e não com ser" (MOITA, 2003, p. 27). Para o autor, aprendemos a ser o que somos nas interações cotidianas.

Educação e seus atores: experiências, sentidos e identidades

ações e práticas condizentes à produção e reprodução de um *ethos*" e de conjunto de emoções que se constituem culturalmente como um tipo de educação masculina (BINELLO; CONDE; MARTINEZ; RODRIGUES, 2000, p. 39). O futebol é, desse modo, contexto onde não apenas impera a presença masculina, mas também onde os comportamentos (hegemônicos) associados à masculinidade são ressaltados. Conforme observado no decorrer da pesquisa, nesses contextos são corriqueiras as situações de brigas (pequenos conflitos ou *"estranhamentos"* entre jovens/jogadores), empurrões, choques, palavrões – o que afinal, como afirmou Juliano (auxiliar do treinador), "é inevitável, principalmente na hora do jogo". A exaltação desses modos masculinos (ou que na sociedade/cultura são associados à masculinidade) permite que o futebol seja visto não só como específico para a sociabilidade dos homens, mas também como "proibido" para as mulheres.

É tão significativa a distinção de gênero nessas práticas futebolísticas que a participação e a corporeidade das mulheres parece destoar da lógica do lugar. "Frágeis" (como diziam os praticantes quando se referem às mulheres), elas parecem inadequadas para contextos sociais de convivência dos homens e de exaltação de valores e modos masculinos. Pudemos observar isso no decorrer de toda a pesquisa: quando abordávamos a temática com os homens e passávamos imediatamente a ser tratadas/conduzidas como *outsider* no assunto; quando na coleta de dados os praticantes do futebol demonstravam preocupação em nos informar sobre os lugares perigosos para frequentação das mulheres ("– Você fica por aqui. Lá, eu não aconselho); quando o treinador do time de futebol amador do bairro solicitava aos jovens praticantes do futebol que "percebessem" a presença feminina em campo ("– Nada de palavrões hoje"), etc.

Constituindo a si próprios na prática social, os jovens produzem o futebol e masculinidades. É por isso que jovens que ficam sempre em grupos de mulheres são estigmatizados e

102

têm a masculinidade questionada. Isso foi o que ocorreu com Joaquim, 14 anos, que participava de um grupo de meninas na escola. Associado à feminilidade, ele não era chamado para jogar com os homens. A sua forma de inserção no futebol (jogando apenas com mulheres) parece deixá-lo à margem do universo simbólico do futebol e da masculinidade hegemônica.

Para Welzer-Lang (2001) não se chega a ser "macho" sem passar grande parte do tempo em "espaços masculinos". Segundo o autor (2001, p. 465) "os homens que não mostram sinais redundantes de virilidade", participando das práticas futebolísticas com outros homens, por exemplo, "são associados às mulheres e/ou a seus equivalentes simbólicos" (os homossexuais) e, portanto, estigmatizados. Foi o que ocorreu com Joaquim e outros jovens que no bairro fugiam da participação nesse tipo de prática social ou que aderiam à participação em práticas mais associadas ao âmbito do feminino, por exemplo, participar dos jogos de queimada com as meninas da escola nas aulas de Educação Física como fazia Joaquim.[11] Ainda segundo Welzer-Lang (2001, p. 468), "nós estamos claramente na presença de um modelo político de gestão de corpos e desejo", em que o "aprender a estar com homens [...], aprender a jogar *hockey*, futebol ou *baseball* é inicialmente uma maneira de dizer: eu quero ser como os outros rapazes". Portanto, "eu quero me dissociar do mundo das mulheres e das crianças" (WELZER-LANG, 2001, p. 463).

Quanto mais distante do feminino, mais o jovem demarca a sua masculinidade. Assim, definir-se como homem é também se distinguir das mulheres.[12] É por isso que no decorrer das

---

[11] A participação masculina nos jogos de queimada das aulas de Educação Física não necessariamente significava uma vinculação com a feminilidade. Jovens que transitavam entre homens, participando dos contextos masculinos (como do futebol) podiam por vezes participar do jogo sem que a sua masculinidade fosse questionada pelos pares.

[12] Sobre a aprendizagem da masculinidade como a que envolve a aprendizagem da distinção do feminino, pode-se consultar: LA CECLA (2005); OLIVEIRA (2004); NOGUEIRA (2006); WELZER-LANG (2001).

práticas futebolísticas ocorrem sempre intervenções que visam à demarcação das ações "adequadas" ao sexo masculino. A educação dos jovens nas práticas futebolísticas estrutura o masculino de maneira paradoxal e produz nos pequenos homens a ideia de que, para serem homens de verdade, devem "combater os aspectos que poderiam fazê-los serem associados às mulheres" (WELZER-LANG, 2001, p. 426). Assim, praticantes (sobretudo os mais velhos) se dirigem aos jovens encorajando-os a assumir posturas/modos masculinos e desencorajando-os (e até proibindo) de condutas impróprias. Isso foi o que ocorreu, por exemplo, quando dois jovens que aguardavam a vez de realizar o exercício de futebol proposto pelo professor do Projeto Social da prefeitura começaram a brincar muito próximos, realizando até pequenos toques corporais (um segurando o outro). Imediatamente, ao perceber a movimentação desses jovens, o professor os advertiu em voz alta: "– Vão parar com viadagem!". A intervenção chamou a atenção da turma, que logo se voltou para os dois "infratores" dos códigos masculinos. Eles encerraram a brincadeira, enquanto o professor se aproximou, completando: "– Homem não fica pegando assim, não. Isso é coisa de mulher".

O esforço de diferenciação está contido, entretanto, no próprio gesto futebolístico e no investimento de aprendizagem/ participação no futebol. Afinal, na cultura em que o futebol se constituiu historicamente como prática/atribuição masculina, o domínio do jogo em si já "atesta" masculinidade e/ou funciona como um investimento nela. Não se pode, contudo, dizer que o feminino está ausente. Pelo contrário, o feminino apresenta-se como uma referência à qual se opor.

Os praticantes que pretendem se diferenciar das mulheres realizam exaustivamente o jogo. Mas participar do futebol também significa correr risco, pois, quanto mais o modo de jogar se aproxima da "forma como as mulheres" (ou iniciantes) jogam, maior é a chance de ser alvo de *chacotas* ("– você joga que nem mulherzinha"). Isso é também o que acontece com aqueles que não exibem um certo tipo de vigor corporal para o jogo. Um exemplo: quando os jogadores do time de futebol manifestavam medo (ficando titubeantes) nas situações de "dividida", que envolvem o confronto direto entre corpos, o treinador dizia: "– Alguns jovens jogam como moça! Joga igual homem, porra!".

A aprendizagem da prática social (futebol) se constitui, portanto, como exercício de identificação. Nesse exercício expressam a condição masculina:

- Jovens que aprenderam a participar organizando o jogo rapidamente e resolvendo os problemas no fluxo da prática (aqueles que muito raramente param o jogo para discutir as regras);

- Jovens que aprenderam a compartilhar o significado da prática e que aceitam partilhar de jogos competitivos, dinâmicos/corridos, viris e agressivos;

- Jovens que aprenderam a se expressar no jogo (que encenam nos confrontos/choques as quedas/manhas de jogadores profissionais; que fazem comemorações silenciosas de gol, com toques de mãos fechadas; que para chamar a atenção dos parceiros batem palmas, assoviam e produzem outros sons com a boca, etc.);

- Jovens que constituíram a habilidade futebolística (que têm mais intimidade/desenvoltura no manuseio da bola de futebol; que olham menos para a bola e mais para os outros jogadores na hora do passe; que recebem a bola escorando-a com a parte interna/externa do pé; que recebem o passe/bola com abordagem direta; que recorrem mais frequentemente à habilidade do que à força para manter/conseguir posse de bola no jogo; que insistem mais em alcançar bolas longas; que mantêm vigor físico para o jogo e para superação de limites).

Conforme observado no decorrer da pesquisa, são estigmatizados os praticantes que, como as mulheres, demoram a organizar o time e iniciar o jogo, que param o jogo toda hora para conversar e para discutir as regras, que não compreendem bem o significado da prática social (dando ao jogo geralmente um tom de brincadeira, com ritmo menos intenso, com menos rivalidade e competição), que não compreendem a linguagem do jogo (gritando escandalosamente nas comemorações de gol e para expressar dor nos confrontos/choques, demonstrando fragilidade), que não têm a habilidade futebolística constituí-da (aqueles que possuem menor intimidade/desenvoltura no manuseio da bola de futebol e que, às vezes, até parecem ter medo dela, que apresentam dificuldade para abordar a bola em movimento; que ficam *embolados* no campo, correndo o tempo todo atrás da bola; que recebem passes titubeando sobre a forma de abordar a bola e "sapateando" na escolha do pé a tocá-la; que chutam com o dedão, dão "bicudos" e olham muito para a bola; que chutam em direções menos precisas e que recebem passes pisando na bola; que usa mais a força para manter/conseguir a posse de bola ou que desistem facilmente de correr nas bolas "longas", esperando a saída lateral). Apenas entre os mais iniciantes essas ações são aceitas/suportadas, contudo, eles devem mudar o modo de jogar rapidamente, sob pena de exclusão da prática.

No futebol, como afirma Oliveira (2004, p. 261), se exige, pois, dos jogadores:

> [...] assumir uma postura corporal mais rígida em situações em que se queira mostrar inabalável, negar-se a assumir alguns sentimentos tidos como não masculinos, reagir a desafios lançados por outros homens, desafiar outros ho-mens, debochar e zombar de colegas por comportamentos e atitudes supostamente pouco masculinas.

De outro modo é preciso considerar que a prática fute-bolística também tenciona os padrões culturais produzindo diferentes masculinidades (com os jovens que não se interessam pelo jogo) e feminilidades (com as jovens que se produzem

Juventudes e identidades: sobre a constituição do corpo e de masculinidades no futebol

mulheres nesses contextos). Segundo Connell (1995, p. 190), a construção da masculinidade "tem uma estrutura dialética" e não mecânica. Tal como afirma o autor (1995, p. 189), "diferentes masculinidades são produzidas no mesmo contexto social", ou seja, "as relações de gênero incluem relações entre homens, relações de dominação, marginalização e cumplicidade".

Uma determinada forma de masculinidade se refere também a outras masculinidades com as quais pode estar mais ou menos relacionada. O livro *Violência e estilos de masculinidade*,[13] da antropóloga Fátima Cecchetto, traz um estudo que reúne temas candentes, como violência, juventudes e masculinidades, a partir de três contextos diversos – entre as galeras funk, entre os jovens lutadores de jiu-jítsu e entre os adeptos do ritmo "charme", privilegiando a investigação sobre as formas de construção do masculino entre os jovens. Cecchetto centrou o foco nos jovens homens que performatizam práticas relacionadas com o corpo, tentando perceber como essas práticas informam e estão informadas por certas noções do que é ser homem e de como a violência pode ou não ser um fator determinante para essas noções. Cecchetto encontra, entre os lutadores, o chamado "casca grossa", com o corpo experiente moldado nas lutas dentro e fora dos tatames. No "mundo do charme", a pesquisadora irá lidar com modelo bem distinto de masculinidade, onde a valoração e a hierarquia entre estilos de masculinidade se estabelecerão não entre jovens homens mais ou menos fortes ou violentos, mas entre corpos com mais ou menos "elegância" e destreza na dança e na conquista amorosa. O que se procura, entre os dançarinos, é impressionar pelo controle e maleabilidade corporal no contexto da dança e da interação entre os gêneros.

Cada jovem/homem vai individualmente e coletivamente constituindo identidades, articulando o ônus (dores do corpo,

---

[13] Fruto de uma tese de doutoramento em 2002 pelo Instituto de Medicina Social da Universidade do Estado do Rio de Janeiro (IMS/UERJ).

exposição pública, etc.) e o bônus de participar da prática social masculina – o "prazer de estar entre homens ou homens em formação, de se distinguir das mulheres, prazer de poder legitimamente fazer como os outros homens" (WELZER-LANG, 2001, p. 463), de pertencer à comunidade de prática. Não se trata de um processo ausente de coerções sociais. Afirma Nogueira (2006, p. 231):

> Os meninos, portanto, encontram-se duplamente marcados por essa exigência de se tornarem homens: (1) por serem jovens, assim como as meninas, e terem que corresponder aos ideais sociais estabelecidos para a maioridade [...]; (2) por serem impúberes em sua juventude e terem que adquirir não apenas os caracteres sexuais secundários, mas a pilosidade mais abstrata, mas não menos material, de uma masculinidade incontestável e a mais próxima possível à hegemônica.

Nas práticas futebolísticas, portanto, cada praticante é guardião dos "modos masculinos", repassados com palavras (como fez o professor do projeto social da prefeitura), mas sobretudo em gestos, posturas, poses, modos de agir. É no "paralelismo dos corpos" suados, viris, competitivos que cada jovem futebolista vai aprendendo a compor o próprio corpo como corpo masculino. Como afirma La Cecla (2005, p. 102), "ser varão com outros varões significa saber jogar este jogo de regras não escritas", isto é, "os homens ficam juntos para definir a sua própria masculinidade". Masculinidade que se "adquire por imitação" e num processo de aprendizagem contínuo (p. 105), "como corpo que imita a outros ao redor" (p. 28). No decorrer da pesquisa, esse tipo de educação através do mimetismo ocorria em todos os contextos de futebol: quando os jovens imitavam os dribles e as peripécias dos jogadores profissionais e/ou os modos de agir, os gestos e as poses corporais dos veteranos; quando eles imitavam a coragem daqueles que não "*amarelavam*" (acovardavam) nos desafios e nos momentos de tensão/ embates do futebol, etc.

Como afirma Guedes (1998, p. 133-132), é da "tematização dos confrontos através do corpo" e dos "sucessivos embates" – em que se aprende a atacar e recuar, *a não aceitar provocações*, sendo, ao mesmo tempo *duro* – que se aprende um "modo de ser homem". Em vista disso, é da *"batalha fingida"* do futebol na escola, no campo de futebol, no projeto social e nos campeonatos amadores da cidade – em que se partia "do princípio fundamental de que *só se aprende a ser homem com homens"* – que se celebra a relação entre os homens.

Pertencer ao universo futebolístico (como jogador, torcedor, colecionador de figurinhas dos times, etc.) é ingressar numa trama de relações que não tem como resultado, contudo, um denominador comum. As relações de masculinidades no futebol extrapolam também, em muitos sentidos, o campo de jogo. As práticas de torcedores, por exemplo, são reveladoras do tipo de construção do masculino que o futebol envolve. Jovens que transitam pelo bairro antes, durante e após as partidas de futebol dos times profissionais (sobretudo Cruzeiro e Atlético) fazem também dessa prática um exercício de masculinidade. Nesse contexto, críticas ao time perdedor, chacotas ("tirar sarro", como diziam os participantes) envolvendo os torcedores do time adversário, hinos dos clubes, etc. são apenas algumas das maneiras de "brincar com a virilidade do oponente". Esse tipo de zombaria e jocosidade (atrelada às situações rituais do futebol) assinalam a "feminização indesejada pelos praticantes" (NOGUEIRA, 2006, p. 213).[14]

Sob o risco de estar na posição não só inferior, mas sobretudo passiva, os jovens participam das práticas futebolísticas e

---

[14] O que também observou Nogueira (2006) em seus estudos sobre a identidade juvenil. Para o autor (2006, p. 213) "o futebol também se prestava a essa mesma relação quando se tratava do enfrentamento das duas principais torcidas adversárias do estado no campeonato mineiro e nacional. Dizer que o 'Galo', símbolo do Atlético Mineiro, era uma galinha no campeonato ou que a Máfia Azul, torcida organizada do Cruzeiro, só tinha viado e que azul é cor de frutinha eram estratégias de imputar ao adversário uma condição feminina associada a seu time de futebol".

exercitam o pertencimento aos clubes esportivos. Como afirma Damo (2005, p. 100), "o clubismo e, sobretudo, os fluxos jocosos cotidianos mobilizam preponderantemente o público masculino". Nesse contexto, "pertencer é correr risco de ser insultado, gozado e passivizado". Acrescenta o autor (2005, p. 100):

> Isso implica, de um ponto de vista posicional, tornar-se ativo/passivo. E o que é notável: é o seu time quem lhe torna ativo ou passivo. Pela performance dele é que alguém terá o direito a fazer ou o dever de receber uma jocosidade; de gozar em ou ser gozado por alguém. Talvez por isso o sofrimento faça parte da rotina de quem se diz torcedor; dos homens em particular; afinal ser torcedor é tornar-se susceptível de vir a ser passivizado metaforicamente.

No futebol, como se pode concluir, são exibidas e valorizadas as demonstrações explícitas de *habilidade*, força, coragem, agilidade, destreza, astúcia, agressividade, virilidade, velocidade, violência, rudeza. Cuspir, por exemplo, é prática muito comum entre os jogadores no campo de futebol do bairro pesquisado. Essas características são atravessadas, entretanto, por emoções "proibidas" aos homens em outros contextos. Assim, a lágrima vem aos olhos com a exclusão do time do campeonato, com a dor da lesão muscular, com a vitória ou derrota em um jogo decisivo e em outras situações. Sobre as emoções que envolvem o futebol, é interessante o relato de Denis (professor de educação física e juiz de futebol):

> É, e eu tava apitando o jogo lá, lotado, o campo lá de Neves. Choveu bastante e lotado o campo, mas choveu foi muito mesmo, o campo estava alagado. O time ganhou nos pênaltis... empate foi pra disputa de pênaltis, aí no vestiário, nós saímos do vestiário, e um monte de diretores do clube [...], diretor de futebol amador, é muito interessante [...], *chegou chorando pra mim dentro do vestiário* (imita o choro do homem)*, muito obrigado, com o olho brilhando. Aquilo te emociona,* aquilo você vê que seu trabalho, a responsabilidade de um árbitro de futebol é muito grande (Grifos nossos).

Como espaço do masculino, o futebol permite também a flexibilização de regras que regem essas relações. Ao contrário de outros espaços sociais em que os jovens do sexo masculino devem manter a distância corporal, no momento ritual desse esporte alguns tipos de contatos masculinos não só são permitidos como também desejáveis. Os jogadores, por exemplo, ficam abraçados em algumas situações de jogo (na oração, no grito de guerra, na hora da cobrança de um pênalti...). Eles se tocam nas comemorações de gol: toque de mãos, abraços, carregar no colo o autor de um gol importante. Muitas vezes, quando o autor do gol se deita ao chão, "todo" o time pode ir deitando em cima dele, gerando um verdadeiro amontoado de homens, uns sobre os outros. Esse tipo de toque corporal não coloca em questão a masculinidade. Como afirma Damo (2005, p. 103), o futebol é também uma "modalidade particular de sociabilidade", em que são "culturalmente toleradas, senão obrigatórias", as "expressões públicas de afetos masculinos". Contudo o jovem ("aprendiz de homem") deve saber se situar nesse campo de relações, desvendando os limites colocados aos toques e as circunstâncias em que são permitidos. Esse aprendizado, feito a "duras penas", se constitui também num exercício de identificação com os pares e de constituição do corpo.

No futebol os jovens vão adquirindo aquilo que La Cecla (2005) chama de fisionomia masculina (que os faz parecer "nascidos para o jogo"). Todo o processo de participação/ aprendizagem na prática social permite, pois, compreender que o jogo de futebol constitui o corpo do praticante como corpo masculino e que o corpo do praticante constitui o jogo de futebol como jogo masculino. De forma circular e imbricada, um vai produzindo o outro.

Essa circularidade acaba por tornar a *habilidade* futebolística "inacessível" às mulheres. Assim, são comuns declarações semelhantes a esta: "– As mulheres jamais jogam como os homens." Conforme afirmaram Izaque (que comentou sobre uma colega habilidosa da escola) e Denis, o jogo era visto como patrimônio masculino:

> Izaque - Ah, ela joga muito, "veio". *Joga quase igual homem mesmo.*
>
> Eliene - O que é diferente? Que num joga igual homem?
>
> Izaque - *Ah, porque ela é mulher também, no caso...* e qualquer coisa, tipo assim a gente trombar nela, num aguenta, porque nós homem trombar nela aí ela num vai aguentar, mas mulher aí ela aguenta. E ela deita o cabelo. Dibra pra caramba. Faz gol. Mete o gol. Mete a gaveta (Grifos nossos).
>
> *Você pega uma seleção brasileira masculina jogando e a seleção brasileira feminina jogando e você vai ver a diferença,* que é a mesma coisa de escola, se você for comparar, é a mesma coisa do homem jogando, só que ela tem habilidade, técnica, sabe tocar, correr, *mas é diferente dos homens* (Denis, Professor de educação física, grifos nossos).

A percepção dos modos de jogar futebol como modos masculinos, entretanto, parece não apenas distinguir, mas também homogeneizar homens e mulheres, mesmo se há contrastes: mulheres que jogam melhor que alguns homens, e homens que não sabem jogar futebol. Ainda assim, não servem como parâmetro flexibilizador destas certezas: "futebol é coisa de homem"; homem é que detém o domínio da *habilidade* para o jogo. Ocorre desse modo uma naturalização do futebol como prática masculina.[15] O jogo de corpo no futebol (historicamente adquirido, porém interpretado pelos praticantes como natural) no contexto cultural brasileiro se constitui, portanto, como jogo de corpo masculino.

---

[15] Alguns estudos (por exemplo, ALTMANN, 1998, FARIA, 2001, DAOLIO, 1995) mostram que as mulheres, desde cedo, "aprendem" a ser obedientes, dóceis, dar atenção ao outro, perseverar nas tarefas, usar o espaço de forma limitada. Os meninos aprendem a competir, a se autoafirmar, a usar o espaço sem economia. Nas relações com futebol essas diferenças se tornam ainda mais visíveis: os estímulos permeiam muito cedo a vida dos meninos, que, ao nascer, herdam um time de futebol para torcer, uma bola de futebol para iniciar aprendizagem, sendo o tempo todo incentivados a competir.

Parte de um jogo complexo, as masculinidades exercitadas nas práticas futebolísticas não se produzem, contudo, de forma mecânica. Como afirma La Cecla (2005, p. 60), "o gênero é uma prática, ou seja, algo que se modela com a prática". As identidades de gênero são assim tecidas e incorporadas pelos praticantes na prática social mesma.

Como afirma Connell (1995, p. 189), "no gênero a prática social se dirige aos corpos", ou seja, "as masculinidades são corporificadas, sem deixar de ser sociais". Segundo o autor (1995, p. 189), "nós vivenciamos as masculinidades (em parte) com certas tensões musculares, posturas, habilidades físicas, formas de nos movimentar, e assim por diante".

O conjunto de dados e reflexões apresentados revela que a aprendizagem do futebol envolve mudanças na forma de agir (no modo de lidar com a bola, no modo de organizar os jogos, no modo de comemorar o gol, no modo de se comportar em campo de jogo, etc.), de significar e de sentir o jogo. Assim, a aprendizagem vai muito além da dimensão técnica. Envolve a incorporação de formas de agir, de movimentar o corpo e com elas um conjunto de aspectos implícitos (referentes à dimensão identitária, à prática coletiva, a significados, a certos valores e disposições).

Partilhando da prática social junto com os mais experientes, os jovens constituem a masculinidade no corpo. Esse processo não se dá, portanto, por meio de uma acumulação/estoque de representações (aprendizagem como transmissão e/ou processamento de informações), mas no desenvolvimento de um modo particular de orientação/ação/interação em um ambiente, que Ingold (2001a) trata como "educação da atenção".[16] A *habilidade* futebolística (aprender gestos, significados, tipos de atenção, emoções, disposições corporais, identidades, etc.)

---

[16] Para formular a noção de *educação da atenção*, Ingold (2001) fundamenta-se em Gibson (1979), que trata a percepção como uma atividade do organismo todo em um ambiente ao invés de uma mente dentro do corpo.

Educação e seus atores: experiências, sentidos e identidades

é inevitavelmente incorporada, ou corporificada, por meio da experiência e da prática em um dado ambiente. Prática social e os sujeitos da prática que se produzem/constituem mutuamente nesse exercício.

Referências

ALTMANN, Helena. *Rompendo fronteiras de gênero: Marias (e) homens na educação física.* 1998. Dissertação (Mestrado em Educação) – Faculdade de Educação, Universidade Federal de Minas Gerais, Belo Horizonte, 1998.

BINELLO, Gabriela; CONDE, Mariana; MARTINEZ, Anália; RODRI-GUEZ, María Graciela. Mujeres y fútbol: território conquistado o a conquistar? In: ALABARCES, Pablo (Org). *Peligro de gol: estúdios sobre deporte y sociedad en América Latina.* Buenos Aires: CLACSO, 2000.

CECCHETTO, Fátima Regina. *Violência e estilos de masculinidade.* Ed. FGV, Rio de Janeiro, 2004.

CONNELL, Robert. Políticas da masculinidade. Tradução de Tomaz Tadeu da Silva. *Educação e Realidade,* Porto Alegre, v. 20, n. 2. p. 185-206, jul./dez. 1995c. (Original inglês)

DAMO, Arlei Sander. *Do dom à profissionalização: uma etnografia do futebol de espetáculo a partir da formação de jogadores no Brasil e na França.* 2005. Tese (Doutorado em Antropologia) – Instituto de Filosofia e Ciências Humanas, Universidade Federal do Rio Grande do Sul (UFRGS), Porto Alegre, 2005.

DAOLIO, Jocimar. *Da cultura do corpo.* Campinas: Papirus, 1995.

DAOLIO, Jocimar. *Cultura: educação física e futebol.* Campinas, SP: UNICAMP, 1997.

DAOLIO, Jocimar. As contradições do futebol brasileiro. In: CAR-RANO, P. C. (Org.). *Futebol: paixão e política.* Rio de Janeiro: DP&A, 2000.

DORNELLES, Pricila Gomes; MOLINA NETO, Vicente. O ensino do futebol na escola: a perspectiva das estudantes com experiências positivas nas aulas de Educação Física em turmas de 5ª a 7ª série. In: KUNZ, E. *Didática da educação física 3: futebol.* Ijuí: Unijuí, 2003.

114

FARIA, Eliene Lopes. *A aprendizagem da e na prática social: um estudo etnográfico sobre as práticas de aprendizagem do futebol em um bairro de Belo Horizonte.* Tese (Doutorado em Educação) – Faculdade de Educação, Universidade Federal de Minas Gerais, Belo Horizonte, 2008.

FARIA, Eliene Lopes. *O esporte na cultura escolar: usos e significados.* 2001. Dissertação (Mestrado em Educação) – Faculdade de Educação, Universidade Federal de Minas Gerais, Belo Horizonte, 2001.

FARIA, Eliene Lopes. Jogo de corpo, corpo do jogo: futebol e masculinidades: *Cadernos de Campo*, São Paulo, n. 18, p. 65-86, jan. 2009.

GODELIER, Maurice. *La production des grands hommes: pouvoir et domination masculine chez les Baruya de Nouvelle-Guinée.* Paris: Fayard, 1982.

GOELLNER, Silvana Vilodre. Pode a mulher praticar futebol?. In: CARRANO, Paulo Cesar (Org.). *Futebol: paixão e política.* Rio de Janeiro: DP&A, 2000.

GUEDES, Simoni Lahud. *O Brasil no campo de futebol: estudos antropológicos sobre os significados do futebol brasileiro.* Niterói, RJ: Eduf, 1998.

GUEDES, Simoni Lahud. Um dom extraordinário ou "cozinhar é fácil, mas quem sabe driblar como Beckham?": comentários a partir do filme *Driblando o destino.* In: ALVITO, M.; MELO, V. A. *Futebol por todo o mundo.* Rio de Janeiro: FGV, 2006.

INGOLD, Tim. *The perception of the environment: essays on livelihood, dwelling and skill.* New York: Routledge, 2000.

INGOLD, Tim. From the transmission of representations to the education of attention. In: *The debated mind: evolutionary psychology versus ethnography.* Oxford: Harvey Whitehouse, 2001a.

INGOLD, Tim. Beyond art and technology: the anthropology of skill. In: SCHIFFER, M. B. *Anthropological perspectives on technology.* Albuquerque (NM): University of New Mexico Press, 2001b.

LA CECLA, Franco. *Machos: sin ánimo de ofender.* Tradução de Fernando Borrajo. Buenos Aires: Siglo XXI, 2005.

LAVE, Jean; WENGER, Etiene. *Situated learning: legitimate peripheral participation.* Cambridge, UK: Cambridge University Press, 1991.

MOITA LOPES, Luiz Paulo. *Identidades fragmentadas: a construção discursiva de raça, gênero e sexualidade em sala de aula*. Campinas, SP: Mercado das Letras, 2002.

MOITA LOPES, Luiz Paulo. Socioconstrucionismo: discurso e identidade social. In: *Discursos de identidades*. Campinas, SP: Mercado das Letras, 2003.

MOURA, Eriberto Lessa. O futebol como área reservada masculina. In: DAOLIO, J. (Org). *Futebol, cultura e sociedade*. Campinas: Autores Associados, 2005, p. 131-147.

NOGUEIRA, Paulo Henrique Queiroz. *Identidade juvenil e identidade discente: processos de escolarização no terceiro ciclo da Escola Plural*. 2006. Tese (Doutorado Educação) – Faculdade de Educação, Universidade Federal de Minas Gerais, Belo Horizonte, 2006.

OLIVEIRA, Pedro Paulo. *A construção social da masculinidade*. Belo Horizonte: UFMG; Rio de Janeiro: IUPERJ, 2004.

PACHECO, Ana Júlia; CUNHA JÚNIOR, Carlos Fernando Ferreira. Jogos Olímpicos de Atlanta, 1996: a imprensa e o "futebol de saias" do Brasil. *Revista do Núcleo de Sociologia do Futebol/UERJ*, Rio de Janeiro, n. 5, p. 95-108, 1997.

SCOTT, Joan. Gênero: Uma categoria útil de análise. *Educação e Realidade*, Porto Alegre, v. 20, p. 71-99, jul./dez. 1995.

SOUSA, Eustáquia S. *Meninos à marcha! Meninas à sombra! A história da educação física em Belo Horizonte (1897-1994)*. 1994. Tese (Doutorado em Educação) – Universidade de Campinas, Campinas, SP, 1994.

SOUSA, Eustáquia S. O ensino da educação física para turmas mistas: difícil demais. *Dois Pontos*, Belo Horizonte, n. 1, maio 1997.

VELHO, Otávio. De Bateson a Ingold: passos na constituição de um paradigma ecológico. *Mana*, v. 2, n. 7, p. 133-140, 2001.

WELZER-LANG, Daniel. A construção do masculino: dominação das mulheres e homofobia. *Revista Estudos Feministas*. Tradução de Miriam Pillar Grossi. Florianópolis, v. 9, n. 2, p. 460-485, 2001. (Original francês)

Juventude e relações intergeracionais na EJA: apropriações do espaço escolar e sentidos da escola

Carla Linhares Maia
Juarez Dayrell

Neste artigo tratamos do tema da juventude com o foco nas relações intergeracionais no cotidiano escolar. Propomos discutir os modos como os jovens alunos na Educação de Jovens e Adultos (EJA) significam a escola e, neste contexto compreender até que ponto a escola constitui-se ou não como um território significativo em suas vivências juvenis. O texto foi produzido a partir de uma pesquisa etnográfica, desenvolvida para doutorado no campo da Educação, cujo objetivo principal foi mapear e analisar os territórios de sentidos e significados para jovens de diferentes gerações.

Em uma perspectiva sincrônica, buscou se observar, descrever e analisar a relação cotidiana entre estudantes jovens, na faixa etária entre 18 e 26 anos, convivendo com adultos e idosos em um mesmo turno e sala de aula de uma escola pública diurna, de EJA, da cidade de Belo Horizonte, Minas Gerais. Esperava-se compreender se a escola constituía-se ou não como um desses territórios. O universo pesquisado foi composto por três turmas de ensino médio, tendo 120 estudantes matriculados no início do ano letivo, mas mantendo durante o ano em torno de 82 estudantes efetivamente frequentes.

O perfil socioeconômico e cultural era diversificado, sendo que nas três turmas encontravam-se, em sua maioria, estudantes pobres, oriundos de escolas públicas e aglomerados da cidade, mas também havia estudantes das camadas médias que haviam migrado de escolas particulares para concluir o ensino médio na EJA. Os estudantes tinham idades variando entre 18 e 73 anos, vindos de diferentes bairros e cidades da região Metropolitana de Belo Horizonte. Em termos de sexo/gênero, havia um equilíbrio entre o número de estudantes dos sexos masculino e feminino. Com relação ao pertencimento étnico, havia 59% negros (considerando-se os autodeclarados pardos e pretos) e 23% brancos. Em termos geracionais, foram identificados três grupos no universo das turmas de ensino médio da escola, considerando as próprias classificações da escola e dos estudantes.

Um primeiro grupo de estudantes era composto por quatro estudantes idosos ou de terceira idade, ou, ainda, como se autorreferiam, "de mais idade", com idade superior a 60 anos, todas do sexo feminino. Nesse grupo, as estudantes já se encontravam aposentadas, morando sozinhas ou apenas com um membro da família. O retorno à escola ocorria após mais de 30 anos longe da escola e de um afastamento precoce, ocorrido ainda na infância, no primário ou após a conclusão deste.

Um segundo grupo geracional era composto por estudantes "adultos", contando com, aproximadamente, 45 estudantes nas turmas de ensino médio, com idades variando entre 30 e 55 anos. Como características principais desse grupo podemos assinalar a grande superioridade quantitativa de mulheres em relações a homens. A maioria dos estudantes estava já inserida no mercado de trabalho (em atividade profissional fixa ou empregos temporários, ou estava em busca de um emprego ou de um novo caminho profissional). A maioria dos estudantes tinha família constituída e prole morando em seu domicílio ou dependente de sua renda (e/ou do cônjuge/companheiro) e trabalho.

Um terceiro grupo, o grupo dos jovens, era composto por 20 estudantes aproximadamente, com idades variando entre 18 e 26 anos. Este grupo se caracterizava por um maior número de estudantes do sexo masculino do que feminino, quase todos de alguma forma já inseridos no mercado de trabalho. Porém havia um subgrupo de jovens alunos com idades entre 18 e 20 anos que apresentavam pouca experiência de trabalho, morando na casa dos pais ou de familiares e deles dependentes. A grande maioria desses jovens estudantes não tinha histórico de grandes períodos fora da escola. Ao contrário, apresentavam uma trajetória marcada por entradas e saídas de escolas e por diferentes períodos, mas sempre períodos inferiores a um ou dois anos. Desse modo, pode-se considerar que sempre estiveram inseridos no sistema educacional e, portanto, apesar de ser o grupo de menor faixa etária, era também o grupo que apresentava maior escolaridade, em termos de tempo de escolarização no período da juventude.

EJA: a sala de aula como uma fronteira cultural intergeracional

No processo da pesquisa, a escola de EJA e, especialmente, o espaço da sala de aula destacaram-se como espaços privilegiados para a pesquisa. Na escola era possível observar e dialogar com estudantes de diferentes idades, que foram socializados e estabeleceram uma relação com a escola em diferentes épocas e contextos de juventude, convivendo em um mesmo espaço, submetido às mesmas regras e conteúdos escolares. Nesse sentido, a escola foi considerada uma fronteira cultural intergeracional.

Uma fronteira cultural pode ser pensada como um lugar, no sentido concreto, entre dois ou mais países ou grupos étnicos, delimitando os territórios e demarcando os limites entre uns e outros. Mas fronteiras também podem ser pensadas como espacialidades simbólicas entre grupos ou campos que expressam distintas compreensões da realidade, valores, visões de mundo, ou seja, distintas culturas.

Fronteiras culturais estabelecem, ao mesmo tempo, os limites, as barreiras físicas ou simbólicas entre diferentes grupos, mas também podem estabelecer-se de modo mais poroso, como espaço de troca, de intercâmbio entre os grupos e suas visões de mundo, suas culturas. Desse modo podem ser pensadas como espaços concretos ou simbólicos nos quais se estabelece o jogo da alteridade (SCHWARCZ; GOMES, 2002) ou, em outros termos, o jogo das diferenças entre eu (nós) e os outros. No caso da pesquisa desenvolvida, entre estudantes de distintas condições sociais e gerações.

A pesquisa apontou que compreender a escola e a sala de aula de EJA como um espaço fronteiriço etário geracional permitiria evidenciar a complexidade das relações sociais e intergeracionais e, nesses, as apropriações dos diferentes grupos geracionais do espaço escolar, bem como os sentidos e significados atribuídos por cada grupo geracional à escola e ao processo de escolarização.

Geração e relações intergeracionais

No limite deste artigo, importa dizer que consideramos como relações intergeracionais as tramas das relações estabelecidas e observadas no cotidiano escolar entre estudantes dos distintos grupos geracionais: jovens, adultos e idosos (ou de mais idade, como uma categoria nativa). Relações estas permeadas por trocas, intercâmbios, como também pelo estabelecimento de limites entre os diferentes grupos, principalmente na apropriação dos espaços e tempos escolares e na definição do que é ser jovem e de quem era jovem na escola.

Margullis e Urresti (1997) relacionam o movimento das gerações aos processos de socialização. Ou seja, a circunstância cultural que emana de ser socializado com códigos diferentes, de incorporar novos modos de perceber e de apreciar, de ser competente em novos hábitos e habilidades, elementos que distanciam os recém-chegados ao mundo das gerações mais antigas.

A geração, nessa perspectiva, diz respeito à época em que cada indivíduo socializa-se levando em conta o contexto histórico de cada uma delas, por exemplo, as mudanças culturais aceleradas que caracterizam a período contemporâneo. Cada geração pode ser considerada até certo ponto como pertencendo a uma cultura diferente, na medida em que incorpora em sua socialização novos códigos e destrezas, linguagens e formas de perceber, de apreciar, classificar e distinguir.

Segundo Margullis (1997), cada época tem sua própria episteme, e as variações epistêmicas são percebidas e apropriadas com toda sua intensidade, durante o processo de socialização, pelos novos membros que chegam a sociedade. É o que ele chama de "gerações de realidade", se referindo às mudanças nas formas de perceber e apreciar as mudanças e o tempo social, na velocidade e na sensibilidade, nos ritmos e nos gostos.

Para esse autor, as gerações compartilham códigos, porém também se diferenciam de outras e, ao coexistirem no interior de um mesmo grupo social, as diferenças geracionais se expressam, frequentemente, em forma de dificuldades e ruídos que alteram a comunicação e às vezes constituem abismos de desencontro que em grande parte estão relacionados com o fato de não compartilharem os mesmos códigos. Desse modo, cada geração se apresenta como nova ao campo do vivido, possuindo seus próprios impulsos, energias, vontades de orientar suas forças e de não reiterar os fracassos das gerações anteriores.

A sala de aula: apropriações cotidianas

Giddens (1991) destaca que a espacialidade é indissociável do processo de interações que os indivíduos e grupos estabelecem entre si. Nesse sentido, as apropriações cotidianas dos espaços da escola foram analisadas nas dinâmicas que os diferentes estudantes estabeleciam com os espaços disponibilizados e os modos como, ao atribuírem novos sentidos a estes espaços, transformavam-nos em "lugar" para si.

Partiu-se também do princípio de que a experiência humana é mediada pela interpretação, entendendo que pessoas, situações ou acontecimentos não são dotados de significado próprio ao serem observados. Os significados são construídos nas e por meio das interações. As pessoas, no caso os estudantes da escola, ao interagirem regularmente no espaço da sala de aula, partilham experiências, problemas e normas comuns, tendendo, assim, a partilharem "perspectivas" e "definições" comuns. Mas esse fato não gera necessariamente um consenso entre todos os envolvidos. Ao contrário, são complexas e mutantes, construídas e reconstruídas cotidianamente em um jogo interativo, onde cada estudante, jovem, adulto ou idoso, utiliza seus diferentes "textos" ou, melhor dizendo, os diferentes fragmentos do texto (cultura) de que dispõem para situarem-se, negociarem espaços, práticas, sentidos e significados na e para a escola.

Assim buscou-se observar e analisar os modos como os estudantes de diferentes gerações interagiam nos espaços da sala de aula, corredores e cantina. Nessas interações os estudantes situavam-se no espaço escolar a partir das imbricações e tensões de seus pertencimentos etários, de gênero, etnia e classe social, dentre outros e, nesse processo, demarcavam seus territórios na escola, construíam novos sentidos para a escola, novas visões de mundo e projetos de vida.

Como interações, estamos considerando com Velho (2007) as relações entre indivíduos que são diferentes uns dos outros. Considerando-se que, quando não existe diferença, não existe relação. Pois, como nos recorda o antropólogo, "não temos nem mônadas isoladas, pairando, nem uma sociedade homogênea em que todos os indivíduos são determinados, condicionados e produzidos por forças ou estruturas maiores". Assim, "na verdade, no dia-a-dia, o cotidiano, o microssocial, a interação têm esse potencial enorme que tem sido confirmado na história das ciências sociais" (VELHO, 2007, p. 2).

O cotidiano escolar foi compreendido como esse espaço de interações e trocas entre os diferentes estudantes, um espaço privilegiado para se observar as relações de sociabilidade cotidiana entre os estudantes, entendendo sociabilidade como o "território em que você está lidando com as interações, com as redes de interações, com as situações interacionais dos mais diferentes tipos" (VELHO, 2007, p. 2).

A turma "M": territorialidades, identidade e diferença

Para uma observação mais profunda das relações entre os estudantes jovens com os adultos e os "de mais idade", escolheu-se uma das três turmas do ensino médio que foi denominada de "turma M". Essa escolha ocorreu, primeiramente, por ser esta a turma onde havia maior diferença etária e geracional e assim, atendia melhor aos objetivos da pesquisa. Em segundo lugar, a turma "M" podia ser compreendida como um microcosmo da escola, pois nela se encontravam representados os três grupos geracionais presentes na escola, em sua diversidade de gênero, raça-etnia e condição social. Constituía-se assim como um espaço escolar fronteiriço intergeracional, com relações cotidianas entre estudantes de diferentes gerações, pertencimentos socioculturais, econômicos e com distintos históricos e trajetórias escolares.

Nesse espaço observamos a existência de relações de amizade, companheirismo, mas também de estranhamentos etários e socioculturais e disputas por espaços, tempos e ritmos escolares. Constantemente era exigido dos estudantes posicionamentos diante de si (identidade) e da alteridade (diferença), demonstrando a complexidade da convivência entre gerações

Educação e seus atores: experiências, sentidos e identidades

e os grandes desafios e riquezas dessa modalidade educativa para compreensão dos sentidos e significados da escola e do ser jovem para os distintos grupos geracionais.

Em um contexto intergeracional, distinto de uma escola "regular" organizada por idades similares, os estudantes jovens que chegavam à EJA, após sucessivas histórias de evasão e repetência, deparavam-se com um cenário escolar totalmente "estranho" em termos etário-geracional. Nesse cenário, os estudantes do grupo etário jovem estranhavam no princípio a grande presença dos "mais velhos". Com o passar do tempo, porém, cessava o estranhamento. "Acostumavam-se" como diz Lídia (21 anos): "Eu entrei aqui, eu tinha 18 anos. [...] mas eu cheguei aqui e tinha pessoa mais velha!!! Tinha... Eu achei estranho também mas depois a gente acostuma!".

Passado o tempo de adaptação muitos dos estudantes jovens afirmavam que o contexto intergeracional facilitava o processo de escolarização. Na presença dos estudantes adultos e idosos e diante da pouca presença de estudantes da mesma faixa etária, sentiam-se mais livres para a retomada dos estudos.

Como se refere Lídia (23 anos),

> E, e, e, os meninos começaram a me incomodar, porque aí eu queria estudar um pouquinho, já! Os meninos começaram a me incomodar! E eu depois que eu tive de parar dois anos, para viajar e depois eu voltei, voltei agora e, pessoas mais velhas, não tem tanta criança, porque era [muita] criança! E... não tem mais! Perfeito! Perfeito! Só não aprende quem não quer!!!

Como lembra o mesmo Fábio:

> Não sei por causa que a sala é menor, se tem poucos... Menos alunos [da minha idade]. Quando há menos alunos assim, eu gosto de sentar mais na frente. Agora igual no curso que eu fazia. No curso não, no curso eu já interagia com o professor, brincava, fazia piada, assim, porque eu já tava mais à vontade! [...] Aqui não! Mesmo porque não

124

tem graça! A gente tem vontade de sentar só em dupla. Porque no máximo "dois assim que conversam"!!!! Vai ficar só os dois lá e o resto da sala lá escrevendo e copiando não tem graça! O bom é quando é a sala inteira. O bom, o bom não, né! O bom da bagunça, assim, se tem um bom nisso é quando ta junto o pessoal da sala inteira. É quando o professor chama a atenção de todos! [...]

Deste modo, a pesquisa indicou que, para esses estudantes jovens que registravam uma história complexa com a escolarização, o fato de estudarem em uma turma com maioria de colegas adultos facilitava o processo de escolarização, permitindo a esses estudantes concentrarem-se nas aulas e atividades escolares, driblando as dificuldades e, deste modo, possibilitando a conclusão do ensino médio.

Figura 1 - Distribuição espacial dos estudantes da turma

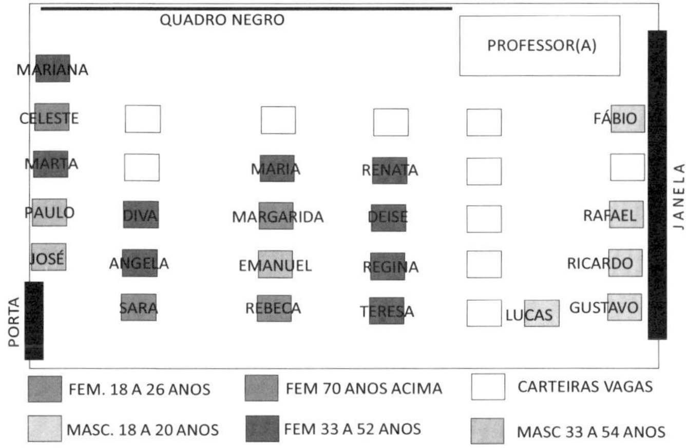

Por esse desenho podemos ver a ocupação da sala de aula pelos estudantes e perceber alguns aspectos sobre as turmas, principalmente a relação que existe com as identificações de geração e gênero.

Na turma "M", o número de estudantes adultos era superior ao dos estudantes jovens. "Os mais velhos" (adultos) começavam o ano com maior assiduidade que os mais jovens. Assim, chegavam à sala todos os dias, ocupando o que estamos denominando de "centro" da sala. Este território "central" compreendia a primeira fila de carteiras, situada próximo à parede onde fica a porta, e as três fileiras centrais eram, geralmente, ocupadas pelos estudantes a partir das segundas carteiras. Depois de algum tempo, os lugares de cada um estavam já "naturalmente" fixados. Quando os estudantes mais jovens passaram a ser mais assíduos, chegavam e sentavam no que estamos denominando de territórios periféricos da sala.

Pela observação, era perceptível que, quando os jovens chegavam, procuravam os lugares vazios, próximos a outros jovens e longe dos "mais velhos", principalmente do sexo masculino. O fator geracional junto com o de gênero parecem ser os elementos principais na definição das primeiras aproximações, dos agrupamentos espontâneos e na escolha/definição dos lugares fixados para sentar durante as aulas no semestre. Com o passar do tempo, outros elementos passavam a estabelecer outras mediações, mas sem anular esses dois fatores totalmente. Mesmo nas divergências e rivalidades, podia-se ver que os dois marcadores identitários se faziam presentes e estavam no cerne das disputas por territórios e da "definição da situação da aula", ou seja, nos ritmos, comportamentos e relações no interior da sala de aula.

Conforme disse Seu José, 53 anos: "No começo é assim: velho com velho, jovem com jovem! Depois vai misturando!". Misturando pouco, poderíamos acrescentar, pois, apesar de "toda a mistura" podia-se ver que o padrão permanecia, na maior parte do tempo, sendo "rompido" apenas em momentos esporádicos e por um pequeno número de estudantes.

Ao conversar sobre essa observação com os estudantes, ouvi de José, 53 anos, a seguinte explicação.

> Olha, eles (os mais jovens) é que fazem isto! Nós já estávamos sentados nestes lugares, desde o ano passado, nas turmas do Fundamental. Então os mais novos chegam,

Juventude e relações intergeracionais na EJA:
apropriações do espaço escolar e sentidos da escola

percebem que a gente não aprova o seu comportamento, que não aceita as brincadeiras, a bagunça.....então eles vão lá pro outro lado. Evitam mesmo sentar perto da gente!

Os estudantes jovens "escolhiam" as últimas carteiras das fileiras centrais da sala, marcando uma fileira lateral, no fundo da sala, entre a porta e a janela, e a última fileira da sala, paralela à janela. Deste modo, os mais jovens (18 a 26 anos) formavam um L invertido, circundando o centro da sala ocupado pelos estudantes da demais faixas etárias. Pudemos constatar que existiam, atrás de uma aparente escolha "natural" e sem conflitos dos lugares, regida pela lógica da identificação, disputas geracionais, principalmente entre os estudantes do sexo masculino. A demarcação territorial na sala parecia expressar critérios de geração, refletindo uma certa disputa de espaços, ritmos, atenção dos professores, dentre outras coisas.

Porém, ao observarmos com mais cautela essas divisões "territoriais etárias", veremos que outros demarcadores identitários atravessavam e definiam os agrupamentos. O primeiro destes diz respeito à questão do sexo e das relações de gênero. Ao observarmos o mapa da sala apresentado, veremos que os "territórios etários" são atravessados por outras lógicas, principalmente uma divisão sexual, com uma clara divisão de territórios femininos e masculinos.

No grupo dos "mais jovens", nas últimas carteiras da fileira do fundo da sala, na posição vertical, sentavam-se os estudantes do sexo feminino. Enquanto na fileira horizontal, junto à janela, sentavam-se os estudantes do sexo masculino. No grupo etário dos "mais velhos", os dois únicos representantes do sexo masculino sentavam-se impreterivelmente próximos. As mulheres "mais velhas" ocupavam prioritariamente as carteiras centrais da sala ou as primeiras carteiras da primeira fila à frente de José e de Paulo. Quando havia espaço deixavam uma carteira vazia entre as carteiras dos dois estudantes do sexo masculino e as suas. Desta forma, explicitavam que além

127

do fator geracional havia também uma divisão territorial determinada pelo gênero.

Assim, as afinidades pelas questões associadas ao gênero e ao estilo de vida aliavam-se ao critério etário para instituir identificações e agrupamentos. Havia, por exemplo, uma maior aproximação entre estudantes do sexo feminino de diferentes idades, por identificações pelo fato de terem filhos com idades próximas, laços afetivos e configurações familiares próximos.

Mas no universo dos estudantes masculinos era raríssimo ver interações entre os três grupos: o dos jovens entre 18 e 20 anos com a dupla de colegas de 55 anos e, menos raro mas pouco evidente, a interação entre os mais jovens e Emanuel. Talvez por isso ele tenha se agrupado com o núcleo feminino, inclusive articulando trocas e diálogos entre as mais novas e as mais velhas.

Ainda no universo masculino, havia uma identificação etária inicial, visível na definição dos territórios jovens da sala, mas isso não implicava constituição de um grupo de pares neste território. Parecia mais uma demarcação para os outros. No grupo dos quatro estudantes com idades entre 18 e 20 anos, significativo no contexto dessa turma, não se estabeleciam relações entre eles; inclusive, em algumas ocasiões também deixavam uma ou duas carteiras vagas entre si. Na hora do recreio, quando permaneciam na sala, não se ajuntavam para conversar ou trocar alguma informação, material nem para tratar de assuntos ligados à vida escolar, um comportamento muito diferente do das mulheres, por exemplo. Quando tinham dúvidas perguntavam para as colegas mais próximas, geralmente de idade bem próxima a sua ou pouco mais distante. Pouco interagiam com as estudantes mais idosas da turma, apesar de, nos depoimentos, enfatizarem sua admiração e respeito. Mas, durante as aulas ou intervalos, não se observavam interações espontâneas entre os dois grupos.

No final do ano, percebemos que essa situação mudara um pouco e as relações ficaram mais porosas. Essa mudança ocorreu muito em função da aproximação e das iniciativas das estudantes Maria (52 anos), Deise (37 anos) e Margarida (73 anos), através das suas brincadeiras ou mesmo pela via dos conselhos. Assim esses jovens passaram a recorrer a elas em caso de dúvidas ou mesmo dirigiam-se a elas para cumprimentar ou conversar rapidamente. Já com relação aos colegas do sexo masculino, não se observava nenhum movimento de aproximação por parte dos mais velhos.

No espaço da sala de aula observava-se um complexo movimento de disputas e negociações pelo controle do espaço, do tempo e das interações, predominando na turma "M" um controle dos adultos, posto pela mediação do grupo de mulheres adultas que se sentavam no centro da sala.

> Três anos atrás, eu estava fazendo o primeiro [ano], tinha muito disso. Mas era bagunça demais aqui! Aí, desculpa o termo, mas as "velhas" diziam: Ai, esse menino está incomodando! E aí tinha muita briga porque o menino rebelde começava a brigar e era aquela confusão na sala! Mas aí foi chegando o meio do ano, aí sai tudo!!! (Lídia, 23 anos).

Jovens, adultos e idosos, ao estudarem juntos e estarem submetidos a uma mesma regra e situação, configuram uma relação muito diferenciada em se tratando de cenário escolar. Cada estudante individualmente e cada grupo geracional coletivamente criam estratégias diferenciadas para situar-se na escola de EJA e vencer o desafio da escolaridade intergeracional. Cada grupo construía estratégias para garantir seu aprendizado, e nessas estratégias o controle do ritmo das aulas era um ponto fundamental. No caso da turma M, ocorria uma centralidade das mulheres adultas, mediadoras entre os estudantes, que ditavam o ritmo das aulas e das interações dentro da sala de aula.

Isso posto, a turma "M", em sua dinâmica, reproduz ou insere na escola, em alguma medida, algumas dinâmicas próprias das relações intergeracionais familiares, delimitando aos mais jovens uma posição mais periférica, mediada e, às vezes, subordinada às mulheres adultas. Os estudantes jovens, "em seus cantos", lembram a relação que estes estabelecem em casa com "os seus quartos", considerados espaços de alguma privacidade e autonomia em um território organizado e regulado pelos adultos, quase sempre a mãe. Esta, por sua vez, serve como mediadora para o masculino – o pai –, reservatório da autoridade maior e do qual se guarda a devida distância.

Trajetória escolar e sentido da escola para os diferentes grupos geracionais

Com relação à escolarização e à trajetória escolar, observou-se nos três grupos geracionais diferentes experiências e, por esse fato, distintos modos de relacionar e significar a escola.

No grupo dos estudantes "de mais idade", predominava um histórico de afastamento "precoce" – sendo que as estudantes deixaram a escola após concluir o primário – e prolongado da escola, por um tempo superior a 30 anos.

Ao mesmo tempo, também percebam que dispunham de grande tempo livre para se dedicar a atividades que escolhessem. A decisão de voltar à escola na "velhice" ou "terceira idade" ocorreu nesse contexto dúbio de solidão e disponibilidade. Após terem deixado a escola ainda na infância e de uma ausência de 30 a 50 anos, a volta era justificada por uma busca de "um novo sentido para a vida", um modo de preencher um vazio deixado pela perda do cônjuge ou dos pais, da distância dos filhos, etc. Comportava ainda outro sentido que era a realização do sonho de estudar que não pôde ser realizado em nenhuma outra idade da vida.

Por que a escola para preencher o vazio, quando poderiam se dedicar a tantas outras atividades? A pesquisa evidenciou que, para as estudantes "de mais idade" do sexo feminino, além do preenchimento do vazio, da solidão e do suporte para a dor da perda de entes queridos, voltar à escola era a realização de um sonho, acalentado desde os tempos da infância e da juventude.

Já no grupo dos estudantes adultos, na faixa etária entre 30 e 45 anos aproximadamente, a maioria dos estudantes deixou a escola ainda na adolescência por necessidade de trabalhar ou, no caso das estudantes do sexo feminino, para casar e cuidar da casa e dos filhos. Os estudantes desse grupo voltam à escola na vida adulta, após um período de 10 a 20 anos fora da escola. Muitos voltaram pensando preparar-se para o mercado de trabalho e resolver uma situação de desemprego mais longo; outros por causa de uma aposentadoria ainda em idade ativa ou, no caso de grande parte das estudantes do sexo feminino, depois de os filhos "estarem mais crescidos", sentirem a necessidade de ajudá-los nas tarefas escolares e/ou ajudar o cônjuge/companheiro no sustento da casa.

Nesse segundo grupo, observa-se, ainda, um aumento da escolaridade em relação às estudantes da primeira geração, com grande parte dos estudantes tendo cursado, total ou parcialmente, o ensino fundamental, com um menor tempo fora da escola. Os motivos alegados estão bem próximos aos do grupo anterior, podendo ser resumidos em: trabalho doméstico, casamento e filhos (gravidez) no caso feminino e trabalho fora de casa, no caso masculino. Após outras tentativas frustradas de concluir a escolarização, retornam à escola. Diante de muitas tentativas e desistência, chegavam à escola sentindo-se fracassados, pouco inteligentes e incapazes. Por outro lado, mantinham ainda, como o primeiro grupo, um olhar muito positivo e mesmo nostálgico em relação à escola e aos professores.

Do mesmo modo que os "de mais idade", os estudantes do grupo geracional adulto relatam dificuldades com o aprendizado de algumas matérias e também temor de concluir o ano. Mas eles mesmos se viam como vencedores e guerreiros por conseguirem retornar depois de tantos anos e constatar que ainda podiam aprender. Para esses estudantes, a escola e o que aprendem eram valorizados positivamente, mesmo reconhecendo limites do ensino na modalidade de EJA.

Nesse segundo grupo, é possível observar pelos depoimentos dos estudantes que estes apresentavam uma relação menos romântica e mais pragmática com a escola e a escolarização, fato que se tornará mais evidente e acentuado no grupo dos mais jovens. Os objetivos citados por esses estudantes para completar o ensino médio eram: conseguir maior escolaridade, aumentar a renda através de um "emprego melhor", ingressar em um curso profissionalizante e começar uma nova atividade profissional ou montar seu "negócio próprio", ou pelo menos, em alguns casos, não permanecer no cargo ou emprego atual. Um percentual menor dentro do grupo etário adulto manifestou vontade de prosseguir nos estudos e cursar uma faculdade, geralmente ligada à área médica e de saúde, de estética ou pedagógica. Nesse grupo estavam aqueles estudantes adultos que deixaram a escola por necessidade de trabalhar e constituir família, mas que voltaram a escola, ainda na vida produtiva, buscando ampliar o campo de possibilidade profissional. Esperam concluir o ensino médio e assim cursarem algum curso técnico ou profissionalizante e construir outra trajetória profissional

No grupo dos jovens – quase sempre os primeiros da família a chegar ao ensino médio ainda na juventude – grande parte dos estudantes havia iniciado ou se inserido no sistema educacional mais cedo que os colegas dos dois outros grupos etários, seja pela pré-escola que alguns puderam cursar, seja mesmo pela passagem por creches ou projetos sociais.

Com relação à expectativa com o ensino médio, no grupo da geração jovem identificou-se uma divisão em dois subgrupos distintos. O primeiro era formado por jovens que já estavam com algum projeto profissional mais definido, em atividade de estágio, perspectiva de inserção em algum trabalho específico que exigia a certificação. Nesse grupo concentrava-se o que os colegas ou eles próprios denominavam de "jovens adultos ou maduros", ou seja, que "levavam o estudo a sério", "que não estavam na escola apenas para brincar ou obter o diploma", mas "queriam realmente aprender"; como eles mesmos dizem: "já havia caído a ficha!". O segundo grupo era formado pelos estudantes para quem "a ficha ainda não tinha caído" e que estavam na escola "obrigados pelos pais", ou que não haviam encontrado ainda motivação para estudar, mas "sabiam" precisavam concluir o ensino médio e ter o diploma para poder arrumar um emprego.

Isto posto, pode-se afirmar que os estudantes jovens estabeleciam uma relação com a escola e com os saberes escolares distinta da dos dois grupos geracionais adulto ou idoso. Nos relatos dos estudantes jovens não houve registros de longos afastamentos ou longos períodos de abandono da escola. O mais comum é o relato de um processo intenso de entrada e saída da escola, num movimento constante e oscilante, como na metáfora do sociólogo Machado Pais: "trajetória ioiô":

> E tentei estudar a noite. Mas aí eu não consegui. Aí, eu desisti.[...] Aí, eu fiquei grávida do meu primeiro filho. Depois voltei tentar a estudar de novo. [risos]. Mas aí, estudava, parava, e tal. Entrando e saindo de escola, né? Terminava da sétima, eu fui para a oitava, e tô aí. É... Foi uma coisa de idas e vindas, mas fui concluindo aos poucos, né? [...] fui conciliando com a vida de casada (Rebeca, 26).

Os motivos alegados para terem parado de estudar são bem distintos!. Mas uma nova categoria se estabelece contrastando com os estudantes de "adultos" e de "mais idade" – desejosos pela escola e pela escolarização.

Gustavo afirma que parou de estudar "por falta de interesse da [sua] parte!". Ou Ricardo, que sucintamente resume: "por desinteresse!". Já Fábio diz que parou de estudar porque começou a trabalhar e desanimou de estudar. A expressão "desinteresse" ou "falta de interesse" contrasta com as expressões "realização de um sonho" ou " de um desejo" expressos pelos estudantes dos dois grupos anteriores. Fica evidente, assim, o distanciamento das motivações entre os estudantes "jovens" da terceira geração.

Esta diferença explicita-se nas relações cotidianas nas salas de aula e nas tensões das relações intergeracionais, principalmente no ensino fundamental e na postura assumida pelos estudantes jovens do ensino médio, ao sentarem nas partes mais periféricas da sala de aula ou através mesmo de expressões como: "Eu fico no meu canto" ou "[...] às vezes estou na sala de aula, mas só meu corpo está ali, a minha mente fica pensando no que eu vou fazer depois da escola".

Para os estudantes jovens, a ênfase do retorno à escola ou as expectativas em relação à conclusão do processo de escolarização também eram distintas. Para muitos deles a conclusão do ensino médio não era significada como expressão de um sonho ou de um desejo, mas uma resposta a uma necessidade, a uma demanda por melhor condição de vida, empregabilidade, reconhecimento social. Existe uma visão menos romântica e idealizada da escola e uma visão "mais racional e estratégica":

> Voltei este ano pra não perder o estágio, né? Eles me deram uma nova chance lá, pra eu terminar o segundo grau, senão tô fora![...] E tô firme e forte, e pretendo ainda continuar como... Eu pretendo fazer o concurso, depois que eu terminar o segundo grau, né? Ano que vem eu já devo ter... O estágio como eu que tava faltando esses dias porque eu tava trabalhando até tarde e... Ano que vem eu já devo ser contratado, mas não pra ser do IBAMA, mas pra... pra trabalhar terceirizado (Fábio, 19 anos).

Não estamos afirmando que não estivessem presentes algumas das representações expressas pelas gerações anteriores, mas sim queremos enfatizar que o desejo ou o sonho não são mais os motores que estimulam o retorno e norteiam as relações com os saberes e espaços escolares. Nas narrativas dos estudantes dessa terceira geração, o desejo oscila, arrefece ou se fortalece, dependendo do momento e do contexto de suas trajetórias de vida.

Muitas vezes, o desejo, ou a falta deste, é o motivo mais forte na opção de ter deixado a escola, sempre relacionado com a questão do trabalho:

> [...] Nunca gostei de estudar, né? Pra ser sincero mesmo. E... Aí, eu tava estudando, já tinha tomado uma bomba, por vacilo meu, e... Ai, numa época, eu comecei a estudar a noite e à noite [...] né? Mas o colégio que eu tava estudando, era muito ruim... Né? Podia ir embora a hora que quisesse que o professor tá nem aí. E nisso, eu comecei a trabalhar no meio do ano, isso foi há dois anos atrás [...]. Comecei a trabalhar no meio do ano, assim, uma semana antes das férias, eu comecei a trabalhar num outro lugar. [...] Eu trabalhava o dia inteiro e ia pra escola à noite. Só que aí eu fui desanimando, e aí começou as férias, e nas férias ai acabou que eu depois das férias, eu fui emendando, fui emendando, fui emendando, acabou que... Desandou tudo (Ricardo, 18 anos).

Aliado às demandas postas pela necessidade econômica que os impele a conciliar trabalho e escola, ou mesmo, diante de uma ausência de uma imposição social de constituir uma família, mas o desejo de fazê-lo.

> [...] eu tinha planos de estudar, até começar a namorar, é... Tinha vontade de me formar, mas comecei a namorar e parei de estudar. [...] ia muito bem na escola, gostava da escola, mas quando conheci meu namorado parei de estudar. Comecei a trabalhar também. [...] eu comecei a trabalhar com 12 anos. [...] É. Mas só mesmo saí da escola quando eu comecei a namorar. Não cheguei a sair totalmente. Faltava, né? Para namorar e... Aí, acabei desistindo![...] [...] mesmo casada, eu tentei voltar a estudar, mas eu parei de gostar! Então assim, eu voltei por obrigação, porque eu sabia que eu precisava de terminar! (Rebeca, 26).

Nos relatos dos estudantes dessa geração, aparecem inúmeras vezes a expressão: "cair a ficha", designando o momento em que compreendem que "perderam tempo", "deram bobeira" ao deixar a escola e precisaram "correr atrás do prejuízo".

> [...] só que aí, um dia, o meu irmão falou comigo: "Ocê vai formar esse ano, né, Zé?". Aí, eu olhei assim pro meu irmão assim sentado, assim, e falei: "Nossa, velho... eu

não quero ter o destino do meu irmão, não". Ele parou de estudar na oitava série. Só que ocê vê: ocê... o meu irmão é superinteligente, ele é inteligente demais. Ele é aquele cara que tem pilha de revista, ele assiste jornal, ele lê, ele estuda. Mesmo não tando na escola, ele é muito inteligente, o meu irmão. Só que o cara trabalha de faxineiro, velho! Porque não tem escolaridade. Ai, eu fico pensando: eu não vou parar de estudar pra não ter um destino desse cidadão. O meu pai é aposentado. A minha mãe tem várias coisas na carteira, mas não adianta ter nada na carteira, se agora tá pedindo é escolaridade. Acabou então, então eu vou estudar. Eu falei: "Ah...", aí, eu fui e comprei o caderno e vim pra escola. Agora eu tô estudando. Agora eu tô estudando. Aí eu falei: "Não, agora eu quero passar, velho!

Diferentemente das gerações anteriores, a "culpa" pelo "vacilo", pela "bobeira" é assumida por cada um. Como no breve diálogo entre os estudantes Fábio, Yago e Lídia:

> LÍDIA: A escola é para eles! A escola é de jovens e adultos! A gente já teve chance de estudar e de ser feliz na vida e não soube aproveitar!
>
> FÁBIO: É... Já!
>
> LÍDIA: Há muito tempo!!! Então a gente tá errado!
>
> YAGO: E ainda tá aqui! Até hoje! De bobeira!
>
> FÁBIO: E por vacilo a gente tá aqui hoje.... batalhando!
>
> (trecho da entrevista coletiva – grupo etário 18 a 26 anos)

Existe uma percepção comum de que as oportunidades estavam lá, se quisessem, ou de que, se desejassem, podiam ter se esforçado e estudado na época certa. Desse modo, a culpa pelo vacilo, pelo fracasso é levado para o âmbito individual e não para a estrutura social ou familiar, como é comum nos grupos adultos e idosos/terceira idade.

No lugar do desejo e do sonho, a necessidade e a obrigatoriedade da escolarização. No lugar da "não oportunidade na juventude" ou "das dificuldades em conciliar escola e trabalho", o sentimento de "vacilo", de "bobeira". No âmbito pessoal, a culpa individual, o peso pelo "vacilo". No âmbito institucional, a inserção do deslocamento, do incômodo de lidar com estudantes "desinteressados", não desejosos da escola e dos saberes escolares, mas impulsionados pela obrigatoriedade, a necessidade imperiosa de certificação da escolaridade completa, posta pela exigência cada vez maior da conclusão do ensino médio pelo mercado de trabalho.

Mas, paradoxalmente, da consciência dessa "necessidade", dessa "obrigatoriedade", para concretização dos seus projetos de vida é que ocorre o "momento de cair a ficha" e a possibilidade de construção de, se não de um desejo pela escola, pelo menos de um "sentido" para a escola e a escolarização.

No "cair da ficha", cria-se, estabelece-se, a possibilidade da construção de uma relação de sentido entre jovem e escola e, ao mesmo tempo, do vínculo intergeracional na escola e na sala de aula.

Considerações finais

Por esse artigo procurou-se demonstrar que a escola e, principalmente, a sala de aula pode constituir-se como *locus* privilegiado de observação intergeracional e que essa observação pode contribuir na compreensão das diferentes relações que os estudantes estabelecem com os espaços escolares e o sentido que atribuem à escola em seus projetos de vida.

A pesquisa evidenciou que a escola era um terreno fronteiriço para os estudantes dos diferentes grupos geracionais, sendo apropriado de modos distintos pelos estudantes de diferentes idades. Os estudantes dos diferentes grupos geracionais lidavam de maneiras diversas com a escola, e o processo de escolarização apresentava diferentes sentidos e significados para cada grupo geracional.

A pesquisa evidenciou, ainda, que os estudantes jovens estabeleciam com a escola uma relação bem distinta àquela estabelecida pelos estudantes adultos e jovens. Por outro lado mostrou que, para os estudantes jovens, a escola de EJA era significada como uma experiência passageira e necessária para concluir o ensino médio. No meio de adultos e idosos, longe dos pares e das "confusões", eles podiam alcançar mais facilmente seu objetivo. Por outro lado, entendiam que a escola não era organizada para eles, mas para os adultos e que eles precisavam se adaptar ao ambiente para continuar lá. Para, conseguir seu objetivo lançavam mão de estratégias como "ficar no canto", "ficar na sua", para dar conta da sala de aula "mista" em termos geracionais.

A pesquisa indicou que o estudante jovem é o "outro" da EJA. Ele(a) introduz a alteridade no projeto educativo construído para adultos "desejosos" pela escola. O jovem traz a "diferença", expressa, dentre outros, pela falta do desejo pela escola e pelas disciplinas escolares. Desejo que significa e dá sentido à experiência escolar e estabelece a relação entre o jovem e escola.

O estudante jovem questiona a si mesmo e à instituição pelo sentido (ou a falta do sentido) da escola e da escolarização. O jovem estabelece uma falta, não, como nas demais gerações, a falta da escola, da oportunidade de escolarização na juventude, que gera o desejo e, assim um sentido para a escola, mas o jovem introduz o desafio da falta do sentido da escola e da escolarização. Tal sentido não é um dado *a priori*, mas vai sendo construído pelo estudante na relação que estabelece com a escola e seu projeto de vida.

Desse modo, enquanto para os estudantes adultos e idosos, o sentido da escola está posto desde sua decisão de voltar a ela após longo período fora do processo escolar, para os estudantes jovens, somente quando "cai a ficha" e a consciência da necessidade da escolarização se impõe é que um novo sentido para a escola se estabelece. Ou seja, quando escola e projeto de vida cindem-se é que um novo sentido para a escola vai sendo construído pelo estudante, e esse novo sentido modifica a relação do jovem com a escola.

Referências

ABRAMO, Helena Wendel. *Cenas juvenis; punks e darks no espetáculo urbano*. São Paulo: Scrittta, 1994.

ABRAMO, Helena; BRANCO, Pedro Paulo Martoni. *Retratos da juventude brasileira. Análises de uma pesquisa Nacional.* São Paulo: Editoras do Instituto Cidadania e Fundação Perseu Abramo, 2005.

BOGDAN, Robert; BIKLEN, Sari. *Investigação qualitativa em educação: uma introdução à teoria e aos métodos.* Portugal: Porto, 1994.

CARDOSO, Roberto. *O trabalho do antropólogo.* Brasília: Paralelo; São Paulo: Ed. UNESP, 2000.

GIDDENS, Antony. *As consequências da modernidade.* São Paulo: UNESP, 1991.

DARNTON, Robert. *O beijo de Lamourette: mídia, cultura e revolução.* São Paulo: Companhia das Letras, 1990.

DAYRELL, Juarez T. Juventude, grupo de estilo e identidade. In: *Educação em Revista.* Belo Horizonte: Ed. UFMG, 1996.

DAYRELL, Juarez T. *A música entra em cena: o rap e o funk na socialização da juventude.* Belo Horizonte: Ed. UFMG, 2005.

DAYRELL, Juarez T. A escola faz a juventude? Reflexões em torno da socialização juvenil. *Educação e Sociedade*, Campinas, v. 28, n. 100. Especial, p. 1105-1128.

DEBERT, Guita. *A reinvenção da velhice: socialização e processos de reprivatização do envelhecimento.* São Paulo: EDUSP, 2000.

MARGULIS. Mário; URRESTI, Marcelo. *La Juventude es mas que uma palavra: Ensaios sobre cultura e juventude.* Buenos Aires: Biblos, 1997.

SCHWARCZ, Lílian; GOMES, Nilma Lino (Orgs.). *Antropologia e história. Debate em regiões de fronteira.* Belo Horizonte: Autêntica, 2002.

VELHO, Gilberto. *Projeto e metamorfose. Antropologia das sociedades contemporâneas.* Rio de Janeiro: Jorge Zahar, 2003.

VELHO, Gilberto; KUSCHNIR, Karina (Orgs.). *Pesquisas urbanas: desafios do trabalho antropológico.* Rio de Janeiro: Jorge Zahar, 2003.

Ser jovem no campo: dilemas e perspectivas da condição juvenil camponesa

Cristiane Benjamim de Freitas
Geraldo Leão

$\mathbf{A}$ vida no campo, no Brasil, sofreu uma série de mudanças, fruto de transformações sociais e econômicas mais amplas que atingem o meio rural. Entre as pessoas que sofrem o impacto dessas mudanças, os jovens parecem traduzir com mais força esse processo. Diversas pesquisas têm constatado que o perfil da juventude camponesa em termos de escolaridade e das ocupações em que está inserida, como também seus hábitos de consumo, sociabilidade e lazer se alteraram. Emergem novos aspectos na condição juvenil no campo que necessitamos compreender melhor.

Este trabalho é fruto de uma pesquisa que teve como objeto as experiências de escolarização de jovens rurais, estudantes do terceiro ano do Ensino Médio na Escola Família Agrícola Paulo Freire (EFAP)/Acaiaca-MG (FREITAS, 2010). O estudo ouviu os jovens sobre suas experiências e práticas sociais, trajetórias escolares e os sentidos que atribuíam à vida no campo, ao trabalho e à escola, além de lhes perguntar sobre seus planos de futuro.

Este texto aborda inicialmente alguns aspectos gerais da condição juvenil no campo. Em seguida, apresenta o contexto da pesquisa e o perfil dos sujeitos investigados para posteriormente se debruçar sobre as especificidades do universo pesquisado, abordando diferentes aspectos das suas experiências nos âmbitos do trabalho, educação, lazer e sociabilidades.

A condição juvenil no campo: da invisibilidade a um novo modo de ser e viver

Os jovens no campo permaneceram, por muito tempo, numa condição de invisibilidade social. Vários fatores contribuíram para isso, tais como o pequeno número de escolas no meio rural, a inserção das crianças e jovens na produção familiar, a tendência ao casamento "precoce" e a carência de espaços e eventos de lazer no campo. As pesquisas sobre a juventude brasileira expressaram tal invisibilidade. Dois levantamentos da produção acadêmica sobre jovens no Brasil verificaram que a maioria dos estudos foi realizada em centros urbanos, evidenciando a existência de uma lacuna na produção acadêmica sobre as especificidades dos jovens rurais.[1]

Apesar disso, esse quadro parece aos poucos se alterar. Sposito (2009, p. 24) nos adverte de que há uma expansão recente dos estudos que merecem nossa atenção. Nos estudos sobre juventude rural, destaca-se o trabalho de Wheishemer (2005) acerca das pesquisas sobre jovens rurais no período de 1990 a 2004. Segundo esse autor, a maioria dos estudos não problematiza os jovens como sujeitos e reproduzem os recortes demográficos e os limites etários para analisarem a juventude rural. A maior parte dos trabalhos buscou compreender as relações

---

[1] "Estado da Arte Juventude e Escolarização (1980-1998)" e "O Estado da Arte sobre juventude na Pós-Graduação brasileira: Educação, Ciências Sociais e Serviço Social (1999-2006)". O segundo estudo reuniu 52 trabalhos que se dedicaram à temática da juventude do campo, sendo 35 na área da Educação, quatro na área de Serviço Social, três na Antropologia e dez na de Sociologia.

entre a juventude rural e os processos de reprodução social da agricultura familiar. Segundo o autor, a juventude no campo tem sido analisada a partir da conjugação de dois princípios: o local de residência dos jovens e o processo de socialização dos sujeitos. No entanto, podemos dizer que esses dois aspectos se defrontam com uma complexidade cada vez maior em função de uma série de transformações na realidade do campo brasileiro que acena para o rompimento das fronteiras rígidas entre o urbano e o rural, abrindo o horizonte de experiências e práticas sociais vividas pelos seus jovens (CARNEIRO, 1999).

Nesse contexto, os jovens produzem valores e elaboram projetos de vida que vão além do campo e da produção na agricultura familiar, reorganizando as fronteiras entre os espaços rurais e urbanos (VEIGA, 2003). Um exemplo refere-se ao fenômeno da pluriatividade. O trabalho agrícola passa a ser combinado com outras formas de ocupação típicas do mundo urbano (prestação de serviços, turismo, construção, etc.) como um mecanismo para garantir a manutenção da família e da atividade agrícola.

É no período da juventude dos filhos(as) de agricultores familiares que surgem questionamentos sobre o ficar na propriedade dos pais ou sair para estudar na cidade, ser agricultor ou mudar de profissão. A educação, nesse sentido, é vista como uma alternativa de formação que amplia as condições de trabalho fora do espaço rural. Segundo Stropasolas (2006), as pesquisas realizadas indicam que, em comparação com as gerações precedentes, existe uma maior quantidade de filhos e filhas de agricultores familiares frequentando as escolas da cidade. Entretanto, o autor salienta que existem conflitos envolvidos na decisão de priorizar os estudos em detrimento do trabalho requerido na propriedade que ainda hoje se faz presente nas representações e atitudes das famílias. Ainda assim, a educação vem sendo considerada pelas populações rurais como um veículo de mobilidade social. Muitas vezes, essa aspiração resulta em grandes esforços realizados por toda a família para conseguir recursos econômicos, uma vez que muitos jovens devem ausentar-se de suas comunidades e residir na cidade. Na sua fase de escolarização, a frequência à escola urbana coloca os jovens em contato com uma cultura diferente, outros modos de vida e de relações sociais, trazendo tensões e conflitos mas também possibilitando aos jovens a ampliação de seu círculo de relações sociais, experiências e práticas sociais.

Outro aspecto da experiência juvenil no campo refere-se às relações de gênero. Ao analisar a predominância das moças no processo de saída das áreas rurais, Brumer (2007) ressalta que existe uma desvalorização das atividades realizadas pelas mulheres na agricultura familiar, em virtude da invisibilidade de seu trabalho e do pouco espaço destinado a elas na atividade agrícola comercial. Como resultado, enquanto parcela expressiva dos rapazes projeta o futuro na agricultura, as moças sonham em romper com a condição de "filhas ou esposas de agricultor", aspirando a outras perspectivas profissionais disponíveis nas cidades (Stropasolas, 2006).

A migração para a cidade constitui-se em um elemento importante nas experiências juvenis do campo. Brumer (2007) ressalta que, quando se focaliza a juventude rural, dois temas são recorrentes: a tendência migratória dos jovens, quase sempre justificada por uma visão negativa da atividade agrícola e dos benefícios dessa migração, e as características ou problemas existentes na transferência dos estabelecimentos agrícolas familiares à nova geração.

Para Carneiro (2005), o relativo isolamento social, propiciado pela migração pendular para a cidade, e o contato mais frequente com os valores da cidade urbano-industrial estimulam os jovens a formularem projetos individuais voltados para o objetivo de "melhorar de vida" que contribuem para romper com o padrão de reprodução social anterior. Novos valores são produzidos, mudando substancialmente certas práticas sociais estabelecidas por gerações anteriores, fazendo com que os jovens incluam em seus projetos individuais aspirações quanto ao trabalho e aos estilos de vida típicos da juventude da classe média urbana.

Essa experiência parece ser vivida pelos jovens como um dilema entre sair e ficar no campo. Ao mesmo tempo que eles indicam razões afetivas, como o apego à família e à localidade de origem, como justificativas para o desejo de permanecerem no meio rural, também apontam a falta de recursos, a carência de oportunidades de lazer e as poucas opções de trabalho como motivações para migrar (CARNEIRO, 2006).

Um grande limite dos jovens quanto a viver no campo se refere às baixas oportunidades de lazer e aos poucos espaços de sociabilidade. Para a maioria deles, a vida social se reduz aos encontros com amigos e familiares e ao jogo de futebol nos finais de semana, podendo variar segundo a proximidade dos centros urbanos.

No contexto de tais limitações, cada vez mais eles transitam por diferentes espaços de sociabilidade que não se reduzem ao meio rural, tendo contato com alguns padrões da moda jovem, com preferências, estilos e gostos que os aproximam de modos de ser típicos das juventudes contemporâneas. Alguns artefatos como motos e celulares permitem que eles se integrem de forma mais constante com grupos juvenis urbanos, participando de eventos e atividades sociais que extrapolam o universo rural. Nesse sentido, para Wheishemer (2009, p. 81), a relação com as culturas juvenis é um tema central para a compreensão desses sujeitos.

Desse modo, não cabe realizar análises que tendem a isolar a realidade dos jovens rurais como se estes vivessem num mundo à parte, ou diluí-los numa pretensa homogeneidade baseada em valores "tipicamente rurais". Para conhecer os jovens em sua diversidade, é importante situá-los nas múltiplas situações concretas em que tecem suas vidas.

Educação e seus atores: experiências, sentidos e identidades

Os sujeitos da pesquisa

A escola atendia a jovens provenientes de 19 diferentes municípios. A maioria residia na Zona da Mata, mas outros eram de cidades do Vale do Rio Doce e da região Metropolitana de Belo Horizonte. Apesar de priorizar o atendimento de jovens filhos de agricultores familiares, constatou-se que na escola havia 13 jovens que, embora não residissem no campo, tinham algum vínculo direto ou indireto com atividades agrícolas.

Quanto à faixa etária deles, observa-se que o maior número (90%) encontrava-se entre 14 e 18 anos. Eles, em sua maioria, estavam distribuídos nas séries equivalentes às suas idades, indicando que vivenciaram uma trajetória escolar sem maiores reprovações ou interrupções nos seus percursos. Com relação à cor/raça, 56,3% se autodefiniram como pardos/negros, e 36,6% como brancos.

Dentre 71 estudantes, a maioria era do sexo masculino (56,3%). Esses dados nos permitem apontar algumas hipóteses sobre as relações de gênero no campo. Uma vez que a EFAP funcionava em regime de internato quinzenal, pode ser que a inserção das mulheres nesse tipo de experiência seja mais limitada pela tendência de as famílias manterem as filhas sob uma vigilância mais rigorosa no ambiente doméstico. Além disso, como as jovens tendem a assumir tarefas domésticas, pode haver uma condução das famílias para que elas cursem escolas públicas que permitam conciliar trabalho em casa e estudos. No caso dos jovens, o fato de muitos desenvolverem atividades temporárias ou na agricultura familiar permite maior flexibilidade no uso do tempo e nos deslocamentos.

Quando analisamos a composição familiar, verifica-se que a maioria dos jovens tinha de três a mais irmãos (59,2%), o que indica a presença de núcleos familiares extensos se comparados ao número de filhos encontrados geralmente nas áreas urbanas. Apenas um jovem declarou não ter irmãos.

A renda familiar da maior parte dos jovens pesquisados era de 1 a 3 salários mínimos (58%). Na maioria das famílias,

146

a fonte da renda era proveniente do trabalho na propriedade agrícola familiar. Mas é importante salientar que, em alguns casos, essa renda era complementada pelo Programa Bolsa Família do Governo Federal, por benefícios do INSS ou por outras atividades (cabeleireira, motorista, pedreiro, funcionário público, professor, comerciante, taxista, vendedor de leite, doméstica e trabalho assalariado). Nota-se maior proporção de pais no mercado de trabalho, sendo este o principal membro da casa responsável pelo sustento familiar. Mas também há um número significativo em que os pais e as mães são responsáveis pelo sustento familiar. Com relação às ocupações dos pais, a maior parte dos pais era trabalhadores rurais (62%), ao passo que a maioria das mães dividia-se entre trabalhadoras rurais (25,4%) e domésticas (25,4%).

Os pais, em geral, apresentavam baixo nível de escolaridade. A maioria estudou até a quarta série (39,4%) ou parou de estudar entre a primeira e a quarta série do ensino fundamental (29,6%). Apenas 4,2% dos pais possuíam o ensino médio completo. No caso das mães, a maioria estudou até a quarta série (40,8%) ou parou de estudar entre a quinta e a oitava série do ensino fundamental (31%). Havia algumas mães que concluíram o ensino médio (16,9%). Observou-se, também, que duas mães nunca frequentaram a escola e apenas uma mãe possuía curso superior completo.

Modos de ser jovem no campo: alguns apontamentos

Embora os estudos sobre a juventude brasileira façam referências à diversidade juvenil, ao pesquisar jovens de uma escola voltada especificamente para a juventude do campo e para a formação de técnicos agrícolas tinha-se uma imagem muito homogênea dos sujeitos da pesquisa a qual modificou no transcorrer da investigação. Uma das hipóteses da investigação era a de que haveria uma homogeneidade com relação aos gostos, as condições e aos estilos de vida entre os estudantes. Tal imagem foi negada, uma vez que verificamos uma grande variedade de condições de vida, comportamentos e valores entre eles. O modo de se vestir, falar e a posse de certos bens de consumo atrativos ao mundo juvenil, como celulares e CDs bem como a postura na sala de aula, remetiam à diversidade e a modos de ser geralmente associados ao universo juvenil urbano. Ao transitarem por diferentes espaços entre o campo e a cidade, aqueles jovens estavam em contato com a cultura midiática e com outras tecnologias de comunicação como o Orkut e o MSN, compartilhando estilos de vida e valores próprios da cultura juvenil contemporânea.

Ao mesmo tempo, pode-se dizer que, apesar da aproximação entre os estilos de vida de jovens do campo e da cidade, os jovens dos dois universos não se percebem nem são reciprocamente percebidos como iguais. Nos depoimentos, eles tenderam a ressaltar algumas diferenças em relação aos jovens da cidade. Os jovens pesquisados consideravam suas relações de amizade no local onde residiam "verdadeiras" porque eram próximas. Valorizavam suas amizades e consideravam os jovens urbanos como "sem juízo" e expostos a "influências", reproduzindo uma determinada representação social acerca das juventudes moradoras das grandes cidades. Tal representação baseava-se em alguns discursos que costumam vincular a fase da juventude a problemas sociais que tendem a ser associados aos jovens das grandes cidades.

Um jovem faz distinções entre a juventude do campo e a da cidade a partir da posse de alguns saberes, sobretudo aqueles ligados ao trabalho. Nesse sentido, o seu discurso inverte a imagem de superioridade dos urbanos em relação aos moradores das zonas rurais.

> O jovem rural, ele conhece, né, todas, todas as técnicas de trabalho da zona rural e *a maioria dos jovens rurais hoje conhece também a maioria das coisas sobre a cidade. Tem acesso à internet, tem acesso ao telefone, né, tem acesso*

à televisão, e lógico que muitos não na casa dele, mas na cidade, ele vai pra lá e lá ele tem como usar. Agora, se um jovem da cidade, ele conhece sobre tudo, ele manja tudo sobre as coisas da cidade, mas se levar ele pra roça... ele não sabe fazer nada, não conhece nada, né, não são todos, mas é a maioria (Júnior, grifos nossos).

De acordo com os depoimentos colhidos em campo, percebe-se que os moradores do meio rural ainda se deparam com representações que partem de uma visão do campo como lugar de atraso e de seus sujeitos como matutos e assemelhados à figura do jeca. Nesse sentido, as diferenças de identidades indicam uma discriminação que a juventude camponesa sofre em seu contato com a "cidade".

A ESCOLA

Muitas vezes, essas representações estereotipadas sobre os jovens do campo adentram os muros das escolas públicas. Apesar de uma relativa ampliação do acesso à escola nos últimos anos para esse segmento, as políticas educacionais e as instituições escolares insistem em desconsiderar suas diferentes identidades. Muitos jovens demonstram uma consciência dessa realidade ao revelarem atitudes e comportamentos dos profissionais das escolas onde estudaram marcadas por representações negativas acerca da vida no campo.

Os profissionais da escola, ao assumirem uma posição de não reconhecimento da condição juvenil do campo, revelam a incapacidade da escola de dialogar com a diversidade e de construir relações condizentes com as características, expectativas, linguagens dos seus jovens alunos.

Por outro lado, alguns jovens remetiam à experiência na EFAP a possibilidade de não se deixarem inferiorizar em virtude das representações negativas que lhes eram atribuídas.

Então, eu antes tinha bastante vergonha disso. E tinha mesmo! Hoje eu não tenho mais vergonha, porque, a partir do momento que você estuda em EFA, você conhece realidades parecidas com a sua, pessoas que também tão no meio rural e você vê que o campo não é como todo mundo fala e tal... *Que você tem que se valorizar também por morar no campo* (Fabiana).

Na EFA, a gente não tem esse problema. A gente aprende, *a gente é valorizado pelo que a gente é, não pelo que a gente mora.* A gente tem mais valor! O lugar que a gente mora a gente tem valor. Aí isso que eu acho muito legal mesmo (João Paulo).

Além do desencontro das culturas juvenis do campo com as escolas públicas, esses jovens a quem nos referimos também integram o conjunto daqueles que têm o direito negado à última etapa da educação básica. Segundo alguns dados, apenas 27% de jovens de 15 a 17 anos têm acesso ao Ensino Médio no meio rural, enquanto esse índice para o meio urbano atinge 52%. (DESAFIOS DA CONJUNTURA, 2008). As dificuldades de acesso e de permanência na escola urbana muitas vezes provocam o desejo de abandono dos estudos.

Aí dá meio uma desmotivação. Você vê as desigualdades do mundo, você perde também bastante motivação. *Às vezes você perde seus sonhos.* Agora tá sendo mais fácil, agora eu acho que já tá, eu tô numa fase melhor. Mas então teve uma época que eu tinha desistido mesmo de continuar estudando, eu não tava querendo estudar mais, tive uma desmotivação bem grande, mas agora eu já tô... (Fabiana).

A construção do sentido para ser estudante parece ser um problema cada vez mais frequente. Isso ocasiona muitas vezes a desistência dos estudantes, o que tem provocado uma grande evasão no ensino médio brasileiro. Muitas vezes, para salvar a sua dignidade, os jovens optam pelo *retraimento*, retirando-se da vida escolar ou não se envolvendo com as atividades. Outros optam por se colocarem contra a escola resistindo por meio da violência ou do desprezo (DUBET, 2003).

O TRABALHO

O trabalho é uma dimensão central e uma experiência comum para os jovens do meio rural. Desde muito cedo, os meninos assumem funções nas atividades agrícolas e as meninas se dedicam às tarefas domésticas, auxiliando os pais na produção familiar. Os jovens da pesquisa indicaram que a necessidade do trabalho muitas vezes acaba interferindo nos estudos.

Se o trabalho na agricultura familiar continua sendo uma fonte importante de renda para quem vive no campo, essa situação não é vivida da mesma forma do ponto de vista de gênero. Em nossa pesquisa, aproximadamente 51% dos jovens trabalhavam na agricultura familiar visando à geração de renda da família, sendo a maioria rapazes. Com relação aos 32% dos jovens que exerciam atividades na residência da família sem remuneração fixa, a maioria era de moças que faziam tarefas domésticas.

Um dado importante é que mais da metade dos jovens não recebiam pelo trabalho que realizavam. Essa é uma característica da condição juvenil no campo. Conforme Wheishemer (2006, p. 107), os jovens que trabalham na agricultura familiar têm como marca a inserção subordinada aos pais no processo de trabalho familiar: "o processo de trabalho familiar agrícola se caracteriza por estabelecer relações produtivas com base na reciprocidade das obrigações familiares, e não com base em relações salariais". Muitas vezes, para ter acesso a uma renda própria, os jovens conciliavam o trabalho na propriedade familiar com outras atividades como diaristas ou assalariados sem registro formal em serviços temporários, tais como capina, colheita de café, etc.

As condições de trabalho para os jovens dependiam de diversos fatores como: a condição de gênero, a posse da terra, as disposições necessárias à reprodução social do trabalho familiar, as representações e identificação dos jovens com o trabalho agrícola, a região onde residiam e o nível de escolaridade. Eles

Educação e seus atores: experiências, sentidos e identidades

mencionavam a atividade agrícola como penosa, difícil, de baixa remuneração e apontavam esses fatores como uma das desvantagens de ser um jovem rural. Nessa lógica, o campo apresentava menores possibilidades de realização pessoal, o que muitas vezes alimentava o projeto de estudar e trabalhar na cidade.

> As propostas de emprego, o trabalho da roça, quando você trabalha a dia para os outros, é um trabalho braçal, né, e pouco remunerado, levando em consideração o dinheiro. Aí tem aquela ideia de quem vive na cidade, vive melhor. Aí muitos vão influenciados pelo emprego [...] O trabalho na roça é muito pesado (João Paulo).

Muitos associavam as limitações nas oportunidades de trabalho à baixa escolarização. Para eles, as melhores condições de trabalho estavam disponíveis para aqueles jovens que alcançam um nível mais alto de escolarização, o que implicava certa limitação em seus campos de possibilidades. O valor da educação e da profissionalização assumia uma centralidade grande para os jovens e suas famílias, reproduzindo um discurso social em torno da educação e da profissionalização como "passaporte para o futuro".

> [...] que *a juventude rural, né, estuda menos*, geralmente, que no geral, estuda menos, então já é mais complicado, porque *os empregos procuram as pessoas mais estudadas*. E segundo, que é difícil pra pessoa, né, que mora na roça, e trabalhar na cidade é difícil, então já é... já dificulta muito mais, é... acho que o preconceito, mora na roça tal e tal, mais um fator, então, com certeza, *acho que quem mora na cidade tem bem mais, mais... como que eu posso explicar... mais preferência...* não sei (Júnior).

Maior escolaridade era vista pelos jovens como meio de acesso ao trabalho fora da agricultura e de projeção para a vida na cidade. Segundo Carneiro (2005), os jovens que permanecem na agricultura são aqueles que têm formação escolar mais precária, e a valorização dos estudos como condição para o jovem do campo conseguir um emprego está, em grande parte, associada ao abandono da atividade agrícola e do campo.

O GÊNERO

A experiência juvenil para as mulheres no campo também tem suas especificidades. Do ponto de vista do trabalho, as atividades realizadas pelas jovens são caracterizadas como "ajuda" ou "complemento", permanecendo com baixo reconhecimento social. Quando exerciam alguma atividade fora do lar, geralmente o trabalho feminino era desvalorizado em relação ao dos homens.

> É, tem grande preconceito, né, porque geralmente os homens trabalham mais, o trabalho do homem é mais valorizado, recebe bem mais. Por exemplo, a mulher faz a mesma quantidade de serviço de um homem, mas sempre ele recebe mais do que ela (Fabiana).

Além da invisibilidade e da desvalorização do trabalho feminino no campo, uma jovem revela, em seu depoimento, uma relação desigual com relação ao trabalho da mulher do campo e a da cidade, principalmente na ocupação de doméstica. Esse fato faz com que, muitas vezes, as jovens alimentem a perspectiva de deixar o campo para trabalhar nas cidades.

> Tipo, por exemplo, as meninas optam mais por ser empregada doméstica [...]. Tem vezes que eu vejo como, algumas vezes, elas não são muito bem pagas pelo trabalho [...]. Na cidade, uma empregada doméstica ganha mais ou menos trezentos e cinquenta reais. Trezentos e cinquenta? Mais de trezentos e cinquenta, não sei. E lá na roça, 100 reais, sabe. Eu acho que é muito pouco. Sinceramente, tipo... O trabalho como empregada doméstica na roça é desvalorizado (Leidmar).

Ser jovem rural e mulher acentua ainda mais a posição de inferioridade na hierarquia social. O controle social, a exclusão no processo de produção e a desigualdade na sucessão e herança das jovens rurais são relações de hierarquia construídas ao longo do processo de reordenação fundiária e se reproduzem nas relações de submissão e diferenciação na socialização de homens e mulheres em diversos espaços, como na família, na produção familiar e no trabalho (CASTRO; AQUINO, 2008). Constata-se que o processo de trabalho no campo é marcado por profundas desigualdades de gênero, gerando uma posição duplamente subalterna, enquanto mulher e jovem (WHEISHEMER, 2006). Esses dois aspectos, propriedade e produção, interferem na condição de gênero na agricultura familiar. O homem está situado na esfera da produção, pública e rentável. À mulher resta o âmbito da reprodução: privada, autossuficiente e capaz de garantir aos membros da família as condições que possam mantê-los enquanto indivíduos (CASTRO; AQUINO, 2008). Há uma diferenciação de gênero na distribuição e valorização do trabalho no campo. Para as jovens, o trabalho se dá no espaço da casa e na roça, sendo a atividade na casa indicada como *função* da mulher e, na roça, como *ajuda*. Para os jovens, essa relação é invertida, uma vez que as atividades que desenvolvem no interior da casa e no entorno são consideradas como uma *ajuda*. Portanto, a visibilidade e a importância atribuída às atividades desempenhadas por homens e mulheres fazem sobressair um caráter assimétrico das relações de gênero (VIEIRA, 2006) .

Essa situação alimenta diferentes projetos de vida de acordo com a condição de gênero. Parcela expressiva dos rapazes projeta o futuro na agricultura, enquanto as moças, descontentes com a condição de "filhas ou esposas de agricultor", sonham com outras perspectivas profissionais. Assim, é o homem adulto (marido e pai) quem assume o papel de chefe do processo produtivo por ser o detentor de um saber agrícola específico. Como ressalta Wheishemer (2006, p. 4):

> As relações sociais de gênero, presentes na vida dos jovens rurais, implicam conflitos ligados à imposição de hierarquias sociais, relações de poder e dominação

que atravessam o conjunto da sociedade, constituem-se e transformam-se historicamente, ao mesmo tempo em que se articulam com outras relações sociais como as intergeracionais. Neste contexto, as diferenças entre sexos, diferença fundamental em qualquer ordenação social, justificam a desigualdade que é reproduzida culturalmente, distinguindo posições e papéis sociais entre rapazes e moças, o que se inicia durante a socialização primária e é institucionalizada na juventude.

Diante das relações de poder impostas pela divisão do trabalho na agricultura familiar é que as jovens, na impossibilidade de construírem projetos rentáveis em propriedades agrícolas, cogitam um futuro promissor fora do campo. As jovens aparecem nas estatísticas como grupo de maior fluxo migratório campo-cidade, conforme indicam Camarano e Abramoway (1999). As autoras destacam que, após a década de 1990, o êxodo rural no Brasil intensificou-se entre os jovens, indicando o rejuvenescimento do fluxo migratório rural. Conforme os dados, na década de 1950, o ponto máximo da migração da população masculina ocorreu no grupo etário de 30 a 39 anos. Já nos anos 1990, esse ponto deslocou-se para o grupo de 20 a 24 anos. Há uma similaridade com o deslocamento do ponto máximo de migração da população feminina que passa do grupo 30 a 39 anos nos anos 1950 para o grupo de 15 a 19 anos no primeiro quinquênio da década de 1990.

Tal conjuntura ocasiona o envelhecimento e a masculinização do campo, conforme ressaltam as autoras, bem como a dificuldade na constituição de novas famílias pelos jovens que ficam no meio rural. Enquanto a ida para as cidades em razão do trabalho e do casamento para as jovens passa a ser algo comum, para os jovens que optam por ficar no campo o matrimônio é mais difícil, principalmente fora do meio rural. Sendo o número de moças migrantes maior que o de rapazes, a tendência ao celibato aumenta e afeta a decisão destes em relação a sair ou ficar (Castro; Aquino, 2008).

O lazer e acesso aos meios de comunicação dos jovens do campo

Como dito anteriormente, somadas às piores condições de trabalho e de acesso a bens e serviços como educação, saúde e transporte, as poucas alternativas de lazer são alvo de insatisfação por parte dos jovens. A busca pelo lazer aparece quase sempre no espaço da cidade.

Normalmente, as opções de lazer e ocupação do tempo livre nos finais de semana dos jovens pesquisados restringem-se ao encontro com amigos e familiares, a assistir à televisão e a ir ao jogo de futebol, podendo variar segundo a proximidade dos centros urbanos que ofereçam a possibilidade de ampliar as alternativas de lazer como *lan houses*, clubes, danceterias e bares:

> Tem o campo, tem uma quadra, aí tem festas, né! Não deixa de ser lazer! Tem sinuca, tem uns bares lá. Mas mais utilizado mesmo são as festas e sentar na pracinha e ficar batendo papo lá. As festas são no distrito e nas comunidades, porque lá tem bastante comunidade, 38 comunidades no município. Aí costuma ter festas em várias comunidades. Quando não, tem em outras cidades vizinhas. Aí a gente sempre vai com algum colega de moto. [...] Ou fica em casa mesmo, assistindo televisão, têm várias formas de lazer (João Paulo).

As atividades de lazer mais recorrentes no questionário aplicado foram: jogar futebol (29), assistir à televisão (26), frequentar festas (12) sair e conversar com amigos (11), ir à igreja (8) e ouvir música (8). Na pesquisa, 93% dos jovens declararam ter o hábito de ouvir rádio e indicavam como maior preferência os programas musicais (72%). A maioria dos jovens possuía celular próprio (83%). A maior parte não tinha o hábito de ler jornais (76%), mas aproximadamente 58% revelaram ler livros com frequência. A maior parte dos jovens respondeu fazer uso do computador e da internet. Contudo, é no espaço da escola e da *lan house* que os jovens, em geral, tinham acesso a esses bens. Outro aspecto que merece ser destacado é que aproximadamente 60% dos jovens pesquisados nunca foram ao cinema ou ao teatro.

Segundo Martins e Souza (2007), as diferentes juventudes são marcadas pelas (im)possibilidades relacionadas às desigualdades e que parecem ser condicionantes estruturais para negar o direito à cidadania a muitos. O exercício de se divertir, inventar linguagens próprias, de formar-se e informar-se culturalmente constitui uma necessidade para que todos experimentem e exercitem essa mesma cidadania como um direito.

Se as condições de trabalho e lazer são percebidas como um empecilho para muitos jovens se manterem na localidade, por outro lado, quando a questão é o espaço físico e afetivo, eles se sentiam privilegiados por viverem no campo. Em seus depoimentos, evidenciamos que viam o campo como "um local tranquilo", com qualidade de vida, longe da violência e da poluição da cidade.

A migração em busca de melhores condições de vida é um fenômeno social que não se explica apenas por motivações econômicas, pois também estão em jogo o questionamento de padrões culturais e os problemas estruturais ainda não resolvidos no mundo rural e que afetam principalmente os jovens (STROPASOLAS, 2006). De uma maneira geral, os jovens valorizavam viver no campo pela qualidade de vida. Apesar disso, as dificuldades no plano do acesso a terra, da matrícula e permanência na escola, das poucas alternativas de lazer e trabalho limitavam a realização do desejo de ficar no campo.

Considerações finais

Os jovens pesquisados compõem o retrato da diversidade presente atualmente no campo. Esses jovens transitam por diferentes espaços, seja no tempo livre, nos espaços de lazer ou na escola, constroem e elaboram sentidos, práticas e experiências que dialogam com diferentes culturas juvenis. Tal contexto revela uma nova maneira de viver a condição juvenil no campo, que é fruto não só da diluição das fronteiras entre o rural e o urbano, mas também das mudanças e crises recentes que ocorrem no campo e agravam as condições de vida para os que vivem da agricultura familiar.

Nesse sentido, os jovens do campo se defrontam com várias dificuldades: limites em relação ao acesso à terra, baixas oportunidades educacionais, as más condições oferecidas pela agricultura familiar e as poucas oportunidades de lazer. Essas condições sociais de vida estabelecem uma dualidade nos seus projetos de futuro entre "ficar e sair". Sobre essa perspectiva, para os jovens permanecerem no campo estão em jogo condições sociais e econômicas que lhes possibilitem ter acesso a bens básicos que parecem ser as demandas primeiras dos jovens. Além disso, outras demandas como maior autonomia em relação à família, maiores condições de mobilidade espacial, contato com a mídia, maior relação com as experiências e práticas de jovens urbanos passam a fazer parte das suas aspirações de vida.

Podemos afirmar que, embora os jovens desta pesquisa pertençam a uma mesma categoria social, ela não é homogênea e esses jovens não vivenciam a fase da juventude a partir das mesmas condições. Como ressalta Stropasolas (2006), a juventude do campo não é uma categoria social homogênea. Ela é composta de realidades socialmente diferenciadas.

A aproximação das narrativas juvenis sobre suas experiências escolares e sociais indica ainda que, apesar dos limites vividos pelas condições sociais no campo para pessoas oriundas das camadas populares, os jovens constroem sonhos e projetos de vida que dialogam com a experiência de outras juventudes. Conhecer esses jovens e dialogar com suas expectativas e demandas é uma tarefa urgente para a escola e seus profissionais.

Referências

BRUMER, Anita. A problemática dos jovens rurais na pós-modernidade. In: CARNEIRO, Maria José; CASTRO, Elisa Guaraná de. *Juventude rural em perspectiva*. Rio de Janeiro: Mauad X, 2007, p. 35-51.

CAMARANO, A. A.; ABRAMOVAY, R. *Êxodo rural, envelhecimento e masculinização no Brasil: panorama dos últimos 50 anos*. Rio de Janeiro: IPEA, 1999. (Texto para discussão, n. 621.)

CARNEIRO, M. J. C. O ideal rurbano: campo e cidade no imaginário de jovens rurais. In: *Mundo Rural e Política: ensaios interdisciplinares*. Campus, 1999.

CARNEIRO, M. J. Juventude rural: projetos e valores. In: ABRAMO, H.; BRANCO, P. P. M. (Org.). *Retratos da juventude brasileira: análises de uma pesquisa nacional*. São Paulo: Instituto Cidadania; Fundação Perseu Abramo, 2006. p. 243-261.

CARNEIRO, M. J. Juventudes e novas mentalidades no cenário rural. In: CARNEIRO, Maria José; CASTRO, Elisa Guaraná de. *Juventude rural em perspectiva*. Rio de Janeiro: Mauad X, 2007, p. 53-67.

CASTRO, J. A; AQUINO, L. (Org.). *Juventude e políticas sociais no Brasil*. Texto para discussão n. 1355. IPEA (Instituto de Pesquisa Econômica Aplicada) Brasília, abr. 2008.

DESAFIOS DA CONJUNTURA. O ensino médio no debate educacional. São Paulo: Observatório da Educação da Ação Educativa, n. 26, out. 2008, 19 p.

DUBET, François. A escola e a exclusão. *Cadernos de Pesquisa*, n. 119, p. 29-45, jul. 2003.

FREITAS, Cristiane Benjamim. *A escola no horizonte de jovens camponeses estudantes de uma Escola Família Agrícola*. 2010. 204 f. Dissertação (Mestrado em Educação) Faculdade de Educação, Universidade Federal de Minas Gerais, Belo Horizonte, 2010.

MARTINS, C. H. S; SOUZA, P. L. A. Lazer e tempo livre dos(as) jovens brasileiros(as): escolaridade e gênero em perspectiva. In: ABRAMOVAY, Miriam; ANDRADE, Eliane Ribeiro; ESTEVES, Luiz Carlos Gil.(Orgs.). *Juventudes: outros olhares sobre a diversidade*.

Brasília: Ministério da Educação, Secretaria de Educação Continuada, Alfabetização e Diversidade; Unesco 2007, p. 117-114.

SILVA, L. H. *As experiências de formação de jovens do campo: alternância ou alternâncias?* Viçosa, UFV, 2003, 265 p.

SPOSITO, M. P. (Org). *Juventude e Escolarização (1980-1998).* Série Estado do Conhecimento, n. 7, Brasília, MEC/INEP, Comped, 2002.

SPOSITO, M. P. Balanço e perspectivas. In: CARNEIRO, M. J; CASTRO, E. G. (Org.). *Juventude Rural em Perspectiva.* Rio de Janeiro: Mauad, 2007, v. 1, p. 123-127.

SPOSITO, M. P. A pesquisa sobre jovens na pós-graduação: um balanço da produção discente. In: SPOSITO, M. P. (Coord.). (Org.). *O Estado da Arte sobre juventude na Pós-Graduação brasileira: Educação, Ciências Sociais e Serviço Social (1999-2006).* Argumentum, 2009, v. 1, p. 17-56.

STROPASOLAS, V. L. *O mundo rural no horizonte dos jovens.* Florianópolis: Ed. UFSC, 2006.

VEIGA, J. E. *Cidades imaginárias, o Brasil é menos urbano do que se calcula.* Campina: Autores Associados, 2003.

WHEISHEMER, N. *Juventudes rurais: mapa de estudos recentes.* Brasília: Ministério do Desenvolvimento Agrário, Estudos Nead, 2005. Disponível em: <http://www.nead.org.br>. Acesso em: 06 abr. 2006.

WHEISHEMER, N. Jovens agricultores: intersecções entre relações sociais de gênero e projetos profissionais. *Seminário Internacional Fazendo Gênero 7: Gênero e Preconceitos,* realizado nos dias 28, 29 e 30 de agosto de 2006 na Universidade Federal de Santa Catarina.

PARTE III
IDENTIDADES, PROCESSOS EDUCATIVOS E AÇÕES COLETIVAS

Identidade racial e docência no ensino superior: vivências e desafios de professores pretos e pardos da UFMG

Ana Amélia de Paula Laborne
Nilma Lino Gomes

No Brasil o conceito de raça, entendida como uma construção social (Munanga, 2004), opera a partir de uma dimensão relacional que varia com os diversos contextos e espaços sociais. A experiência de miscigenação racial, tão presente no País, serve para tornar esse processo mais complexo, dependendo da situação, mas não é suficiente para eliminar esse conceito e sua operacionalidade. É a categoria raça, entendida do ponto de vista sociológico, que ajuda a compreender e desvelar a complexidade do quadro de desigualdades entre negros e brancos no Brasil.

Corroborando essa perspectiva, os estudos de Hasenbalg e Silva (1992, 1999), Guimarães (1999), Silvério (2002) e Telles (2003) afirmam que as desigualdades que caracterizam o Brasil ocorrem em uma sociedade racialmente heterogênea. Hasenbalg e Silva (1992) ainda enfatizam que tal situação não deve ser explicada como mera herança de um passado escravista.

Na realidade, a persistência histórica do racismo em nosso País deve ser entendida a partir das desigualdades produzidas entre os sujeitos socialmente classificados em categorias raciais, levando em consideração a complexa teia das relações de poder entre os segmentos da sociedade.

Dessa maneira as raças são, para a Sociologia, segundo Antônio Sérgio Guimarães (2003), discursos sobre as origens de um grupo, que remetem à transmissão de traços fisionômicos, qualidades morais, intelectuais e psicológicas. Diante dessa discussão podemos afirmar que, sociologicamente, as raças existem. Mais que isso, elas determinam nossos relacionamentos.

> Se pensarmos em "raça" como uma categoria que expressa um modo de classificação baseado na idéia de raça, podemos afirmar que estamos tratando de um conceito sociológico, certamente não realista no sentido ontológico, pois não reflete algo existente no mundo real, mas um conceito analítico nominalista, no sentido de que se refere a algo que orienta e ordena o discurso sobre a vida social (GUIMARÃES, 2003, p. 15).

Nesse contexto, apesar da intensa miscigenação da população brasileira, a discriminação e o preconceito racial persistem, uma vez que o fato de ser branco em nossa sociedade confere vantagens estruturais e privilégios, concretos ou simbólicos, que moldam a experiência, a identidade das pessoas, sua visão de mundo, suas concepções e práticas políticas (TELLES, 2003).

Articulado a essas discussões, o presente artigo apresenta alguns resultados de uma pesquisa realizada com cinco docentes pretos e pardos da UFMG, analisando seus processos de construção da identidade racial, tendo como foco a vivência da sua condição racial nos diversos espaços pelos quais circularam e ainda circulam – sobretudo, os acadêmicos. O estudo busca compreender as nuances, os conflitos e os dilemas vividos por esses sujeitos no contexto das relações raciais brasileiras e os significados, ora distintos, ora comuns, atribuídos aos pretos e pardos à relação entre estes e seus processos identitários.[1]

Diante da inexistência de informações sobre a classificação racial dos professores da UFMG foi necessário, em um primeiro momento, realizar uma coleta de dados quantitativos que pudesse facilitar o contato com esses sujeitos para uma possível entrevista. Dentre os 224 docentes que responderam a um questionário aplicado nas faculdades que compuseram a amostra,[2] 181 se declararam brancos, 29 pardos e apenas um e declarou preto.[3]

A partir do entendimento de que só seria possível compreender os processos de construção da identidade racial desses docentes por um estudo qualitativo, foram realizadas entrevistas semiestruturadas com cinco docentes autodeclarados pretos e pardos, sendo quatro homens e uma mulher: Pedro (45 anos, Geografia); Carlos (41 anos, Letras); Alex (49 anos, Arquitetura e Urbanismo); Cristiano (39 anos, Geografia) e Simone (idade não declarada, Medicina).[4]

Ao selecionar os sujeitos de acordo com a forma como se autoidentificavam mediante as categorias de raça/cor do IBGE e posteriormente, na realização das entrevistas, a pesquisa lidou o tempo todo com as interpretações sobre raça, relações raciais no contexto brasileiro e construção de identidade racial. É exatamente essa complexa articulação que o presente artigo pretende discutir.

---

[1] Dissertação de mestrado intitulada *Por essa porta estar fechada, outras tiveram que se abrir: identidade racial e trajetórias de docentes da Universidade Federal de Minas Gerais.* Orientadora: Nilma Lino Gomes (FaE/UFMG) e co-orientador: prof. Dr. Luiz Alberto Oliveira Gonçalves (FaE/UFMG)

[2] A saber: Faculdade de Medicina, Escola de Arquitetura e Urbanismo, Instituto de Geociências e Faculdade de Letras.

[3] Ao ordenar os cursos da UFMG utilizamos a relação candidato/vaga baseada na média dos vestibulares de 2004, 2005, 2006 e 2007 por acreditar que essa variável expressa, em alguma medida, o valor social atribuído aos cursos.

[4] Os nomes dos docentes entrevistados nesse trabalho são fictícios, de acordo com as normas éticas da pesquisa científica.

Educação e seus atores: experiências, sentidos e identidades

Identidade racial: processo em construção

É importante destacar que a construção da identidade é um fenômeno histórico e se dá no jogo das relações sociais. Ao trabalharmos nessa pesquisa com o conceito de raça como construção social, histórica e política, consideramos que negros e brancos, em tal conjuntura, constroem um pertencimento ligado à raça e, portanto, vivenciam processos de identidade(s) racial(ais).[5]

Ao selecionarmos os entrevistados mediante o preenchimento do quesito raça/cor, constante do questionário no qual adotamos as categorias oficiais "pretos" e "pardos", do IBGE, encontramos um grupo significativo de sujeitos que podem ser socialmente considerados como mestiços. Os depoimentos, as vivências e os dilemas referentes aos processos identitários vividos por esses sujeitos apresentaram-se complexos, tensos e densos. Os docentes revelaram, nessa pesquisa, que não seria possível restringir tais processos a uma só categoria, a saber, "identidade negra". Portanto, entendê-los no contexto da construção da(s) identidade(s) racial(ais) apresentou-se como a reflexão que mais expressa a complexidade narrada e observada.

A pesquisa revelou cadências diferenciadas em relação à forma como cada docente vê a si mesmo, no jogo das identidades, das relações e dos pertencimentos raciais. Os depoimentos daqueles que se autoclassificaram como pardos revelaram-se mais repletos de indagações e ambiguidades sobre os limites e possibilidades da construção de uma identidade "negra". Contudo, tal questão não se colocou para o único professor que se autoclassificou como preto. Para este, a construção da identidade negra apresentou-se como parte importante do seu processo de ver a si mesmo na relação com o outro. Já para os

---

[5] Como privilegiamos nessa dissertação a relação entre negros e brancos, não entraremos na discussão das construções identitárias (étnicas e/ou raciais) dos outros segmentos da sociedade.

166

docentes autoclassificados como pardos a possibilidade de "ver a si mesmo como negro" ultrapassava o posicionamento político diante da questão racial e estava ligada, principalmente, à forma como as suas características fenotípicas, sobretudo a cor da pele, operam na sociedade, no contexto familiar miscigenado, nos espaços públicos, na trajetória na educação básica, na universidade e na posição acadêmica de poder e/ou prestígio que ocupam atualmente.

Não se pode dizer que parte dessas questões esteve ausente na trajetória do único professor preto entrevistado. Elas ocupam, de outra maneira, um lugar na sua trajetória, e se expressaram por meio de outro discurso que se revela, nesse caso, sem ambiguidades. No conjunto das questões identitárias por ele narradas, o "ver a si mesmo como negro" não se mostrou como uma indagação, mas como um aprendizado familiar, um lugar de pertencimento vivido nas relações sociais e políticas, nos espaços públicos e na universidade. Diante desses e de outros fatores, os depoimentos dos sujeitos entrevistados nos permitem falar da construção de identidade(s) racial(ais), e não somente de identidade negra.

Assim, não é possível falar de construção identitária sem considerar a dinâmica das relações raciais no Brasil, uma vez que as relações cotidianas estabelecidas nos diversos espaços de socialização atravessam o processo de construção das identidades e são atravessadas por ele. Os depoimentos colhidos e a complexidade neles revelada reforçam o quanto devemos ter claro que a identidade racial é uma construção social, histórica e cultural.

Dessa forma, é possível afirmar que nenhuma identidade é construída no vazio, no isolamento. Pelo contrário, é sempre resultado de uma relação. Os sujeitos constroem suas identidades raciais sempre a partir de suas trajetórias sociais e das relações que estabelecem nesse percurso. Deparam-se, nesse processo, com distintos olhares sobre sua cultura, seu pertencimento racial, sua trajetória.

> Nessa mesma perspectiva, segundo Jacques d'Adesky (2001, p. 76)
>
> Porque a identidade, para se constituir como realidade, pressupõe uma interação. A idéia que um indivíduo faz de si mesmo, de seu "eu", é intermediada pelo reconhecimento obtido dos outros em decorrência de sua ação. E sua verdadeira identidade é a que ele mantém na realidade social decorrente de sua ação. Melhor dizendo: o homem procura o reconhecimento de sua individualidade no interior do grupo em que se encontra inserido e também em relação aos outros grupos que o cercam. Essa interação não é um campo amorfo, afirma Ledrut,[6] mas é estruturada durante um dado período por forças e sistemas. É aí que intervém o papel das elites, das minorias, da ideologia e do imaginário, das estruturas do poder, etc., acrescenta Ledrut.

Dada a maneira complexa como a raça opera nas relações entre negros e brancos no Brasil e os dilemas trazidos pela forma como a miscigenação cultural e racial foi e ainda é vista, é possível dizer que negros e brancos constroem identidades raciais. Ambos são educados e reeducados como um "eu" e um "outro" no contexto das classificações sociais brasileiras. Neste, a raça opera como forma de distinção social, como maneira de ver a si mesmo e ao outro. Portanto, as relações raciais brasileiras também dizem respeito aos processos de classificação racial construídos no contexto histórico, social, cultural e político e estão imersas em um jogo complexo: a relação entre a construção da identidade e a classificação racial.

Nesse sentido, "sabemos, porém, que a classificação não se resume a um jogo aleatório e voluntarioso. Ao contrário, sua lógica fala de representações internalizadas e valorações culturais de longa data" (SCHWARCZ, 2000, p. 125). Estamos diante de uma relação complexa entre diferentes processos identitários.

---

[6] LEDRUT, Raymond. Représentations de l' espace et identities régionales. In: *Espaces et culture*. Berna Editions Goergi/1813 Saint-Saphorin, 1988, p. 89.

Os discursos dos docentes sobre as representações acerca da identidade parecem concordar com essa perspectiva.

> O que é um processo, por isso eu falei pra você, o reconhecer-se negro é um processo, é uma construção identitária. Eu não acredito em identidade, acredito em identidades, no plural. Eu acho que é uma construção, na minha infância eu não gostava de ser negro e depois... "Pera aí, por que não?" [...] Hoje eu me sinto negro, se me perguntar eu sou negro (Carlos).

A construção dessa identidade racial diz respeito ao lugar ocupado pelos sujeitos no contexto das relações raciais. É importante não nos esquecermos desse aspecto. Estamos, portanto, no campo das representações sociorraciais e do seu peso na vida dos sujeitos e da sociedade.

No caso da presente pesquisa, os sujeitos são professores da UFMG que se autodeclaram pretos e pardos em um processo de classificação racial. Nesse sentido, ao serem escolhidos para a entrevista são chamados a falar do lugar de uma identidade racial. Assim, analisando os depoimentos, buscamos entender como se dão esses processos de construção de identidades raciais que podem ser negras ou não, pardas ou não, pretas ou não, mestiças ou não, brancas ou não. Estamos diante de um processo ainda mais complexo que implica a possibilidade de construção de múltiplas identidades raciais no contexto das relações raciais brasileiras.

Ao ser questionado sobre por que colocou "pardo" na questão sobre raça/cor do questionário, um professor reflete.

> Eu sempre respondo isso com um incômodo. Quando me perguntam: "Você se considera negro?". Eu falo sim e não. Sim, porque a minha identidade não depende do meu olhar. Eu vejo que em vários contextos eu sou identificado com uma pessoa mais próxima da negritude. [...] Quando eu falo não, por dois motivos. Primeiro, eu lido com contextos em que eu sou praticamente um branco. Por exemplo, às vezes eu vou à periferia, converso com

> as pessoas sem me apresentar como pesquisador... Às vezes... Um sentimento que é circunstancial, ele não é permanente, certo? É um olhar que me aproxima do de ser branco. O olhar... Você percebe o olhar dessas pessoas para você... E aí quando você se apresenta, fala, não de ser professor da UFMG, a representação geral, ela infere que... essa trajetória aí, não é uma trajetória comum a nós (Cristiano).

Outro professor, ao responder a mesma questão, afirma.

> Eu respondi pardo porque no meu registro está pardo. Como eu coloco aí, eu me considero negro, mas no meu registro está pardo, não sei o que é pardo. Pardo é... Minha mãe falava negro encardido. Eu me considero um negro encardido. Você entende encardido? No sentido de desbotado? Sabe roupa quando fica desbotada? Hoje tem marrom bombom, que está lá no pagode, tem chocolate. Eu não sei se o pardo é o politicamente correto. Eu me vejo como negro, mas sempre é o que está no seu registro. Eu sei de pessoas que está "negro" ou até "preto" no registro. Então, eu respondi no seu questionário pardo porque é assim que está no meu registro. Mas como eu acredito que é uma construção, eu me vejo mais com traços de negro do que de pardo (Carlos).

Os dois depoimentos são emblemáticos por mostrar como a reflexão sobre si mesmos do ponto de vista racial e identitário apresentada pelos docentes não dependeu apenas da resposta ao quesito "cor" no questionário. Na realidade, esse quesito foi o desencadeador de uma problematização sobre o seu "lugar racial" na sociedade, a partir da sua própria visão e da forma como são vistos pelos "outros": a família, os moradores da periferia, a universidade. Nota-se uma construção identitária que diz respeito mais à vivência íntima e privada do sujeito, e não necessariamente a um discurso pautado em uma consciência política como é feito, por exemplo, pelos fóruns de militantes. Identificar-se como pardo ou indagar-se como pardo é, portanto, um lugar de tensão, reflexão e autoquestionamento.

Pensando no lugar do pardo nas relações raciais brasileiras, a afirmação de que o povo brasileiro é majoritariamente mestiço não significa dizer que esses mestiços sejam rigorosamente iguais em termos físicos nem que possuam uma mesma interpretação sobre o seu pertencimento étnico-racial. Ao analisarmos o lugar do pardo, nessa pesquisa, e como ele pode expressar um lugar de mestiçagem, nos reportamos a alguns depoimentos.

> Pois é, às vezes a gente vive situações que inclusive, como eu disse, ser pardo em uma situação é diferente de ser pardo em outra situação. (Cristiano)

> No dia que eu te respondi aquele e-mail, eu fui ali e perguntei aos meus bolsistas: "Vocês acham que eu sou preto ou branco?". Eles ficaram meio sem entender. Eles não conseguiram responder. Eu falei: "Deixa eu ver como é que as pessoas me veem". E eles não conseguiram responder. "Vocês acham que eu posso dar uma entrevista para uma pesquisa que está entrevistando os professores negros da Arquitetura?" "Nossa de jeito nenhum. O que que é isso? Muitas pessoas não me veem como negro, pardo, nada. Moreno é uma coisa que as pessoas falam, mas não é nem categoria racial. [...] Eu não consigo dizer que eu sou branco, porque de fato eu não sou. E não consigo dizer que eu sou negro na concepção brasileira porque eu não sou. [...] Eu me identifico como pardo quando me perguntam. porque eu não sou branco, não sou negro também... (Alex).

Os depoimentos são bons exemplos para refletir como a construção da identidade racial e o lugar da mestiçagem nela envolvido relaciona-se o tempo inteiro com o olhar do outro, com o contexto e a posição social e com as representações sobre quem é negro no Brasil. A pesquisa revelou que os autodeclarados pardos vivem maior situação de ambiguidade, oriunda de si mesmo ou do olhar do outro.

A permeabilidade da linha de cor, reservada a indivíduos racialmente não muito distantes dos brancos – os mestiços –, tem sido o paradigma para se pensar a fluidez das classificações raciais no Brasil. Nesse contexto, Iray Carone (2002, p.186) afirma que a construção sociológica do mulato é entendida como "a 'saída de emergência' do sistema social que funcionaria como redutor de tensões raciais ou uma 'válvula de escape' para evitar as polarizações antagônicas entre negros e brancos".

Pensando nessa complexidade do sistema de classificação racial brasileiro, ao considerarmos a identidade racial como uma construção relacional devemos levar em consideração que as escolhas que envolvem esse processo transitam em um certo limite. Isso significa que, por mais amplo, ambíguo e abrangente que possa ser esse sistema, cada indivíduo guarda em si, baseado em suas características físicas, um campo de possibilidades de autoclassificação e de heteroclassificação (VELHO, 1994). Fica evidente que esse campo de possibilidades não é o mesmo para todos os sujeitos, mas se apresenta de forma mais ampliada para os "pardos", os mestiços.

Na verdade, algumas reflexões apresentadas pelos depoentes constituem reflexos da especificidade do nosso sistema de classificação racial construído a partir do olhar de cada um sendo, dessa forma, definido relacionalmente (TEIXEIRA, 2003). Alguns depoimentos reforçam a existência desse campo de possibilidades e a forma como ele opera em seus limites e fronteiras. No Brasil, ainda que possamos observar uma grande mobilidade e flexibilidade na identificação do "pardo", existe, também para ele, um limite de possibilidades para a formulação de identidades raciais, o que demonstra que elas "não operam no vácuo mas a partir de premissas e paradigmas culturais compartilhados por universos específicos." (VELHO, 1994, p. 46).

A ambiguidade tem sido um traço marcante de nossa classificação racial. No entanto, segundo Silvério (2002, p. 224), essa fluidez

> [...] não tem impedido que uma parcela significativa da população negra seja permanentemente "racializada" no

cotidiano e que, por isso mesmo, tenha assumido sua identidade negra de forma não ambígua e contrastante em relação ao seu outro, branco.

Para alguns depoentes, a despolarização da classificação racial entre brancos e negros é somente virtual, pois na prática cotidiana é pela parcela de suas características negras que os mestiços são discriminados.

> [...] é claro isso, a gente vê que para ter preconceito a gente não tem nenhuma dificuldade de identificar quem é negro. Ninguém tem dúvida, não é? De longe na rua, você sabe quem é negro e quem não é (Alex).

> No meu registro está "pardo", eu não sei por que que está pardo. É uma categoria que eu acho estranho, o que que é pardo? Eu me sinto negro, se me perguntar eu sou negro (Carlos).

> Esse negócio de pardo... Eu não identifico muito esse negócio de pardo, não. Esse negócio de pardo é um termo talvez que se aproxime. Não querem falar negro, falam pardo. Pardo não existe. É negro, é branco, é índio ou é oriental e acabou. Não vejo esse negócio não (Pedro).

Os estudos sobre mestiçagem têm se debruçado sobre os dilemas da construção da identidade racial daqueles que a expressam na sua cultura, nas suas representações e suas corporeidades (MUNANGA, 2006). É nesse processo que se destacam o corpo negro e o cabelo crespo como símbolos identitários de expressão e resistência e também como opressão e negação.

> A minha família aparece muito isso. Tenho um irmão que é um pouco mais negro, outro um pouco mais claro, tem uma irmã que tem praticamente o tom da sua pele... Mas tem o cabelo que é... Coitada! Ela fica lá revoltada com ele, esticando, e tem os traços, o nariz, a boca, os lábios grossos. A mistura está bem presente nela. [...] Tenho uma sobrinha, sobrinha-neta já, ela odeia o cabelo. *Cabelo é marca!* Então agora ela esticou o cabelo e fica o tempo todo... Isso pequenininha, com, sei lá, vai fazer três ou fez três anos. A mãe dela teve que esticar o cabelo dela, e

meu sobrinho é negro, negão mesmo. E a mãe tem os seus traços, mas tem o cabelo também tratado, o cabelo dela não é "bom". Então ela não tinha outra possibilidade de ter cabelo, coitada. Coitada para o que ela quer... (Carlos, grifo nosso).

O relato do professor sobre a tensão provocada em sua família pela questão do cabelo crespo nos aproxima das análises de Nilma Gomes (2006). Segundo a autora, a rejeição do cabelo pode levar a uma sensação de inferioridade e de baixa estima contra a qual se faz necessária a construção de outras estratégias, diferentes daquelas usadas durante a infância e aprendidas em família.

Para essa autora o cabelo não funciona sozinho no contexto das relações raciais e das classificações sociais. Geralmente ele vem acompanhado das impressões sobre a cor da pele. A dupla cabelo e cor da pele opera como marcadora identitária na construção da identidade racial. A importância deles, sobretudo do cabelo, na maneira como o negro se vê e é visto pelo outro, inclusive para aquele que consegue algum tipo de ascensão social, é algo marcante. Mesmo para esse sujeito o cabelo não deixa de ser uma forte marca identitária e, em algumas situações, continua sendo visto como estigma de inferioridade (GOMES, 2006).

Conforme já dito, dentre os professores que responderam ao questionário, somente um declarou-se preto. Quando entrevistado, revelou que, no processo de construção da sua identidade racial, a identidade negra tem sido orientadora a partir de sua ação como homem negro no mundo. Ou seja, apesar de a ambiguidade ser um traço marcante da classificação racial brasileira, há uma parcela da população brasileira que, diante da permanente "racialização" do cotidiano, tem assumido sua identidade negra de forma não ambígua e contrastante em relação ao seu outro, o branco. Essa assunção não ambígua, aparentemente, é desveladora da trama do nosso universo de classificações que tem permitido, por meio do uso e abuso da multipolaridade, a subordinação funcional dos não brancos (SILVÉRIO, 2002, p. 224-225).

> As pessoas buscam se afastar desse tipo de identificação, mas eu acredito que é um processo, é um crescente. São alguns aspectos, até mesmo sociais, que a gente percebe que isso vai se construindo Eu acredito que dentro de uma geração, daqui uns vinte, trinta anos essa coisa vai mudando. E certamente vai aumentar o contingente de negros. [...] Então, coloquei preto e quando eu digo, me autodeclaro negro, eu tenho essa percepção. Os meus filhos, eu vou passar isso pra eles. Não vejo problema. Não acho que é nem enaltecedor nem depreciativo. É uma constatação, eu acho (Pedro).

No depoimento anterior percebemos que, para esse professor autodeclarado preto e que se afirma como negro, a construção de uma identidade negra positiva é resultado de um processo. Um processo que deve ser alavancado por uma mudança social, coletiva, que possibilite uma construção positiva também de uma identidade coletiva.

Outro docente marcou a categoria pardo e, ao mesmo tempo, apresentou um discurso reflexivo revelando a construção afirmativa da identidade negra. Esse exemplo revela que entre a autoclassificação fechada das categorias de cor e a afirmação da identidade negra existem nuances, histórias e indagações que somente um processo de pesquisa que trabalhe com a aproximação e recolha os depoimentos dos sujeitos conseguirá, de alguma forma, deslindar.

Nessa perspectiva, a identidade negra não deve ser vista como algo rígido e fixo. Trata-se de um processo em construção, apoiado em algum tipo de fixidez que se revela na forma como as relações entre negros e brancos se dão na cultura e na sociedade não se limitando, porém, ao âmbito das relações raciais. À medida que o sujeito tem contato com outros sistemas simbólicos, pode vir – e vem – a dar novos sentidos à sua experiência identitária.

Considerações finais

A literatura sociológica e antropológica aponta que a mestiçagem e a ideologia do branqueamento tiveram fortes implicações sociológicas no conceito de raça no Brasil. Diante da realidade de miscigenação racial, como afirma Edward Telles (2003), tornou-se desnecessária a regulamentação de regras formais de classificação racial. Segundo o autor, como resultado, a classificação racial no Brasil tornou-se mais complexa, ambígua e mais fluida. Esse processo está intimamente relacionado com a construção das identidades raciais – dentre elas a identidade negra e mestiça – e a forma como as diferenças são vistas e interpretadas na cultura.

Nessa perspectiva, é preciso considerar que as identidades raciais são construídas a partir de um complexo jogo de semelhanças e diferenças, de aproximações e distanciamentos, sempre levando em conta as diferentes maneiras como essa diversidade é tratada pela sociedade (GOMES, 2002).

Sendo assim trabalhamos, nessa pesquisa, com a autoclassificação dos sujeitos e com a heteroclassificação da pesquisadora. Em alguns momentos ambas aproximavam- se e, em outros, distanciavam-se, tendo como pano de fundo a discussão sobre relações raciais no Brasil e suas implicações nos percursos identitários dos sujeitos. É aqui que o conceito de raça, em uma perspectiva sociológica, mostra-se operante.

Não é nossa intenção apresentar respostas para as questões apresentadas, muito menos pretendemos esgotar um tema tão complexo neste artigo. No entanto, ao longo da pesquisa e analisando as entrevistas foi possível perceber as nuances, os conflitos e os dilemas vividos por esses sujeitos no contexto das relações raciais em que estão inseridos.

Desta maneira, a categoria "pardo" aparece como uma forma de distinção de um outro lugar político e identitário, o lugar da negritude. Ao que parece os sujeitos sentem-se ao mesmo tempo incomodados e confortáveis. Incomodados na medida em que as experiências vividas os distanciavam do lugar do "branco". E confortáveis porque também não os colocava na categoria negro, que é vista, na maioria das vezes, de modo pejorativo ou fenotipicamente mais demarcada. Dessa maneira, os sujeitos pardos ocupariam, em certa medida, o lugar intermediário, uma vez que alguns, ao adotarem o termo "pardo" para se autoclassificar, enfatizavam a mestiçagem, mesmo demonstrando saber que tal termo os localizava politicamente no grupo dos negros.

É preciso destacar que a literatura apresenta argumentos sociológicos, estatísticos e políticos para agregarmos as categorias "preto" e "pardo" e entendermos os sujeitos que delas fazem parte como "negros". No entanto, se do ponto de vista teórico essa relação é possível, do ponto de vista identitário, no que se refere à forma como esses sujeitos se veem e são vistos pelos outros, não é tão simples assim. Estamos imersos em questões que se referem à construção da identidade racial, da identidade negra, ao racismo, à mestiçagem e ao contexto das classificações raciais.

Referências

CARONE, Iray. A flama surda de um olhar. In: CARONE, Iray; BENTO, Maria Aparecida Silva. *Psicologia social do racismo: estudos sobre a branquitude e branqueamento no Brasil.* Petrópolis: TJ; Vozes, 2002.

D'ADESKY, Jacques. *Racismos e anti-racismos no Brasil.* Rio de Janeiro: Pallas, 2001.

GOMES, Nilma Lino. Trajetórias escolares, corpo negro e cabelo crespo: reprodução de estereótipos ou ressignificação cultural? *Revista Brasileira de Educação*, Rio de Janeiro, n. 21, 2002.

GOMES, Nilma Lino. *Sem perder a raiz: corpo e cabelo como símbolos da identidade negra.* Belo Horizonte: Autêntica, 2006.

GUIMARÃES, Antônio Sérgio Alfredo. *Racismo e anti-racismo no Brasil.* São Paulo: Ed. 34, 1999.

GUIMARÃES, Antônio Sérgio Alfredo. Como trabalhar com "raça" em sociologia. *Educação e Pesquisa*, São Paulo, v. 29, n. 1, 2003.

HASENBALG, Carlos A; SILVA, Nelson do Valle. *Relações raciais no Brasil contemporâneo*. Rio de Janeiro: Rio Fundo, 1992.

HASENBALG, Carlos A; SILVA, Nelson do Valle; LIMA, Márcia. *Cor e estratificação social*. Rio de Janeiro: Contra Capa, 1999.

LABORNE, Ana Amélia de Paula. *Por essa porta estar fechada, outras tiveram que se abrir: identidade racial e trajetórias de docentes da Universidade Federal de Minas Gerais*. Dissertação (Mestrado em Educação) – Programa de Pós-Graduação em Educação, Universidade Federal de Minas Gerais, 2008.

MUNANGA. Kabenguele. Uma abordagem conceitual das noções de raça, racismo, identidade e etnia. *Cadernos PENESB*. Programa de Educação sobre o Negro na Sociedade Brasileira. Niterói, Rio de Janeiro, n. 5, p. 15-23, 2004.

MUNANGA. Kabenguele. *Rediscutindo a mestiçagem no Brasil: identidade nacional versus identidade negra*. Belo Horizonte: Autêntica, 2006.

SCHWARTZ, Lilia. No país das cores e nomes. In: QUEIROZ, Renato da Silva (Org.). *O corpo do brasileiro: estudos de estética e beleza*. São Paulo: Editora Senac, 2000.

SILVÉRIO, Valter. Sons negros com ruídos brancos. In: *Racismo no Brasil*. São Paulo: Peirópolis; ABONG, 2002.

TEIXEIRA, Moema de Poli. *Negros na universidade – identidades e trajetórias de ascensão social no Rio de Janeiro*. Rio de Janeiro: Pallas, 2003.

TELLES, Edward. *Racismo à brasileira: uma nova perspectiva sociológica*. Rio de Janeiro: Relume Dumará; Ford Foundation, 2003.

VELHO, Gilberto. *Projeto e metamorfose*. Rio de Janeiro: Jorge Zahar, 1994.

Educação popular, participação e cidadania: a experiência do PMI (Programa de Melhoramento para a Infância)

Marcelo Edgardo Reinoso Faúndez
Lúcia Helena Alvarez Leite

O texto que apresentamos faz parte da pesquisa de mestrado em desenvolvimento "Participação e formação de mulheres para além da escola: experiências, apropriações e novas identidades". Na primeira parte do texto, pretendemos destacar alguns elementos do contexto da América Latina que nos permitam situar a experiência escolhida para uma análise do programa baseado na participação social. À continuação, nos referiremos ao PMI (Programa de Melhoramento para a Infância), que se desenvolve no Chile como modalidade de educação não formal dirigido à primeira infância e às mães. Para finalizar, buscaremos ampliar a reflexão sobre Educação, Cultura e Cidadania, a partir da participação dos movimentos sociais na esfera pública.

O panorama da educação não formal para a primeira infância na América Latina

Muito se tem escrito acerca da educação inicial ou centrada na primeira infância[1] e, dentro deste campo, mais especificamente,

---

[1] Embora as definições locais falem de educação inicial ou de educação infantil, para este estudo, ao se falar da população infantil menor de seis anos, sujeito das ações

da educação não formal,[2] onde temos também já vários antecedentes. Não temos por objetivo levantar aqui uma história da educação não formal centrada na primeira infância, mas pensamos que localizar seu contexto num marco de referência maior auxiliará a compreensão dessa experiência. Por isso, situaremos a educação infantil no contexto da América Latina, especialmente experiências de participação social que têm relação com o que acontece no PMI, como pano de fundo desse fenômeno de protagonismo das mulheres em papéis educativos.

Não é desconhecido para ninguém que, atualmente, a educação infantil vem crescendo na escala mundial, marcada com maior ou menor força nos países de América Latina.[3] Isso se explica em boa medida pela nova visão da infância (PEREIRA, 2007, p. 51-52)[4] nas sociedades contemporâneas, com um reconhecimento social dessa idade como uma faixa a ser educada por profissionais. Além desse argumento, as novas pesquisas no campo das neurociências, principalmente, sublinham a necessidade de um trabalho educativo nos primeiros anos de vida das crianças.

> A difusão dos estudos da neurociência, psicologia e outras disciplinas que estão demonstrando que os três primeiros anos de vida, sobretudo o primeiro, são fundamentais e decisivos no desenvolvimento do ser humano. O conhecimento de que as bases do desenvolvimento da inteligência, personalidade, comportamento social, aprendizagem, se formam nessas idades e que influem no futuro compor-

---

educativas, se utilizará a denominação de "primeira infância" em consideração aos referenciais teóricos que utilizamos. Ver: PERALTA; FUJIMOTO, 1998.

[2] A classificação de uma educação formal, não formal e informal obedece a um critério de estruturação dela mesma. A maioria da literatura sobre educação centrada na primeira infância toma como referência essa classificação – ainda que a nosso juízo ela seja discutível –, mas será utilizada apenas como uma forma de estabelecer uma diferença entre as modalidades da educação.

[3] Ver: PERALTA; FUJIMOTO (1998); FUJIMOTO (2000); HERMOSILLA (1998).

[4] Nesta dissertação encontramos elementos da nova visão da infância e suas consequências culturais e educativas.

Educação popular, participação e cidadania:
a experiência do PMI (Programa de Melhoramento para a Infância)

tamento social e numa maior produtividade do cidadão alertou as instituições e a sociedade civil para procurarem assistir a maior número de crianças dessas idades (Fujimoto, 2004, p. 4).

Neste contexto, cada vez mais se aceita que a educação das crianças em seus primeiros anos de vida tem que ser uma tarefa compartilhada entre as famílias e as instituições educativas. A importância da participação da família fica como algo fundamental, pelas características desta etapa da vida, ou seja, pela vulnerabilidade em seu crescimento, dependência na atenção de suas necessidades, plasticidade em seu desenvolvimento e formação de seus primeiros relacionamentos (Peralta; Fujimoto, 1998).

Este consenso, para América Latina, tomou corpo nas conclusões do II Simpósio Latino-Americano e do Caribe, que em síntese assinalou:

> [...] o papel da família no processo educativo é de transcendental importância: ela representa o núcleo básico que garante o desenvolvimento da criança e sua inter-relação com a sociedade. A família é o modelo natural mais perfeito para a atenção integral da criança (Peralta; Fujimoto, 1998, p. 19).[5]

Assim, ao menos no plano teórico, existe acordo do papel insubstituível da família na educação das crianças nesta primeira etapa da vida. Dizemos ao menos teoricamente porque, apesar de essa ideia estar presente na agenda pública da maioria dos países latino-americanos, as formas e estratégias de participação das famílias nas distintas modalidades, principalmente não formal, muitas vezes são pouco valorizadas e restritas a modos bem mais empobrecidos de participação.

Agora, em relação à modalidade da educação não formal da primeira infância, acreditamos que ela se vincula a formas

---

[5] A citação corresponde a: O.E.A/Ministerio de Educación. *Participación familiar y comunitaria para la atención integral del niño menor de seis años*. Lima, nov. 1994, p. 302.

alternativas de educação em seu sentido de busca de uma lógica, de estratégias, de meios que a diferenciem da educação convencional ou tradicional. Isso sugere a ideia de romper com esse modelo, daí que outras formas de denominar essa modalidade sejam "não convencional", "não escolarizada" ou "alternativa" (FUJIMOTO, 2000). As características desta modalidade são principalmente sua flexibilidade e a participação social. Em relação à primeira característica:

> A duração, frequência, horários de funcionamento, ambientes educacionais, locais, metodologia de trabalho, conteúdos (saúde, higiene, alimentação, estimulação, afeto, comunicação, etc.) e os materiais educativos se adequam às prioridades das crianças, da família e da realidade do contexto sociocultural (FUJIMOTO, 2000, p. 10).

Para nós, esta característica tem que ver com a participação da comunidade, com a família e especialmente com coletivos de mulheres sob a lógica do voluntariado em redes comunitárias. É a participação social da mulher que se configura num fenômeno de interesse para o desenvolvimento da educação e que amplia seu campo da ação, outorgando novas possibilidades para as comunidades.

Um fato importante para América Latina é que, apesar de considerar baixa a cobertura educativa para a primeira infância, com uma porcentagem para o ano 2000 de um 25%, a tendência, na região, é aumentar significativamente essa cobertura. Isso se explica, entre outras razões:

> Porque nas últimas décadas alguns paradigmas estão mudando: um deles a disponibilidade dos governos para trabalhar conjuntamente com a sociedade civil em temas vinculados com a infância; outro, o importante esforço das instituições nacionais de responderem à diversidade de necessidades das crianças, de suas famílias e dos contextos em que elas vivem, com uma variedade de modalidades alternativas de atenção (FUJIMOTO, 2000, p. 2).

Educação popular, participação e cidadania:
a experiência do PMI (Programa de Melhoramento para a Infância)

Nestes argumentos, enfatiza-se o papel da sociedade civil e da própria comunidade, que, com graus crescentes de organização, demonstra que o cuidado e a educação das crianças são um objetivo fundamental que convoca à participação em nossos países, neste caso, a participação de mulheres com um marcado protagonismo local, nas distintas experiências que têm lugar nos diversos rincões rurais e em ambientes marginais de nossas cidades, na paisagem de América Latina.

A educação não formal infantil na América Latina é recente. Ela tem suas origens em experiências desenvolvidas no Peru na década de 1960.

> Os primeiros antecedentes latino-americanos de programas "não escolarizados" do tipo comunitário remontam a 1965, em Puno, no Peru, quando se inicia um trabalho de promoção social do homem do campo através da Caritas. As mães participavam levando seus filhos e assim surgiu a necessidade de atendê-los. Em 1968, realizou-se um estudo sócio-antropológico em comunidades quechuas e aimarás e foram organizadas as primeiras Casas de Crianças (Wawa-Wasis e Wawa Uta) com atividades recreativas e complementação alimentar. O Ministério da Educação designou docentes para o trabalho com crianças de 3 a 6 anos. Essa experiência introduziu a incorporação de voluntários da comunidade (PERALTA; FUJIMOTO, 1998, p. 92).

A significância desse fato é enorme, pois mostra desde aquele momento a vinculação de distintos atores, confluindo a uma consciência comum: a sociedade civil, a academia, o Estado e a comunidade. Foi tão exitosa essa experiência, que se replicou posteriormente como modelo em ambientes urbanos marginais de Lima e foi fundamental na organização do I Seminário sobre Experiências de Educação Inicial Não Escolarizada em Países de América Latina, naquele país. Neste seminário, participaram representantes de países como Colômbia, Equador, Panamá, Venezuela, México, El Salvador, Guatemala e

183

Chile, que começavam a desenvolver experiências similares em educação infantil.[6]

A partir da década de 1970,[7] a educação não formal começa a viver uma importante expansão, provavelmente relacionada às condições sociais e políticas vividas na América Latina que revelaram a necessidade de melhorar as condições materiais existentes e desenvolver estratégias alternativas de educação, por exemplo, ligadas à educação popular. É interessante destacar que várias dessas experiências que começaram numa escala local passam a ser se desenvolvidas num nível nacional. Fujimoto aponta que "passaram da escola experimental à Nacional, no Peru, Colômbia, Chile, Venezuela, México, El Salvador, Bolívia, Guatemala, Nicarágua, Cuba, Panamá, contando com uma diversidade de modalidades de atenção" (FUJIMOTO, 2000, p. 10).

Há vários fatores que possibilitaram esse desenvolvimento, mas dois foram os principais: os evidentes sucessos de experiências em contextos de pobreza onde o Estado compartilhou seu papel com a sociedade civil e atores comunitários, e a maneira em que se potenciaram precisamente aqueles atores comunitários em formas de participação efetiva. "Esta experiencia educativa ha trascendido de la labor pedagógica al desarrollo social, y lo más importante, es una estrategia válida y viable para llegar a los niños marginados condenados por la pobreza" (PERALTA; FUJIMOTO, 1998, p. 93).

Nesta linha, estudos apontam para certa filosofia na base destes programas de educação não escolarizados com ênfase numa participação eficaz e criativa da família e da comunidade,

---

[6] Dos eventos e simpósios realizados pela OEA sobre Atenção Integral às crianças de seis anos mencionamos, segundo Fujimoto, 2000: México, 1990; Colômbia, 1991; Equador, 1992; Chile, 1993; Peru, 1994; Costa Rica, 1995 e Brasil 1996. Constitui-se assim um avanço no olhar comum dos temas da primeira infância e nos desafios dos Estados de América Latina, o que se refletia na agenda pública de nossa região.

[7] A maioria das experiências de educação não formal revisada se origina na década de 1970. Para maior aprofundamento ver: ROMERO; SALINAS, 2005.

caracterizada por ser flexível, democrática e integradora. Dessa forma, podemos constatar que as experiências de educação não formal na América Latina têm tido um papel de destaque, tanto em relação aos objetivos de atenção educativa à primeira infância dos setores populares quanto na perspectiva da participação comunitária que é capaz de promover.

Uma aproximação ao Programa de Melhoramento para a Infância (PMI)

Como a maioria dos programas de educação não formal que tiveram continuidade em América Latina, a origem do PMI se relaciona com processos alternativos de educação e a uma tentativa de vincular formas de participação social às necessidades vitais de acesso e qualidade de educação da primeira infância das famílias pobres.

Ao procurar os antecedentes deste programa não devemos perder de vista as condições históricas vividas no Chile durante as décadas de 1970 e 1980, com uma ditadura militar prolongada que minimizou fortemente a organização e a participação social.[8] Diante desse quadro, no âmbito da educação, já na década de 1980, inicia-se uma incipiente recuperação dos espaços públicos e de iniciativas vinculadas principalmente a grupos de moradores e moradoras das grandes cidades, grupos de estudantes e profissionais interessados por uma educação alternativa, inspirados nos princípios da educação popular como estratégia de ação, que vão dar origem a experiências educativas de alcance local. É o que conta Romero e Salinas (2005, p. 56), quando sistematizam, entre outras experiências, o Programa de Melhoramento para a Infância:

> No final da década de 1980, o Programa Interdisciplinar de Pesquisas em Educação implementou o programa Oficinas

---

[8] A ditadura militar no Chile se prolongou de 1973 a 1990, quando o país recuperou seu sistema democrático.

Educação e seus atores: experiências, sentidos e identidades

de Integração Local (Talleres de Integración Local – TIL) que se propunha a convocar agentes educacionais que trabalhavam ou estavam interessados em menores de 6 anos em cada comunidade. O propósito era refletir sobre sua prática pedagógica e superar o isolamento em que estavam imersos para, a partir dali, criar e administrar novas modalidades de educação com qualidade, como um projeto educativo alternativo aos programas formais (ROMERO; SALINAS, 2005, p. 56).

Este projeto, desenvolvido principalmente na cidade de Santiago e em menor escala na região do Maule, significou um importante acúmulo de experiência para, posteriormente, ampliar seu campo de ação, agora com o nome de TILNA (Talheres de Integración Local a Nível Nacional), que, entre os anos 1993 e 1995, estava voltado para o aperfeiçoamento de pessoas profissionais e não profissionais, vinculando trabalho comunitário e educação infantil, a partir da perspectiva da educação popular e da pesquisa-ação (VENEGAS; REYES, 1998). Desde 1993, o programa é integrado à área de educação pré-escolar do Ministério de Educação, passando a ter caráter nacional.

A equipe que encabeçou essas iniciativas faz parte do Programa Interdisciplinares de Investigações em Educação (PIIE),[9] integrante da Universidade Academia de Humanismo Cristão. Essa ONG, reconhecida por seus valiosos aportes à pesquisa em temas de educação e pobreza, tentou influenciar a política pública de educação infantil do país. Isso explica por que, no Chile que retornava à democracia, apontou-se para a inserção da experiência do PMI nos marcos do sistema público, dando maior alcance à sua proposta. Um convênio

---

[9] O Programa Interdisciplinar de Investigações em Educação (PIIE) foi criado em 1971. Atualmente é uma corporação de direito privado sem fins lucrativos, com a qualidade de Organização Não Governamental (ONG) e Centro Acadêmico Independente (CAI). É parte da Universidade Academia de Humanismo Cristão, da qual é um de seus centros fundadores. Esta universidade se criou em 1988, da anterior Academia de Humanismo Cristão, que teve origem em 1975.

com essa ONG foi uma boa oportunidade para o Estado, que necessitava ampliar sua cobertura de atenção em contextos de pobreza e isolamento geográfico.

É importante ressaltar que, em toda a história do programa, o PIIE esteve a cargo do planejamento da proposta e da construção de seus sentidos. Isso nos permite falar de uma identidade do programa que necessitamos captar. Em termos mais concretos, isso se traduz em:

> Projetar, executar, monitorar, sistematizar e avaliar um programa de capacitação a ser aplicado durante um ano, com uma metodologia ativo-participativa e em um modelo de ação-reflexão, a fim de atualizar e habilitar as Coordenadoras e Agentes Educacionais do PMI (ROMERO; SALINAS, 2005, p. 61).

a) Organização e modelo de capacitação do Programa

O PMI se define basicamente como "um programa educativo não formal para crianças, inspirado nos princípios da educação popular e a "investigação–ação participativa". A isso devemos acrescentar que "O PMI é um programa educativo comunitário para crianças e suas famílias […] e sustenta-se num enfoque que, em contextos de pobreza, promove as forças da cultura local detectadas nos indivíduos, famílias e comunidade" (VENEGAS, 2008, p. 2). A partir dessas definições, infere-se que, sendo um programa pensado para a primeira infância, é também um programa educativo para as famílias, principalmente para as mães que participam dele. Isso é fundamental porque orienta nosso olhar aos sujeitos que acolhem a proposta educativa.

> A nível local, se traduz em projetos educativos comunitários, elaborados e executados por adultos da comunidade, orientados a potencializar, ampliar e canalizar as forças descobertas em cada comunidade, para dar um benefício da infância local e suas famílias (VENEGAS, 2008, p. 3).

Os PMIs são projetos anuais, concursáveis, estabelecidos na oferta educativa do Estado.[10] Até o ano 2006, foram dependentes do Ministério de Educação e atualmente são administrados pela Junta Nacional de Jardines Infantiles (JUNJI), organismo estatal responsável pela educação da primeira infância, que os incorporou à sua oferta educativa. Historicamente, o programa manteve critérios de seleção centrados no pertencimento a comunidades pobres,[11] sejam estas urbanas ou de assentamentos rurais concentrados, e na não existência, no território, de oferta educativa à primeira infância. A isso se complementa a proposta que o grupo local faz, contida num formulário, expondo aspectos relevantes a desenvolver no processo educativo o que dão conta, também, das condições de sustentabilidade do Programa.[12]

A proposta, contida nas bases do concurso que recebem os grupos, considera uma estrutura de papéis a se desempenhar dentro da equipe local que orienta a participação e o compromisso no trabalho com as crianças. Esta estrutura determina especificamente que:

> Esses grupos são constituídos por uma Coordenadora, Agentes Educacionais e Agentes-Chave. A Coordenadora é a pessoa responsável pelo desenvolvimento do projeto e pela capacitação do grupo, recebendo, por isso, um aporte financeiro mensal. Os Agentes Educacionais fazem parte

---

[10] Para o ano 2008, na região da Araucanía, existiam 19 projetos: 14 em contextos rurais, cinco em urbanos. Destes sete funcionaram em escolas, seis em sedes sócias, cinco em moradias em empréstimo e um em igreja. Cinco desenvolveram jornadas integrais e 14, jornadas parciais.

[11] As definições de pertencimento a comunidades pobres adotam critérios cada vez mais técnicos e que vão orientando sua focalização. A partir do ano 2008 o governo do Chile implementou o sistema integral de proteção à infância "Chile crece contigo", que contribuiu para a focalização do PMI por municípios prioritárias.

[12] A difusão do programa em espaços públicos ademais do incentivo a grupos organizados para que postulem se faz ano a ano. Como parte do processo os grupos devem realizar um diagnóstico de sua realidade local para ser considerada na proposta educativa.

do grupo de maneira estável e participam voluntariamente. Os Agentes-Chave são pessoas da comunidade que representam algum traço ou expressão da cultura local e, do mesmo modo que os anteriores, participam de maneira voluntária (VENEGAS; REYES, 1998, p. 5).

Essa organização é parte dos requisitos que o grupo deve se comprometer em sua postulação, além de ser exigido, para sua constituição, um mínimo de quatro adultos responsáveis. Além do mais, existe a figura denominada executor(a) beneficiário(a),[13] que é o responsável legal, perante o Estado, do dinheiro que o projeto recebe para seu funcionamento. Tanto a(s) coordenadora(s)[14] como o executor(a) são eleitos pelo grupo ao apresentar o projeto. Junto com isso, o grupo deve indicar, em sua postulação, o número de crianças que pretende atender[15] e qual será seu local de funcionamento. Geralmente eles solicitam espaços em escolas, sedes sociais, locais de igrejas, para realizar sua ação educativa. Daí nasce a ideia de aliança entre a oferta pública e a comunidade organizada para atender às necessidades educativas de suas crianças, tomando como eixo articulador as fortalezas e capacidades de organização de um grupo em prol da infância.

A definição do espaço é relevante, já que o local de funcionamento pode incidir numa maior ou menor autonomia do PMI, no sentido, por exemplo, de que sua proximidade à escola pode significar uma relação assimétrica da influência desta em suas atividades, assim como a instauração das

---

[13] Quem exerce o papel de executor(a) beneficiário(a) recebe capacitação pela instituição responsável dos aspectos administrativos e financeiros. Historicamente esse papel esteve a cargo do Fundo de Inversión Solidária (FOSIS) Atualmente, em algumas regiões, esse papel está sendo assumido por JUNJI.

[14] A partir do ano 2005 os grupos puderam postular a jornada integral com 40 horas semanais, estabelecendo como requisito a existência de duas coordenadoras responsáveis pelo projeto. Os demais projetos têm um mínimo de oito horas semanais de funcionamento.

[15] O requisito até o ano 2007 foi de 20 crianças; na atualidade se flexibilizou este requisito, tendo presente a realidade rural

jornadas integrais, ao parecer, apontam para uma tendência à escolarização de suas práticas em sentido mais tradicional.[16]

Outro aspecto interessante são as redes de apoio com as quais um PMI conta, revelando seu vínculo com a comunidade que, de acordo com as bases de postulação, devem ser assinadas através de cartas de compromisso, onde a instituição, organização ou pessoa define sua contribuição ou tipo de apoio ao projeto.

Uma vez que o projeto é aprovado, o grupo recebe financiamento para suas atividades (aquisição de moveis, material educativo, celebrações e passeios), pagamento de incentivo monetário a coordenadora(s)[17] e capacitação, além de quantias alimentícias para as crianças.

Como assinalado anteriormente, o planejamento, a capacitação, o acompanhamento e a avaliação em seus aspectos técnicos e pedagógicos é responsabilidade do PIIE. A organização desse processo segue os seguintes passos: a equipe nacional apresenta a proposta ano a ano e é responsável ante JUNJI pelos aspectos assinalados. Além disso, lhe corresponde contratar equipes em cada região onde existam PMI, e essas equipes são conhecidas como equipe regional de capacitação (ERC).[18] Cada equipe regional deve passar por uma jornada de capacitação com a equipe nacional, instância fundamental que permite uma importante retroalimentação dos processos regionais e locais. A ERC é responsável por fazer uma jornada regional de capacitação de três dias, a cada ano, onde assistem quatro integrantes das equipes PMI. Além disso, corresponde-lhe fazer

---

[16] Informe Final de Sistematização, 2008.

[17] O dinheiro para cada projeto flutua em relação a: número de crianças em atendimento, número de horas semanais de atenção (podem ser jornadas parciais ou integrais) e tempo de existência do PMI (os grupos novos recebem maior aporte). Em média se estima um aporte de 2.000 dólares por projeto. A remuneração da coordenadora flutua em relação a número de crianças, número de horas de atenção, sendo aproximadamente de 400 dólares mensais.

[18] Para o ano 2008 se contou com 135 projetos em nove das 15 regiões que atenderam a 2.500 crianças aproximadamente e 1.000 adultos, principalmente mulheres.

quatro encontros (de um dia) com as coordenadoras durante o ano e acompanhar cada projeto, em campo, duas vezes a cada ano (cada membro da ERC tem relação com seis projetos como máximo). A estratégia metodológica define: jornadas, encontros, oficinas e sessões de trabalho para as crianças.

Tomando como referência os eixos que se pretendem desenvolver nas jornadas de capacitação, estes podem ser sintetizados em:

> Incorporação analítica de referentes teóricos; reflexão sobre a própria prática; socialização e enriquecimento das experiências de cada PMI; incorporação de novas técnicas de trabalho com meninos e meninas e adultos; e fortalecimento do projeto PMI como um todo organizado com identidade própria (ROMERO; SALINAS, 2005, p. 64).

Estas Jornadas Regionais privilegiam um espaço de acolhida de fácil acesso, central, de modo que as mulheres possam se sentir cômodas e bem atendidas.[19] É uma experiência-chave para o processo formativo da equipe local, já que é a única instância na qual parte do grupo participa diretamente com seus pares de distintas localidades da região, sendo um espaço privilegiado para o intercâmbio de experiências. A Jornada Regional é bastante valorizada pelas participantes, o que se evidencia pela grande presença nos encontros. Para a jornada de 2008, dos 135 projetos em nível nacional, a participação foi de um 97%.[20]

Nos encontros com as coordenadoras, os eixos são praticamente os mesmos, agregando o fortalecimento da liderança da coordenadora, que deve ser considerado para qualquer análise de participação. Além disso, os encontros permitem, segundo sua definição, um acompanhamento e uma sistematização da gestão dos projetos numa perspectiva regional.

---

[19] No Segundo Informe Português de Sistematização do ano 2008 se observa que nas nove regiões, as Jornadas se realizam, principalmente, em hotéis das capitais regionais.

[20] Segundo Informe Nacional de Sistematização 2008 – PIIE.

Especial atenção merece a estratégia de oficinas que as equipes locais devem realizar uma vez ao mês. Entre os sentidos propostos para essa instância de autocapacitação destacam-se o fortalecimento do PMI como equipe de trabalho, a apropriação reflexiva dos eixos do programa, o planejamento das atividades educativas para as crianças e o fortalecimento das redes locais. A esse respeito, se constata:

> As oficinas com as famílias abordam variados temas de interesse das mesmas. Nos grupos novos esses temas nem sempre se relacionam com a educação de meninos e meninas ou pretendem fortalecer práticas educacionais ou a organização do grupo para a gestão do projeto (SEGUNDO INFORME DE SISTEMATIZAÇÃO, 2008, p. 113).

Os grupos desenvolvem diversos temas, observando-se diferenças de sentido entre os projetos novos e os mais antigos. Por outro lado, as oficinas não respondem, necessariamente, a uma dinâmica dessa natureza, tomando, em ocasiões, a forma de reuniões informativas ou de exposição de temas com convites a técnicos ou profissionais que colaboram com os grupos.[21]

Em última instância, ressaltamos a estratégia metodológica de acompanhamento aos projetos, "concebido como una experiencia colectiva entre adultos que están involucrados en el programa, para observar y mejorar desde sus distintos puntos de vista sus ejes y metas" (ROMERO; SALINAS, 2005, p. 65). Isso implica um acompanhamento de perto ao processo do grupo em seu desenvolvimento, apoiando sua constituição como equipe de trabalho, nas mesmas bases de aprendizagem assinaladas, e procurando uma reflexão constante capaz de orientar o processo grupal.[22] Nesta lógica, pretende-se fortalecer sujeitos autônomos, capazes de encarregar-se da problemática

---

[21] Segundo Informe de Sistematização, 2008.

[22] Em cada seguimento se levanta informação quantitativa, mas principalmente qualitativa, das distintas dimensões do programa. Essas informações permitem elaborar informes regionais e nacionais em pelo menos duas oportunidades ao ano.

b) Sentidos e fundamentos do Programa

Tendo presente que o programa é uma proposta que historicamente tentou manter certos fundamentos, é importante observar como esses fundamentos se ampliaram, enriqueceram ou mudaram no tempo. Uma proposta fundamentada na "educação popular" e na "pesquisa ação participativa" aparece permanentemente nas definições que falam do programa. A esse respeito, poder-se-ia sustentar que a metodologia de trabalho atua como um modelo que tem origem na Pesquisa Ação Participativa (PAP), isso em todos seus níveis, ou seja, desde a equipe nacional até a equipe local. As equipes locais estão mais perto da equipe regional de capacitação (ERC), que também tem sua capacitação com a equipe nacional, a cada ano. Cada equipe é responsável por refletir em torno da prática que desenvolve e de retroalimentar o projeto como um todo. Este modelo se observa como um:

> [...] processo vivencial que busca o enriquecimento da educação, nesse caso no contexto que se desenvolve, e o desenvolvimento das comunidades através de ações participativas e reflexivas de todos os atores sociais nela envolvidos: adultos, crianças, docentes, pais, supervisores e outros (Romero; Salinas, 2005, p. 63).

A esse respeito, poder-se-ia sustentar que estes fundamentos, que são parte do discurso do programa, procuram dar identidade ao "*que fazer*" educativo, sendo apropriado pelos grupos a partir de suas particularidades. Em palavras da equipe gestora, isso se observa como algo fundamental:

> O desafio em que se encontra esse programa o leva a gerar dinâmicas sociais de participação desde a base, de construção desde o peculiar – sua cultura, seus saberes, suas experiências – e de legitimação disso. Caso contrário,

Educação e seus atores: experiências, sentidos e identidades

seria improvável alcançar níveis significativos de participação nas comunidades, e, em especial, das mães ou de outros agentes da localidade, em um trabalho educativo sistemático e com permanência no tempo (VENEGAS; REYES, 1998, p. 26).

Quando se afirma que este programa tenta constituir sujeitos participativos e autônomos, evidencia-se em seus pressupostos uma maneira de entender e fazer educação, que se dá na confiança nas pessoas, em suas forças, em suas capacidades, mas também em sua particular forma de apropriação e significação daquilo que está sendo proposto a eles (ROMERO; SALINAS, 2005; VENEGAS; REYES, 1998).

Nesta dimensão, historicamente, o PMI considerou como elementos centrais a participação coletiva do grupo de adultos na elaboração do projeto e a incorporação da cultura local como principal componente do currículo (VENEGAS; REYES, 1998). Isso significa partir de um reconhecimento e uma valorização da cultura da qual os grupos são portadores e sua incorporação ativa nas interações e experiências de aprendizagem das crianças. Para os planejadores da proposta, essas interações são educativamente intencionadas, distinguindo a relevância do "agente chave", que representa traços da cultura local a ser compartilhados no PMI. Com respeito à elaboração coletiva do projeto, isso supõe um processo dinâmico no qual o grupo observa sua realidade local, distingue forças e riquezas próprias de sua comunidade e organiza o projeto planejado com essas características. Esse processo recebe o nome de "diagnóstico participativo", que deve estar desde a postulação até o momento da apresentação do projeto.[23]

---

[23] O diagnóstico participativo supõe um processo prévio à postulação do projeto, embora a experiência demonstre que é um processo dinâmico que se estende por um tempo como uma aprendizagem grupal. As avaliações internas dos últimos anos constataram que essa atividade foi perdendo seu sentido inicial. No ano 2007, entre os meses de outubro e dezembro, implementou-se, desde equipe PIIE, uma assessoria aos grupos que participaram do processo de postulação 2008 para a elaboração de seu diagnóstico participativo.

Educação popular, participação e cidadania:
a experiência do PMI (Programa de Melhoramento para a Infância)

Nesta mesma direção, podemos afirmar que a articulação entre cultura local, participação coletiva e construção de um currículo contextualizado para essa realidade permite uma série de interações positivas entre os adultos que compartilham seus saberes e suas práticas culturais, as crianças e outros adultos (mães das crianças) que cumprem o papel de agentes educativos que interatuam nesta relação, construindo a aprendizagem. Esse enfoque, com traços construtivistas, o qual se sustenta sobre a qualidade destas relações que devem estar intencionais na prática educativa, já que "se busca operar con una cierta 'didáctica' sustentada principalmente en la calidad de las interacciones-conversaciones o intercambios lingüísticos - entre ciertos adultos significativos y los niños y entre los propios niños" (VENEGAS, 2008, p. 3). No acompanhamento deste processo, busca-se estabelecer a construção de práticas que deem conta da qualidade destas interações entre adultos e crianças, entre outras dimensões. Assim expressa o Segundo Informe de Sistematização de 2008:

> O trabalho educacional que se realiza no PMI supõe a presença de certas ações que se espera que os adultos intencionem e pratiquem habitualmente, com o propósito de favorecer o bem-estar, o desenvolvimento e a aprendizagem dos meninos e meninas que participam dos diferentes projetos em nível nacional. Essa tarefa é registrada em cada monitoramento realizado nos projetos, mediante uma Pauta de Observações da Ação Educacional que considera aquelas dimensões mais significativas para o Programa, no âmbito de sua proposta educacional para os pequeninos, tais como a incorporação da cultura local ao currículo, a intencionalidade para a realização da aprendizagem e as interações entre adultos e meninos/meninas (SEGUNDO INFORME DE SISTEMATIZAÇÃO, 2008, p. 55).

Para as crianças e as mães, essa experiência educativa cotidiana, na qual podem enfatizar o valor do próprio e em que sua cultura é considerada no educativo, com pessoas conhecidas que podem fazer aportes, pode representar um valioso significado de identidade.

Outro dos elementos que se distingue na proposta curricular, a partir do ano de 2002, é a intenção de incorporar, nas planificações dos grupos, as Bases Curriculares da Educação Infantil.[24] Isso tem relação com a ideia de manter uma sintonia com os desenvolvimentos nacionais e institucionais dos quais o PMI faz parte. As indicações, neste sentido, vêm induzidas pelo Ministério de Educação e são recolhidas pela equipe PIIE, na medida em que todo o conteúdo das bases curriculares está, de uma ou outra maneira, envolvida com o fazer do PMI. Por isso, sua apropriação, que pode causar incômodo nas equipes locais, principalmente pela linguagem técnica utilizada, vem sendo realizado sem maiores problemas.

c) CONTINUIDADES E MUDANÇAS

Nos últimos anos, o programa PMI, a partir da equipe PIIE-ERC, constatou variações nas formas de compreender e trabalhar os elementos da cultura local. As sistematizações apontam em distintas direções: por uma parte, a mudança própria no debate contemporâneo acerca dos impactos da globalização significou novas perguntas acerca do local e do global. É um tema complexo e que nas últimas avaliações aparece como um fator pendente a aprofundar. O Informe Final de Sistematização de 2008 colocou que:

> No entanto, a cultura em suas dimensões mais dinâmicas, de significados mais abstratos que são construídos e reconstruídos permanentemente, está mais ausente nos projetos educacionais em nível geral. Os progressos terão de se focar nessa direção, ou seja, a capacidade dos grupos de trabalho de identificar, de reconhecer os elementos

---

[24] Bases Curriculares da Educação Parvularia (2002), Unidade de Currículo e Avaliação. Ministério de Educação. Governo do Chile. Esta nova base curricular está inserida no marco de reforma da educação chilena, iniciada na década de 1990.

Educação popular, participação e cidadania:
a experiência do PMI (Programa de Melhoramento para a Infância)

mais dinâmicos da cultura que não respondam a uma história já conhecida ou a elementos de folclore, mas sim a uma manifestação e criação mais atual dela e que também constituem fortalezas (INFORME FINAL DE SISTEMATIZAÇÃO, 2008, p. 27).

A esse respeito, as observações destacam que os grupos rurais apresentam uma maior identificação com sua identidade e cultura local que os grupos urbanos, aos quais lhes custa mais, ao que parece, a identificação de suas particularidades culturais. Constata-se, além disso, uma menor participação na maioria dos grupos dos "agentes-chaves". Entretanto, faz-se um reconhecimento, no Informe citado, ao trabalho da equipe local em assumir, como coletivo, a cultura local em suas práticas educativas.

Por outro lado, constata-se que algumas práticas do PMI, nos últimos anos, vêm se centrando mais no que os adultos pensam que no que as crianças necessitam. Desta maneira, a partir de 2008, procurou-se dar um novo olhar às crianças como atores e portadores de cultura. Isso se traduz numa escuta mais atenta das mães para os interesses de seus filhos, tentando fazer com que esse escutar se veja refletido no trabalho educativo com eles.[25]

D) Sobre as possibilidades e limitações do PMI

Até aqui buscamos apresentar alcances e dimensões de um programa como o PMI desde a perspectiva de sua constituição histórica e institucional. Neste último apartado tentaremos analisar as possibilidades e limitações que o programa e os grupos locais experimentam a partir desses elementos, enriquecendo seu conteúdo à luz das reflexões que emergem do trabalho de campo desenvolvido na pesquisa.[26]

---

[25] Esta perspectiva está inspirada na experiência da pedagogia de Reggio Emilia (Itália), em que o trabalho educativo se desenvolve a partir de uma imagem de criança como construtor de cultura (VENEGAS, 2008c).

[26] O trabalho de campo de cunho etnográfico recorre a aportes da etnografia reflexiva de Hammersley e Atkinson (1984) e foi desenvolvido entre os meses de abril e julho do ano 2010.

Em primeiro lugar, constatamos que as constantes reflexões do Programa PMI, ao longo de sua historia, parecem mostrar a intenção de dar continuidade aos elementos que se consideram parte essencial de sua constituição, ou, poderíamos dizer, de sua identidade. Além disso, a busca de pensar sistematicamente suas práticas permite que todos seus atores possam fazer perguntas e estar atentos e abertos a novas perspectivas e novas reflexões.

Entretanto, e a partir das fontes consultadas, se visualiza com muito maior peso o papel das equipes gestoras como agentes reflexivos, o que nos permite dizer que este seja um processo amplo e generalizado. Por sua vez, os grupos PMI mostram, por um lado, uma capacidade de resistência e adaptabilidade a contextos nem sempre favoráveis, evidenciada na superação de inúmeros obstáculos que, ao longo de suas histórias, sempre tiveram que enfrentar. Por outro lado, se observa uma alta valorização dos coletivos, um autorreconhecimento de suas conquistas e do sucesso de seus filhos e filhas como resultado do PMI.

Essas características aparecem como uma estratégia de coesão grupal e de marca identitária em suas referências coletivas, constituindo-se em reflexões, talvez menos abstratas, porém com um profundo alcance de pertencimento e um concreto sentido de defesa do historicamente construído. A este respeito compartilhamos com Gabriel Salazar e Júlio Pinto (2002) quando postulam, em seu trabalho em torno da masculinidade e feminilidade na história contemporânea do Chile, a noção de um feminismo popular que se constrói com base na experiência de "povo" mais do que na experiência laboral própria do Chile neoliberal de essência precarista em relação ao emprego que produz:

> Porque é sob essa identidade (de povoadoras) que elas podem ligar os aspectos comuns da sua exploração e de seu gênero, e onde podem, constituídas em termos de comunidade, operar mais propriamente na esfera pública (SALAZAR, 2002, p. 208).

Educação popular, participação e cidadania:
a experiência do PMI (Programa de Melhoramento para a Infância)

É a partir dessa noção que localizamos a experiência dos grupos PMI, inscrita como parte de um movimento histórico de rasgo popular.

Em segundo lugar, observamos que a particularidade dessa proposta, fundada na participação ativa dos grupos de mulheres, apresenta a intenção de conseguir uma sintonia entre todos os atores envolvidos. Isso, para a equipe gestora da proposta, pode ser explicado como uma forma de manter uma prática com sentido desde os pressupostos em que se funda a proposta, por meio de um intercâmbio não impositivo, com prioridade a uma capacitação que tenha legitimidade técnica e compromisso ético e político com as equipes PMI. Neste plano, a permanente ideia que se observa na historia do PMI é que seus atores não esqueçam do sentido e da natureza em que foi concebido o programa.

Mas uma das perguntas que cabe fazer a esse respeito é se as particularidades de cada grupo, as mudanças experimentadas pelo programa durante sua crescente institucionalização e as variadas estratégias de ressignificação da proposta do PMI permitem falar de elementos de coesão em torno do programa ou se é a diversidade, em toda sua magnitude, que se impõe como característica e selo distintivo do PMI.

Em terceiro lugar, observamos que as próprias circunstâncias históricas e institucionais vividas pelo PMI acarretaram novas complexidades em relação à participação e à autonomia dos grupos. A necessidade de garantir continuidade e de assegurar financiamento ao programa, principalmente pelo fato de ser um projeto para e com comunidades pobres, que trabalhou sempre na fronteira dessa condição, em espaços que muitas vezes não ofereciam as melhores possibilidades para o trabalho com as crianças, explica, em boa parte, seu transitar para uma maior dependência e tutela institucional. Sem dúvida, esse processo representa elementos de avanços e retrocessos que são fundamentais para a análise da participação, da autonomia e

199

formação dos grupos. Sabemos que nessa relação entre Estado e movimentos sociais existem fatores estruturantes que moldam as práticas sociais e que podem condicionar as formas de atuar dos coletivos.

No caso do PMI, a implantação de Jornadas Completas (como tendência crescente), sendo um elemento que surge com as necessidades da mulher e seu acesso ao mundo laboral, acabou por interferir na dinâmica participativa do programa, instalando paulatinamente una estrutura mais próxima ao modelo de jardim infantil que não só se expressa numa menor presença das mães no PMI, como se traduz em novas formas de interação de acordo a papéis mais fixos e, por que não dizer, mais hierarquizados. Assim, observamos que a substituição de práticas iniciais de alimentação elaboradas pelas mães dos PMI (que promoviam uma dinâmica participativa por si mesmas), pela alimentação proporcionada pelo sistema público, que envolve especificações técnicas de infraestrutura, presença de uma profissional externa e normas gerais de aplicação, acaba por produzir, junto com o benefício natural que se procura, um retrocesso na dinâmica de autogestão, inclusão e promoção da convivência entre os grupos. Essa questão acaba determinando uma fronteira entre grupos de jornada completa, com alimentação padronizada, e aqueles que atuam em jornadas parciais, onde ainda se nota uma maior convivência por terem que autogestionar vários dos alimentos que comem nas atividades educativas e relacionar-se a partir dessa cotidianidade.

Apesar disso, o PMI está longe de ser uma escola infantil tradicional. O PMI recria práticas associativas que são naturais e próprias. Seus espaços construídos (físicos e simbólicos) se aproximam de uma proposta de relações familiares em que as mães refletem sobre o que querem e esperam para seus filhos e filhas e nesses espaços onde elas se sentem pertencentes e com laços de solidariedade ainda vigentes apesar dos embates institucionais que atuam com força sobre elas. O PMI se reconhece ainda na legitimidade de seus líderes, as coordenadoras eleitas pela comunidade, que, apesar de não serem necessariamente profissionais, compartilham a ideia de que seus filhos se relacionem sem diferenças de nível, como um só grupo (evidentemente que com graus de diferenciação em algumas atividades).

Na cotidianidade, as atividades com os filhos parecem ser parte de um todo com profundo significado para as mães, principalmente, por sentirem que são parte de um coletivo. Nesses elementos, reconhecemos suas práticas dentro de um movimento social mais amplo, com suas lutas, suas resistências, suas dificuldades por permanecer ligadas a algo que, sem dúvida, lhes outorga sentido coletivo e lhes insere politicamente nessa cena educativa em contextos de pobreza.

Educação, cultura e cidadania:
a contribuição dos movimentos sociais

A experiência do PMI nos possibilita uma reflexão sobre a relação entre educação, movimentos sociais e cidadania. Mesmo vivendo em um mundo onde a defesa dos direitos humanos é uma espécie de "consenso universal", coletivos como os formados no PMI sentem na própria pele a falsidade desse discurso, já que a discriminação a que estão submetidos fala mais forte que o discurso universalista dos direitos iguais para todos.

Por isso, vão além das lutas de caráter econômico e político, buscando a democratização da sociedade como um todo, em seus aspectos mais singulares, pois, como nos coloca Dagnino (2000, p. 82):

> [...] ser pobre significa não apenas privação econômica e material, mas também ser submetido a regras culturais que implicam uma completa falta de reconhecimento das pessoas pobres como sujeito, como portadores de direitos [...] Essa privação cultural imposta pela ausência absoluta de direitos, que em última instância se expressa como uma supressão da dignidade humana, torna-se então constitutiva da privação material e da exclusão política.

A exclusão aparece também na forma de racismo e discriminação cultural, e não só como exploração econômica. Assim, ao lutarem, por exemplo, por uma educação que reconheça e valorize sua cultura, esses sujeitos estão exercendo seu direito de cidadão de influir no espaço público, defendendo umas propostas e refutando outras, propondo ações e desenvolvendo atividades. Atuam como sujeitos coletivos portadores de direitos, como atores políticos que interferem na "escrita" do texto hegemônico que está presente em instituições como a escola.

Lutar para serem reconhecidos como cidadãos, portadores de direitos iguais significa também lutar pelo reconhecimento de sua identidade. Nessa perspectiva, essa luta revela a dimensão conflitiva da vida política, como afirma Mouffe (1999). Reconhecendo-se como portadores do direito a participar do espaço público, os movimentos sociais criam um conflito dentro deste espaço, forçando sua mudança para que este possa acolhê-los. Como afirmam Paoli e Telles (2000, p. 106/107),

> Ao se fazerem reconhecer como sujeitos capazes de interlocução pública, a presença desses atores coletivos na cena política teve o efeito de desestabilizar ou mesmo subverter hierarquias simbólicas que os fixavam em lugares subalternizados por entre uma trama densa de discriminações e exclusões, ao impor critérios igualitários de reconhecimento e princípios democráticos de legitimidade. Trazendo para o debate questões e temas antes silenciados ou considerados como não pertinentes para a deliberação política, essas arenas públicas tiveram (e têm) o sentido de um alargamento de campo do político por via de uma noção ampliada e redefinida de direitos e cidadania, não restrita ao ordenamento institucional do Estado, mas como referência por onde se elabora a exigência ética de reciprocidade e equidade nas relações sociais, aí incluindo as dimensões as mais prosaicas e cotidianas de vida social por onde discriminações e exclusões se processam.

Desde esta ótica, as críticas desses novos sujeitos de direito abriram a possibilidade de um debate sobre a democratização da educação pública, ampliando seus limites para que esta possa acolher estes novos cidadãos, que reivindicam seu direito a formar parte deste espaço, não só com sua presença física, mas também com sua voz e seus projetos. Segundo Arroyo (2003, p. 30), nesse processo

> [...] vai se dando um processo de reeducação da velha cultura política, vai mudando a velha auto-imagem que os próprios setores populares carregavam como clientes agraciados pelos políticos e governantes. Nessa reeducação da cultura política tem tido um papel pedagógico relevante os movimentos sociais, tão diversos e persistentes na América Latina. Essa reeducação da cultura política que vai pondo a educação e a escola popular na fronteira do conjunto dos direitos humanos se contrapõe ao discurso oficial e por vezes pedagógico que reduz a escolarização a mercadoria, a investimento, a capital humano, a nova habilitação para concorrer no mercado cada vez mais seletivo.

Mas é importante destacar que, quando tais reivindicações passam a fazer parte das políticas públicas estatais, este processo vem carregado de problemas e contradições, já que o modelo de educação pública que até hoje prevalece é bastante homogeneizador. Formar parte de uma rede pública significa uma uniformidade de práticas, de estruturas, de relações. Não há espaço para a diversidade, para a especificidade, para as particularidades presentes em uma sociedade cada vez mais heterogênea.

Ao entrarem na esfera pública, projetos como o PMI correm o risco de perder sua identidade. Também há o risco de que essas propostas passem a ser vistas, pelos sistemas de ensino, como "escolas para pobres" e existam como "um sistema paralelo de educação", com piores condições de funcionamento e qualidade pedagógica, estabelecendo, assim, uma desigual possibilidade de acesso aos bens culturais da humanidade.

É dentro desse contexto que surge a necessidade de se repensar esta cultura escolar hegemônica, incorporando experiências como as do PMI, que, quando passam a fazer parte da esfera pública, acabam por questionar o sentido da cultura escolar hegemônica, gerando crise e questionamentos e apontando para uma educação onde haja uma real participação dos sujeitos envolvidos, para a construção de uma escola cidadã, que, segundo Paulo Freire (*apud* STRECK, 2008, p. 167), tem as seguintes características:

> A escola cidadã é aquela que se assume como um centro de direitos e de deveres. O que a caracteriza é a formação para a cidadania. A escola cidadã, então, é a escola que viabiliza a cidadania de quem está nela e de quem vem a ela. Ela não pode ser uma escola cidadã em si e para si. Ela é cidadã na medida mesma em que se exercita na construção da cidadania de quem usa o seu espaço. A Escola cidadã é uma escola que, brigando para ser ela mesma, luta para que os educandos-educadores também sejam eles mesmos. E, como ninguém pode ser só, a Escola Cidadã é uma escola da comunidade, de companheirismo. É uma escola de produção comum do saber e da liberdade. É uma escola que vive a experiência tensa da democracia.

Nesse sentido, a experiência do PMI possibilita uma reflexão sobre a necessidade da democratização da escola na perspectiva apontada por Torres Santomé (1995). Para esse autor:

> Democratizar o ensino passa, igualmente, por desmitificar e desburocratizar o sistema educacional e o funcionamento das escolas, por criar estruturas mais abertas e informais que influenciam a participação tanto dos próprios professores e alunos como das famílias e de outros grupos locais e sociais interessados na educação de novas gerações. A democracia é praticada e é realidade na medida em que diferentes grupos sociais e pessoas trabalham em colaboração para planejar e realizar transformações na sociedade. (TORRES SANTOMÉ, 2001, p. 243).

Nesse sentido, a experiência educativa vivida pelo coletivo dos PMIs, no Chile, parece ter muito o que ensinar a respeito de participação coletiva, educação popular e cidadania.

Referências

ARROYO, M. G. Pedagogias em movimento: o que temos a aprender dos Movimentos Sociais? *Currículo Sem Fronteiras*, v. 3, n. 1, p. 28-49, jan./jun. 2003.

DAGNINO, E. Cultura, cidadania e democracia: A transformação dos discursos e práticas na esquerda latino-americana. In: ALVAREZ, S. E.; DAGNINO, E.; ESCOBAR A. *Cultura e política nos movimentos sociais latino-americanos: novas leituras.* Belo Horizonte: UFMG, 2000, p. 61-102.

FUJIMOTO, Gaby. *Modalidades alternativas en educación inicial.* Santiago: O.E.A. Febrero, 2000.

HAMMERSLEY, Martyn; ATKINSON, Paul. *Etnografía. Métodos de Investigación.* Barcelona: Paidós, 1984. 267 p.

MOUFFE, CH. *El retorno de lo político.* Barcelona: Paidós, 1999.

PAOLI, M. C.; TELLES, V. S. Direitos Sociais. Conflitos e negociações no Brasil contemporâneo. In: ALVAREZ, S. E.; DAGNINO, E.; ESCOBAR, A. *Cultura e política nos movimentos sociais latino-americanos: novas leituras.* Belo Horizonte: UFMG, 2000, p. 103-148.

PERALTA, Victoria; FUJIMOTO, Gaby. *La atención integral de la primera infancia en América Latina: Ejes centrales y los desafíos para el siglo XXI.* Santiago: O.E.A. Junho de 1998. Disponível em: <http://www.oei.es/inicial/articulos/atencion_primera_infancia.pdf/>. Acesso em: 10 jun. 2009.

ROMERO, Sabine; SALINAS, Loreto. *Sistematización de experiencias de cuidado infantil temprano.* Santiago: UNICEF, Serie reflexiones: Infancia y Adolescencia n. 3, mar. 2005. Disponível em: <http://www.unicef.cl/unicef/public/archivos_documento/126/Working%20Paper%203%20Unicef.pdf/>. Acceso em: 02 jun. 2009.

SALAZAR, Gabriel; PINTO, Julio. *Historia Contemporánea de Chile IV: Hombría y Feminidad.* Santiago: LOM Ed., 2002. 275 p.

STRECK, D. (Org.). *Dicionário Paulo Freire*. Belo Horizonte: Autêntica, 2008.

TORRES SANTOMÉ, J. Currículo e Diversidade Cultural. In: SILVA, T. T. *Territórios contestados*. Petrópolis: Vozes, 1995.

VENEGAS, Pablo (Coord.). *Cuestionario para identificar cuestiones relevantes de alfabetización y educación de jóvenes y adultos*. UNESCO, México, 2008a, 8 p. Não publicado.

VENEGAS, Pablo (Coord.). *Informe final de Sistematizaçión*. PIIE. Santiago, 2008b. 77 p. Não publicado.

VENEGAS, Pablo (Coord.). *Segundo Informe de Sistematización*. PIIE. Santiago, 2008c. 146 p. Não publicado.

VENEGAS, Pablo (Coord.). *Ultimo informe de Sistematización PMI*. PIIE. Santiago, 2008d. 140 p. Não publicado.

VENEGAS, Pablo; REYES, Mónica. *El Programa PMI: La Cultura en el Currículum y la Construcción Colectiva del Proyecto Educativo*. Santiago: PIIE; MINEDUC, 1998, 32 p.

Policiamento escolar
e saberes profissionais

Luiz Alberto Oliveira Gonçalves
Windson Jeferson Mendes de Oliveira

O presente artigo tem como base um estudo que focalizou os determinantes da violência em meio escolar, só que não mais na perspectiva de pais, professores e alunos, como habitualmente tem sido feito, nas pesquisas, nos últimos dez anos (CASTRO, 1998; COLOMBIER, 1989; ARAUJO, 2003; COUTO, 2003; RIBEIRO, 2002; ESPIRITO SANTO, 2002). Nas páginas a seguir, pretende-se trazer para a discussão a perspectiva de outro ator sobre o tema, a saber: os agentes da polícia. Estes estão cada vez mais envolvidos em episódios tidos como "violentos" que ocorrem nas escolas ou são portadores de projetos escolares considerados como pacificadores (ASSIS, 2003; LIMA, 2006). Assim, buscou-se conhecer o impacto da presença desses agentes em tais episódios ou, mais precisamente, nas relações internas das instituições de ensino.

Analisando documentos das operações policiais nas escolas, conhecidas pelos termos "Patrulhamento Escolar", "Anjos da Guarda", "Anjos da Escola" e outros que agregam o mesmo significado de ação protetora, percebe-se um contato longo entre a polícia e a escola que ultrapassa significativamente o momento presente. Nosso estudo mostra que a atual concepção de violência em meio escolar, tal qual a conhecemos hoje, foi se dando por meio de um processo lento que teve a instituição policial no centro dessas transformações. Dito de outra forma, a presença da polícia nas escolas não é algo novo. Daí a primeira questão que mobilizou nossa preocupação de pesquisa. Em não sendo recente, teria esse contato prolongado modificado as percepções das duas instituições envolvidas? Como nosso foco era a instituição policial, a pesquisa visou muito mais o discurso de seus agentes, sobretudo, daqueles que são escalados para participar em projetos escolares com recorte na segurança pública.

Assim, propõe-se neste artigo apresentar algumas ideias do que esses profissionais têm construído na atividade do policiamento escolar ao longo dos tempos, buscando caracterizar os saberes que produzem como resultantes da interação com o contexto escolar e mostrar o quanto eles contribuíram para moldar a violência nos estabelecimentos de ensino em uma linguagem nitidamente policial.

A reconstrução do processo de chegada da polícia militar nas escolas trabalhando com a perspectiva de que esta não é uma relação de momento, mas construída a partir dos fins dos anos 1980, acabou descortinando um cenário ainda não debatido pelos pesquisadores, mas que pode influenciar nas concepções que existem, hoje, sobre a violência em meio escolar (Silva, 2006; Siqueira, 1990; Souza, 1999).

A raiz dessa mudança está na própria transformação histórica pela qual o Brasil passou entre o final dos anos 1970 e o início dos anos 1980: processo de democratização, de transição da ditadura para regimes representativos. As instituições de controle e coerção social passam a sofrer mudanças significativas. A escola, por exemplo, com a democratização da educação básica, favoreceu o acesso de crianças e adolescentes aos sistemas públicos de ensino e, agora, vê-se obrigada a repensar seus projetos educacionais com base em novas perspectivas pedagógicas.

O ponto de partida aqui sustentado é de que a violência no meio escolar aparece como objeto de atenção da polícia no período acima referido, ou seja, período em que começam a aparecer trabalhos pioneiros de pesquisadores da educação focalizando problemas de depredação escolar como um tema que afeta a dinâmica dos estabelecimentos de ensino e que revela um fosso entre a escola e a comunidade (FUKUI, 1992). As categorias utilizadas por essas autoras para explicar o fenômeno da violência escolar correspondem às classificações do Código Penal. Ou seja, as primeiras pesquisas sobre a violência envolvendo o meio escolar nomeavam uma série de eventos que ali ocorriam, enquadrando-os em categorias criminais. À medida que se adentrava o ambiente escolar, cada vez mais se reforçavam as ideias de que a escola abandonava seu jargão psicopedagógico para classificar e interferir na conduta de seus alunos (CAMACHO, 2001). Para falar do fenômeno da violência em meio escolar, docentes, diretores e a alunos servem-se cada vez mais de um vocabulário cunhado pela polícia.

Outro aspecto que justificou o nosso estudo foi o fato de que a presença da polícia na escola provoca discussões e tensões. Não há consenso. Professores, pais e gestores destoam quando se fala da presença de polícia para coibir ações de violência dentro da instituição. Em seu entorno, tal presença é até tolerada, mas quanto ao seu interior há divergências. Alguns advogam que problemas no âmbito dos estabelecimentos são de competência dos profissionais da educação, considerando indevida qualquer ingerência externa, sobretudo a da polícia. Outros advogam o contrário. Por considerarem os profissionais da educação sem

Educação e seus atores: experiências, sentidos e identidades

preparo para enfrentar a problemática, não veem incompatibilidade em ações conjuntas.

A despeito das controvérsias, ampliou-se muito a ação de policiais na escola, por meio de projetos tidos como "educativos". Essa ação intensificou-se com a adoção de políticas públicas, pelo menos em Belo Horizonte, que incorporaram a guarda municipal – polícia patrimonial – ao efetivo das escolas (ROLIM, 2003). No atual projeto, prevê-se pelo menos um guarda em cada escola da rede municipal. Embora a ação desse profissional seja exclusivamente de proteção patrimonial e não policial *stricto sensu,* o que conta é o que essa presença representa em termos simbólicos para a comunidade escolar como um todo.

Esse processo é novo. Não há ainda dados para avaliá-lo. A hipótese aqui sustentada é de que a presença desses guardas nos estabelecimentos de ensino de Belo Horizonte reforça a ideia da percepção de que a violência em meio escolar é moldada por uma visão puramente policial, fazendo com que conflitos e tensões outrora tratados no âmbito escolar passem a ter um conteúdo que foge à lógica da prática pedagógica. Tal visão fortalece o chamado "declínio da autoridade professoral", para falar como Bourdieu, e reduz o papel do professor como mediador das relações intraescolares. É assim que se coloca, hoje, o problema da violência em meio escolar.

Diante dele, os sistemas educacionais, muitas vezes em parceria com os setores de segurança pública, têm reagido por meio de iniciativas que buscam muito mais dar respostas que satisfaçam aos temores da sociedade do que encontrar caminhos que ajudem a pensar o problema em outra direção não centrada em uma visão puramente policial do problema.

Portanto, é na esteira desses acontecimentos, que se torna oportuno compreender que saberes são produzidos pelos agentes policias ao lidarem com o fenômeno da violência no meio escolar.

210

Policiamento escolar: saberes profissionais

Antes de explorar os referidos sabres, parece-nos pertinente explicitar um dos obstáculos apresentados pelos próprios policiais quanto à sua aceitação nos estabelecimentos de ensino. Há muito a Polícia Militar de Minas Gerais (PMMG) tem consciência de que sua imagem precisa mudar. No início do século XX, houve um esforço imenso de mudança (OLIVEIRA, 2008). Naquele momento, a imagem negativa estava ligada, segundo alguns historiadores, à origem da constituição da polícia e à baixa reputação de seus praças (os desclassificados do ouro) (OLIVEIRA, 2008). Outra hipótese, mais recente, para explicar a mudança, associa a imagem negativa da polícia ao período da Ditadura Militar de 1964 (ZAVERUCHA, 2003). Esse argumento teve grande pertinência durante muito tempo, mas perde força no momento em que a sociedade avança no processo de democratização e conta com uma imensa geração de jovens adultos que sequer viveram a ditadura e pouco conservam as imagens que seus pais e avós dela tiveram. Uma terceira hipótese tem surgido dentro da corporação da Polícia Militar. Em depoimento, dado em 2006, no qual um ex-comandante- geral da Policia Militar faz sobre as dificuldades na relação polícia e escola, pode-se ler:

> As demandas ocultas de que eu falei estavam muitas vezes na subjetividade ou no inconsciente das pessoas, dos dirigentes das escolas. Mas não emergiam [...] por que havia um distanciamento tanto da Polícia Militar com a escola como das escolas com os órgãos de defesa social. A Polícia Militar teve dificuldade de se aproximar de algumas escolas por uma questão de aceitação [...] de desconfiança do mundo escolar, do ambiente escolar [...] com a história do passado e pela origem do próprio aluno. O aluno acostumado a ver uma polícia [...] ou até se confrontar com um policial num aglomerado. Acostumado com a violência emergente no aglomerado.

Educação e seus atores: experiências, sentidos e identidades

O que o ex-comandante-geral declara é que o profissional fardado que aparece na escola para protegê-la é da mesma corporação daquele que vai até o conjunto habitacional em que os alunos de tal ou tal escola vivem e se confrontam, algumas vezes, com moradores desse lugar. Isso produz medo. Essa situação precisava mudar. A questão é: Como mudar essa imagem ambivalente?

Preparados para enfrentar criminosos e para utilizar a força física se necessário, como conviver em ambiente escolar no qual se espera que ajam em sentido por vezes oposto ao que fariam em situações de conflito nas ruas? Que saberes profissionais seriam necessários mobilizar nas situações de conflitos estritamente escolares?

Os policiais entrevistados, bem ou mal, estavam sobrevivendo ao policiamento escolar. Era, portanto, o momento de conhecer como conseguiram tal proeza. Aos poucos a pesquisa foi nos revelando que não era apenas o dom, a vocação ou qualquer coisa desta natureza que os mantinham ali. Eles desenvolviam um saber que até então não conseguiam sistematizá-lo, que nascia do contato direto com as escolas, com os alunos, professores, funcionários, pais e gestores. Saberes que não lhes eram ensinados no curso de formação relativa ao patrulhamento escolar. Essa observação nos fez lembrar a reflexão que Maurice Tardiff (2000 p. 3) elabora sobre os saberes profissionais produzidos na prática. Segundo esse autor: "o trabalho não é primeiro um objeto para o qual se olha, mas uma atividade que se faz e é realizando-a que os saberes são mobilizados e construídos".

A) Os saberes profissionais são temporais e adquiridos ao longo do tempo

Interrogando os policiais sobre o que eles acham que é importante para ser um agente do policiamento escolar, dentre as várias respostas aparece uma que nos chamou a atenção: "Ser pai [...] entender a situação para estar entendendo o problema [...] tem que gostar do que faz[...] tem de ser paizão mesmo" (Cabo do 34º batalhão).

Ainda que outros não tenham falado tão explicitamente da função paterna, esta aparece em seus relatos sob a forma de um desejo, a saber: desejo de que, na escola em que seus filhos estudam, os policiais que ali, por ventura, possam ir, por algum motivo, ajam como se fossem "pais".

Para nós pesquisadores, não deixa de ser intrigante essa mudança brusca no discurso policial. Em geral, treinados para enfrentar assaltantes, criminosos, traficantes, o que faz despertar nas suas intervenções escolares essa função protetora do "paizão"?

Ainda que não se tenha uma resposta para essa questão, é preciso ressaltar que a emersão desse sentimento de proteção diferenciada que aparece na fala dos policiais é um indicador de um aprendizado que ocorre na relação polícia e escola, mas que não está ainda totalmente sistematizado. Talvez porque para tal sentimento emergir tenha de conviver com outros que lhes são contraditórios. Dito de outra forma, caso indique alguma alteração no comportamento dos agentes, é preciso reconhecer que nenhuma mudança se processa sem conflitos, sem perturbação. E estes logo aparecem quando se destacam outros trechos dos depoimentos dos policiais. Em seu relato, um sargento do patrulhamento escolar comenta:

> A gente tem uma cultura de polícia. E cada tipo de policiamento é específico e precisa ser esclarecido. No policiamento escolar é muito fácil a pessoa se envolver nele [...] mas às vezes um policial vai à escola resolver um problema e acaba criando um problema ainda maior [...] tem que ter muita paciência com criança e adolescente [...] essa passagem de pré-adolescência para adolescência é questão de hormônio, de família (Sargento do 5º Batalhão).

No relato acima, destacam-se dois pontos importantes. O primeiro diz respeito à cultura policial à qual tanto o

Educação e seus atores: experiências, sentidos e identidades

ex-comandante-geral como o sargento se referem. O segundo reforça a ambiguidade intrínseca ao policiamento escolar, que articula, ao mesmo tempo, duas atividades centrais à sua função, que são a de polícia ostensiva e a de polícia voltada para a manutenção da paz. Interessa discutir no presente artigo apenas a segunda. Isso porque ela remete ao ponto central da nossa investigação: a ação de polícia em meio escolar.

Teoricamente, a ação de polícia na escola se coaduna com a ideia de cultura da paz, tão idilicamente traçada por órgãos públicos da educação e que foi sustentada pelos pensadores da UNESCO (ABRAMOVAY, 2002).

Entretanto, a ideia de uma polícia com mandato de promover a paz surge, segundo Egon Bittner (2003), na moderna organização policial inglesa, na primeira metade do século XIX. No início, comenta esse autor, o mandato da polícia era ambíguo. Uma de suas partes vinculava-se ao Poder Executivo e a outra estaria *submetida ao controle direto do Judiciário*. Nesta última, a polícia desenvolvia atividades de manutenção de paz que não envolviam prisões, ou seja, não invocava a lei.

A manutenção da paz, segundo Bittner, era um trabalho que a polícia teria que coordenar pela *sabedoria, integridade e altruísmo pessoal enquanto indivíduo* (BITTNER, 2003, p. 32). Daí, a imagem do ser que se entrega totalmente, que se dedica com exclusividade e se deixa levar voluntariamente. Entretanto, esse tipo de atividade, ainda de acordo com o autor, recebia pouca atenção nos manuais e nos livros da polícia, e seus registros eram, em geral, descartados. Mas os policiais, quando questionados acerca do que mobilizavam em termos de saber para executar atividades de manutenção da paz, respondiam que usavam apenas o "bom-senso".

Bittner indica cinco condições capazes de gerar atividades policiais que não invocam a lei, ou seja, que estão a serviço da manutenção da paz. A primeira envolve atividades de fiscalização e de regulamentação de trânsito. A segunda refere-se a pessoas que cometem delitos de pouca gravidade, podendo ou não a polícia acionar a justiça ou, até mesmo, empregar sanções alternativas do tipo: "da próxima vez, você não me escapa". A terceira engloba a arbitragem de brigas, pacificação de indisciplinas e ajuda da manutenção à ordem e até a ajuda de pessoas com problemas. A quarta diz respeito ao controle de eventos de massa. E a quinta compreende a ajuda a pessoas que não são responsáveis por suas ações: doentes mentais, crianças e adolescentes (BITTNER, 2003). Embora teoricamente essas circunstâncias não invoquem, como sustenta Bittner, processos criminais, nada impede que eles possam ocorrer nessas circunstâncias (BITTNER, 2003, p. 34).

Voltando ao policiamento escolar, não há dúvida de que esse tema é recoberto pela aura de uma ação que visa em última instância à manutenção da paz (LIMA, 2006; ASSIS, 2003). Mas, na análise de documentos e de estudos históricos acerca da institucionalização da polícia em Minas Gerais, percebeu-se que a necessidade para justificar a aproximação da polícia à escola, se deu por outros motivos.

No lançamento do programa de combate ao crime organizado,[1] em 1990, a escola aparece em primeiro lugar entre os espaços que deveriam ser controlados por meio de uma polícia ostensiva e repressiva. De lá para cá, a Polícia Militar foi se moldando para responder a essa demanda em face dos desafios de controle em um mundo globalizado. Visto que o contexto escolar requeria um tratamento especial, o policiamento escolar incorporou as duas dimensões: o ostensivo e o de manutenção da paz.

Mostrou-se, também, que a Avaliação Diagnóstica feita pela PMMG em 1999 indicou que o desafio estava nas áreas dos aglomerados e das favelas. Nesse sentido, a ação do policiamento escolar foi intensificada nessas regiões.[2]

---

[1] MINAS GERAIS. POLÍCIA MILITAR, Combate ao Crime Organizado, Diretrizes de Operações Militares, nº. 11/99 – CG/1990, p. 16.

[2] MINAS GERAIS. Polícia Militar, Comando de Policiamento da Capital. *Avaliação diagnóstica do ambiente de segurança*. Belo Horizonte, maio 1999. 17 p.

Esse "detalhe" exigia que fossem incorporadas na presente análise as consequências da "*manutenção da paz*" em áreas de alto conflito, com altos indicadores de criminalidade, as chamadas "áreas de risco", ou *hot spots*.

Bittner ajudou a problematizar as questões que buscávamos responder em nossa investigação. Ele analisa as implicações do problema de manutenção da paz em áreas deterioradas (*skid row*), definidas da seguinte maneira:

> Áreas deterioradas sempre ocuparam um lugar especial entre as várias formas de vida urbana[...], a área deteriorada é vista como completamente diferente. Embora esteja localizada no coração da civilização, é vista como uma região que contém aspectos próprios de uma selva primitiva, necessitando de atividades missionárias e oferecendo oportunidades para aventura exótica [...], acredita-se que quem viva na área deteriorada repudiou o esquema de papéis da maioria e vive afastada da normalidade. Desse modo, a atividade tradicional de consciência cívica em relação à área deteriorada tem sido dominada pelo desejo de contê-la e de recuperar as almas de suas garras. A tarefa específica de contenção tem sido deixada para a polícia (BITTNER, 2003, p. 50).

No entendimento desse autor, essas áreas passam a ser reinterpretadas de forma muito especial pelos policiais. Em sua pesquisa, ele observou que os policiais designados para trabalhar nas "áreas deterioradas" desenvolviam

> [...] uma concepção sobre a natureza de seus domínios que é surpreendentemente uniforme: individualmente definem em muitos aspectos na prática, enfatizam preocupações diferentes e mantêm diferentes contatos, mas concordam fundamentalmente sobre a estrutura de vida nas áreas deterioradas (BITTNER, p. 51).

Todas as entrevistas realizadas com os agentes do patrulhamento escolar mostram com nitidez essa convergência de percepção entre as áreas que cobriam e as escolas nas quais atuavam. Ao descreverem suas ações, um aspecto que ressalta em todas as entrevistas é como eles descrevem a estrutura familiar das crianças e dos adolescentes que frequentam essas escolas. Em primeiro plano, para eles, quem falhou foi a família.

> [...] isto vai influenciar. Porque se ele [aluno] tiver uma estrutura familiar boa, na escola ele vai ser um bom aluno. Se ele não tiver, ele pode tornar-se um delinquente, um infrator e procurar outros colegas para seguir o mesmo caminho (Cabo do 1º Batalhão).

> [...] o que nós estamos vivendo hoje é o que nós chamamos de "desestruturação familiar". Muitas vezes, 80% dos alunos, os pais colocam os alunos na escola [...] e falam para a escola cuidar [...] os pais, são eles que têm que dar a educação para os filhos e a escola tem de aprimorar os conhecimentos do filho, do aluno, do aprendizado [...] temos que verificar a situação. Por que isso está acontecendo? Os pais, muitas vezes, não têm controle do filho dentro de casa [...], chega na escola, o filho é violento [...] quando os professores ou qualquer pessoa da escola tomam providência, é a escola que não presta (Sargento do 13º Batalhão).

Vigora nestes e em os outros relatos a ideia de que "tudo começou" porque a família abdicou de seu papel matricial na formação dos valores, dos hábitos, da imposição dos limites. Essa ideia foi formulada da seguinte maneira pelo ex-comandante entrevistado:

> A questão da terceirização. Eu coloco isso entre aspas "terceirização da educação". Quer dizer, os pais, a família, já numa situação de não darem conta da educação do filho, terceirizam a educação, a responsabilidade da escola, do professor, dos diretores etc. [...]. Estes são problemas que a Polícia Militar lida, porque tudo, exatamente tudo, da sociedade recai na Polícia Militar, seja de sua competência ou não (Ex-comandante-geral).

Nesse ponto, o discurso dos policiais coincide com o dos docentes. Há uma sensação de que as famílias, por não darem conta de impor limites e/ou educar suas crianças, deixam tudo para a escola. Mas, diante dessa percepção, vale lembrar o

Educação e seus atores: experiências, sentidos e identidades

estudo do psicanalista e historiador Christopher Lash, *Refúgio em mundo sem coração*, no qual ele mostra que o abandono da família em relação à educação de suas crianças se deu em função da prepotência da chamada "educação moderna", ou "pedagogia moderna", que, em dado momento, desqualificou a família como instância de educação dos próprios filhos. Diretores e supervisores escolares criaram a mística, sobretudo nos anos 1970 e 1980, de que eles sabiam o que era melhor para a educação das crianças e dos adolescentes no mundo contemporâneo (MELLO, 1982; ROSEMBERG, 1993). Curiosamente, essa mesma escola que desqualificou a família implora hoje para que esta imponha limites às suas crianças e a seus adolescentes. Isso ocorreu porque estes alunos advêm, na percepção dos policiais entrevistados, de um meio social "deteriorado", considerado como o hábitat natural desses adolescentes.

> [...] eu priorizo justamente ações no meio do aglomerado [...] fazer aquela presença constante, para que não haja uma coisa mais grave [...], a presença da gente é importante em todas as escolas, principalmente destas que estão no centro do aglomerado [...], eu tenho observado os pontos críticos [...], esquinas, becos, aglomeração de pessoas [...], faço perguntas para saber o que aquele pessoal está fazendo ali todos os dias [...] (Cabo do 22º Batalhão).

Não só o ambiente escolar é visto na perspectiva do ambiente deteriorado. A própria escola é assim considerada:

> [...] as escolas estão sendo também um foco de muitos membros delituosos. Pessoas que têm alta periculosidade estão estudando. Vieram de um local de crime, já cometeram vários delitos e estão dentro da escola [...], estão estudando aqui e, se não tiver polícia, eles podem implantar uma conduta inconveniente no interior da escola, por falta de uma presença de polícia [...], eles sabem e já dizem: "Eu não vou fazer isto porque o policial a qualquer momento chega aqui. Todo dia ele vem aqui". A diretora já falou comigo; "Você vem aqui, e a gente

só vê cara pulando muro e saindo fora correndo" (Cabo do 22º Batalhão).

Outros relatos ainda mais precisos quanto a essa caracterização naturalista de áreas de violência são frequentes. Interrogado como se prepara para atender chamados na escola, o sargento do 5º Batalhão, responde:

> [...] pela experiência que eu tenho principalmente nessas áreas das escolas, [...] a gente já vai bem mais alerta e preparado [...]. São escolas que já fizemos apreensão de armas [...], tem na área o tráfico de drogas, que recruta menores nas escolas. E, infelizmente, é o local onde há os conflitos (Sargento do 5º Batalhão).

A ida dos policiais às escolas nunca é neutra. A *Avaliação Diagnóstica* realizada pelo Comando de Policiamento da Capital a que nos referimos anteriormente moldou de alguma forma o perfil desses ambientes. Sobre isso, um dos cabos entrevistados afirma:

> [...] inicialmente, a gente vai nessas escolas com o espírito armado, porque a gente não sabe o que está acontecendo [...], cada escola tem sua característica própria [...] a gente sabe o público que a gente está interagindo [...] a gente sabe que aquele público ali requer mais cuidados [...], a gente vai armado, com o espírito armado. Vai com cobertura, porque a gente não sabe o que encontra [...], citar escolas é meio problemático, mas têm escolas que a gente sabe que lá dentro tem pessoas armadas [...]. Nós vamos, infelizmente, pensando que lá vamos encontrar um delinquente (Cabo do 1º Batalhão).

Ainda que esses estereótipos pesem na ação dos agentes do policiamento escolar e *registrem as possibilidades de interação com os moradores da região* e/ou os alunos das escolas em questão, há, como ressalta Bittner, as chances dessas *concepções estereotipadas dos policiais sobre as escolas e os alunos sofrerem revisão e serem modificadas em relação a indivíduos em particulares* (BITTNER, 2003, p. 38).

219

E isso acontece, na maioria das vezes. No depoimento de um sargento do 5º Batalhão, ele não declara aos professores e à escola os delitos cometidos por alunos que se encontram em liberdade assistida.

> [...] muitos professores até me perguntam como é que fico sabendo sobre o delito que eles [alunos] cometeram. Muitos eu sei, porque foram apreendidos aqui na área [...]; alguns assaltaram padaria, coletivo, fizeram alguma coisa [...]; então eu sei, mas para mim morreu [...]; fiz a minha parte, ele está cumprindo a pena dele [...] mas sempre fica para os professores, para os funcionários até para os policiais que aqueles meninos vão cometer alguma coisa, algum momento [...]; cria-se insegurança [...] eu não sei se seria bom eu chegar e falar: "Seu aluno, professora, matou um cara em tal lugar". Eu acho melhor que não saiba. A determinação do juiz é que se cumpra [...] eu prefiro não saber. Assim, eu lido com eles melhor, como iguais. São todos iguais (Sargento do 5º Batalhão).

Outros depoimentos reproduzem esse cuidado ético no tratamento com os alunos. Considerando que em todos os entrevistados encontra-se esse tipo de preocupação, pode-se argumentar que este seja um aprendizado específico dos policiais que trabalham em escolas. O contato mais frequente e contínuo com os estudantes, mesmo com aqueles estigmatizados por algum delito cometido, permite rever concepções e crenças.

A manutenção da paz nas áreas deterioradas, como afirma Bittner, exige dos policiais uma série de aprendizados que necessariamente eles não teriam se não estivessem em contato direto com o crime. Pensando que os policiais entrevistados atuaram por muito tempo no policiamento ostensivo nas ruas e que hoje patrulham escolas que se encontram em áreas de risco, era de se esperar que seus relatos revelassem, de alguma forma, esses aprendizados.

Dentre os fragmentos estudados, fica a hipótese de que o policiamento escolar produziu um "saber sobre a escola e sobre a relação com alunos e professores" que ainda não foi suficientemente valorizado pelos formuladores de políticas educacionais. Promoveu, de fato, um mergulho na realidade social em que as escolas estão inseridas e no universo em que os alunos vivem. Pesquisadores do cotidiano escolar há muito advertem em suas pesquisas sobre o quão importante são os projetos político-pedagógicos nos quais a imersão no seu próprio entorno seria fundamental para atender à diversidade cultural e, em última instância, à inclusão social (CANDAU, 2001). Só que essa proposta dificilmente saiu do papel. Os projetos ainda continuam muito centrados na sala de aula.

Para os profissionais do policiamento escolar, fixar-se exclusivamente no interior da escola é quase impossível. Como sua missão é conseguir "detectar" os desvios antes que ocorram, não tem como não penetrar no universo do aluno e, consequentemente, no da família e no da comunidade. Mas a estratégia para conseguir atingir esse mundo de fora consiste em aproximar-se ao máximo dos estudantes, ganhar definitivamente a sua confiança.

Questões do mundo objetivo e do mundo subjetivo misturam-se nessas interações. A prática do policiamento escolar escancara algo que inúmeros estudiosos da escola (ESPÍRITO SANTO, 2002; NOGUEIRA, 2006) já falaram e escreveram, a saber: a escola é, sobretudo, um espaço de convivência. As pessoas não estão ali apenas envolvidas com uma relação de ensino e aprendizagem. Trocam confidências, falam da vida, contam crimes ou situações que em outras relações seriam inconfessáveis. Mas isso não pressupõe que a escola tenha perdido a sua aura, a sua perspectiva iluminista do templo do saber

Há policiais que acreditam que a *escola é um local para o adolescente, para a criança ir e crescer como ser humano. Aprender.* Só que hoje em dia, muitas vezes, o problema é *"familiar [...], a família não está estruturada e acaba que os professores fazem o trabalho dos pais [...] só que aí encontram uma grande barreira [...], os adolescentes hoje são muito difíceis"* (Sargento do 5º Batalhão).

> É isso que se leva em conta quando se chama a polícia na escola. Ali é lugar para aprender [...], aprimorar os seus conhecimentos [...], quando o professor ou um funcionário nos chama, é para poder tomar uma providência. Dependendo da situação, temos que tomar uma atitude de polícia (Sargento do 13º Batalhão).

E, quando é preciso tomar essa atitude, que saberes são mobilizados pelo policial? Apresentam-se a seguir alguns desses saberes fundamentados em uma categoria proposta por Maurice Tardiff (2000) para analisar o saber profissional.

B) OS SABERES PROFISSIONAIS SÃO PLURAIS E HETEROGÊNEOS

Isso significa dizer que esses saberes vêm de diversas experiências e que muitos levam tempo para se consolidar. Os policiais, independentemente de terem pouca experiência com o policiamento escolar, aprenderam que o sucesso na aproximação com a comunidade escolar se deu por meio de "jogo de cintura"; termo utilizado por todos os entrevistados, o que significa que já se constitui em um senso comum produzido na prática.

> [...] se falar um palavrão comigo [...] a primeira medida é entregar para os pais. A gente tem que saber fazer a abordagem, tem de saber conversar com esse aluno [...] tem que saber chegar neste aluno, ouvindo ele dentro dessa modalidade (Cabo do 41º Batalhão).

O que a sua intuição como policial e, certamente, a sua preparação no batalhão para lidar com adolescentes no ambiente escolar indicam é a escuta. Ter a capacidade de ouvir. Praticamente todos os depoimentos dos policiais apontam para essa necessidade. Eles veem isso até mesmo como uma espécie de aptidão. Diferentemente do policiamento ostensivo na rua, para o qual o "saber olhar" é primordial, na escola "saber escutar" é uma arte. Entretanto, o seu saber não se esgota aqui. Para convencer o adolescente a respeito de seu comportamento pouco adequado, ele usa a técnica de apresentar exemplos assustadores e ameaçadores no lugar de uma ação repressiva

> [...] falo para ele [adolescente] das condições, de que pode lhe acontecer [...], dando alguns exemplos de alguns marginais, principalmente o pessoal da periferia, chamando a atenção do aluno [...], "o que é que aconteceu com fulano de tal? Morreu. Com quantos anos? Com 17 ou 18. E quantos anos você tem?". Ele me responde: "Eu estou com 8". E eu digo: "só faltam 10 anos para isto acontecer com você. Você quer?". Ele responde: "Não". É assim que você vai conquistando a confiança deste aluno. Você vai se aproximando dele desta forma. Pelo menos foi a forma que eu encontrei (Cabo do 41º Batalhão).

Esse é um exemplo claro de que o policial não só mobilizou um saber que vem de sua própria prática policial (ele conhece o histórico e o antecedente dos adolescentes que morreram no envolvimento com o crime) como também personalizou esse saber, que é outra característica do saber profissional. Ou seja, ele é subjetivo.

Outro exemplo do "jogo de cintura" aparece no relato de um sargento do 5º Batalhão:

> [...] cabe muitas vezes, a orientação, ao invés da repressão ou da condução dos meninos. A gente tem um tratamento diferenciado para a escola, porque o que se espera do aluno que está na escola é que ele esteja lá para crescer e aprender [...] a gente tenta não só conduzir os alunos, mas orientá-los (Sargento do 5º Batalhão).

Há controvérsias acerca do que se deve ensinar. Os policiais entrevistados, com exceção de um, fizeram pequenos cursos preparatórios para atuar nas escolas. Mas isso não significa que foram apenas esses saberes que eles mobilizaram para dar conta de suas atividades. Um dos entrevistados declarou:

> Na verdade, formação diferenciada eu nunca tive [...]. Eu tenho a mesma formação de todo mundo [...] mas tem que

Educação e seus atores: experiências, sentidos e identidades

> ter certas qualidades [...]. Neste período em que estou no policiamento escolar eu só tenho mesmo a experiência de policial (de rua). Existem alguns cursos, até de policiamento escolar, o qual eu nunca fiz [...]. Acho que a questão é você se identificar com o tipo de policiamento mesmo onde você se trabalha. Eu procuro em todo o meu trabalho ser justo e até mesmo levar a palavra de Deus nas minhas atitudes para não ser injusto com as pessoas [...]. Então, eu acho que é isto [...], é com a prática e com o tempo que eu fui desenvolvendo isto aí e fui aprendendo a lidar com estas crianças e adolescentes (Sargento do 5º Batalhão).

Experiências pessoais e palavras de Deus, tudo isso pode ser mobilizado nesse árduo trabalho de "manutenção da paz", no qual se espera que o policial exerça suas atividades sem realizar prisões, o que não é fácil, como se verá a seguir.

Dificilmente os policiais conseguem se desvencilhar da sua função de cumpridor da lei. Nesse campo, os embates são inúmeros. A origem do próprio policial é um marcador fundamental na produção do "saber-fazer", de como saber atuar em situações com as quais têm muita familiaridade.

> Eu tenho uma visão dupla. Porque, além de ser policial, sou também pedagogo e vim de um aglomerado. Eu morei em uma favela. Eu sei o que é morar em favela. Minha mãe ainda mora lá. Um professor e um policial precisam pelo menos ter o mínimo de contato com aquilo, para saber o que acontece. Quando eu morava lá e não era policial, eu via a abordagem da polícia e também tinha medo. Mas eu respeitava. Agora, eu sou policial [...] eu vou ao aglomerado e vou à escola. O que falta na gente é poder ter tido privilégio [...] Já morei, meus pais ainda moram lá, e *eu sei da violência lá [...] melhor do que a polícia* (Sargento do 5º Batalhão, grifos nossos)

O sargento descreve, possivelmente, a história de muitos de seus companheiros de corporação. Sair do contexto para o qual tem de voltar para fazer abordagem policial é ter de "estranhar" o que conheceu em profundidade e, por vezes, ter de provocar constrangimentos inevitáveis. Esse é um aprendizado que só quem passa por ele pode dizer se ele ajuda ou não na própria prática profissional.

Admitindo-se, com Bittner, que na manutenção da paz podem existir ações que levam à prisão e ao uso da lei, fica evidente na ação dos policiais entrevistados que suas ações não estão imunes a essas situações. Ao contrário, elas são muito mais corriqueiras do que se imagina. E são elas que produzem conflitos no ambiente escolar.

Por vezes, os policiais se queixam que os gestores escolares desconhecem os procedimentos legais e "passam a mão na cabeça do aluno" diante de uma situação de delito. Mas, mesmo nessas situações, não há convergência na posição dos policiais.

Há, de um lado, aqueles que se atêm ferrenhamente ao que determina a lei e condenam os gestores.

> Quando isso acontece, o que eu faço normalmente é buscar o Estatuto da Criança e do Adolescente e mostrar para elas (diretoras e professoras) [...] mostro que estão ferindo não só o Estatuto, mas talvez a própria Constituição Federal [...] fica inviável [...] amanhã ou depois, isto pode dar um problema que elas não saberão resolver [...] eu tomo providência policiais [...] na lei (Cabo do 1º Batalhão).

Nessa linha, há aqueles que exigem que a escola decida se o que aconteceu foi indisciplina ou delito.

> Se a direção da escola fizer algum acordo relativo a isto (a um delito) com o aluno, não precisa chamar a gente, não. A gente está lá para atuar. O serviço preventivo e de orientação cabe a eles fazerem [...] se eles fizerem acordo, a escola vai avaliar. Mas se ela chamar a gente lá e tiver acontecido algum ato infracional ou algum dano, a gente faz a condução do aluno [...] Cabe à escola avaliar se há necessidade realmente de chamar a gente (Sargento do 5º Batalhão).

Há, de outro lado, aqueles que respeitam a decisão da escola porque consideram que esta já sabe distinguir crime de indisciplina.

Educação e seus atores: experiências, sentidos e identidades

[...] antigamente acionavam a polícia por qualquer coisa, e hoje, não [...]; se tiver que prender o autor ou prender o infrator [...] nós não o conduzimos. Geralmente, passamos para a viatura básica, a qual toma as providências necessárias (Sargento do 13º Batalhão).

As formas como os policiais têm tratado a violência escolar passa por essa ambiguidade: manutenção da paz e policiamento ostensivo. Esses não são polos opostos. Ambos existem no ambiente escolar com o objetivo de garantir a manutenção da ordem pública. Os aprendizados que possivelmente devem estar ocorrendo nessa interação entre polícia e escola são temas para outros estudos, porque exigirão uma metodologia interativa, em que esses dois interlocutores possam falar de uma experiência tão singular.

Outro aspecto que emergiu diante do vasto material que havia pela frente, mas que nem por isso poderia ser negligenciando, foi o policiamento escolar e a questão de gênero.

Como se ressaltou nas páginas anteriores, todos os policiais entrevistados vinham do policiamento de rua e em seguida foram designados para o policiamento escolar. Tal designação, como foi dito, seguia critérios muito bem definidos: perfil adequado, ser comunicativo e expressar vontade de participar da experiência. Diante desse quadro, vale refletir sobre algumas questões que indicam como se deu a passagem do mundo da rua para o mundo da escola.

Alguns estudos já assinalaram que um dos traços expressivos da cultura policial é o "machismo" (BITTNER, 2003; BAYLE; SKONICK 2001; MUNIZ, 1999). O *ethos* masculino se constrói no interior do mundo violento, de riscos e coragem, que os policiais têm de encarar e, consequentemente, constrói sua imagem policial.

A esse respeito, comenta a antropóloga Jaqueline Muniz (1999, p. 241):

> Não muito diferente do que ocorre em outros universos profissionais marcadamente masculinos, como a constru-

ção civil, o transporte de cargas, o sistema rodoviário, etc. a bazófia sexual e as conhecidas piadinhas de mau gosto – hoje já classificadas como "politicamente incorretas" – também fazem parte da gestão cotidiano das interações de gênero no ambiente de trabalho policial.

O policiamento ostensivo é coisa para "macho", para quem não tem medo de enfrentar o pior. Por isso, no imaginário do jovem que ingressa na carreira de policial militar, o seu trabalho é na rua, perseguindo e matando bandido, subindo morro, arma em punho, matando ou morrendo. Como lembra Muniz (1999, p. 42), o que se define como policial operacional é aquele que está policiando a rua.

> [...] [A rua] espécie de "Terra de macho" [...], nesse território simbólico interpretado como sórdido, violento, insensível e, por tudo isso, masculino, parece só haver lugar para disputa entre os destemidos "machinhos"que interferem no "bonde do bem" e os bandidos e desregrados, que compõem o "bonde do mal". Esse tipo de gramática dos papéis de gênero, em boa medida conservadora e estereotipadas, encontra-se disseminada na tropa.

A autora caracteriza muito bem o que significa a socialização no meio policial: *os requisitos de entrada e de permanência são muito severos para os próprios PMs. Sensibilidade, doçura? Nem pensar! São posturas absolutamente renegadas no interior da tropa.* A aversão ao homossexualismo é uma condição *sine qua non* para se permanecer na corporação. Como diz Muniz (1999, p. 243)

> A contabilidade dos talentos considerados indispensáveis ao mito romântico do policial-herói, reforçado pelo senso comum extraído das mesmas, ancora-se em uma espécie de elogio tão extremo dos atributos da virilidade que o que está oculto parece não poder prescindir de expedientes diretos e indiretos de vigília do comportamento masculino idealizado [...], a fragilidade, o receio, a sensibilidade, o medo, etc., são, via de regra, interpretados como "coisa de mulher" [...]. Nada é mais delicado para os "sujeitos

homens" de polícia ostensiva do que se verem convertidos em atores "apassivados" e "inoperantes". (*idem*, p. 243).

Mas por mais que se finja que o *ethos* não orienta as condutas, ele está lá, impossível de ser dissimulado. Uma das consequências dos efeitos desse *ethos* no comportamento dos PMs é que tudo o que não for trabalho de rua, de confronto e de bravura, é rejeitado, é visto como um "grave fator de risco" moral para os PMs de ponta de linha.

Outra lenda do *ethos* masculino na corporação é aquele que exalta a *indiscutível competência sexual dos policiais* (MUNIZ, 1999, p. 243). Isso faz com que "no mercado erótico, os seus grandes rivais sejam os mesmos que os desafiem no exercício do seu trabalho – os 'malandros', 'boys' e 'bandidos'" (p. 243).

Como fica a passagem desse mundo para o universo escolar, eminentemente feminino, como bem o caracterizou Eliane Marta Santos Teixeira Lopes (1991), como sendo um universo marcado por sentimentos de abnegação, de sacrifícios, de convivência, do ser mãe e de ser professora ao mesmo tempo?

Fazer parte do policiamento escolar é uma opção. O policial tem que expressar a sua vontade, seu querer. Todos os entrevistados relataram que não é qualquer um que poderia realizar tal atividade. Sobre isso, tem-se o seguinte depoimento:

> Infelizmente, é diferente [...] porque eles [os policiais de rua] não estão envolvidos diretamente. As atividades deles, apesar de que são da Polícia Militar, são diferentes [...], estão envolvidos em um outro campo de visão [...], os objetivos são outros [...] às vezes se esquecem até de que é uma criança que cometeu aquele ato pela primeira vez. [...], Já nós, não. Nós estamos envolvidos [...], a gente conhece o perfil daquele menino. A gente sabe qual é o problema [...]. Às vezes até, sem querer, a gente entra no pessoal e familiar desta criança [...], para eles [os policias de rua] é sempre complicado, porque eles não estão envolvidos diretamente. É até injusto cobrar isto deles também (Cabo do 1º Batalhão).

Subjacente ao depoimento está a diferença do que é ser um policial de rua e um policial dentro da escola. Ainda que o depoente não diga com clareza qual é a diferença, pelo menos ele ressalta a diferença de objetivos de ação e, ainda, a necessidade de se ter sensibilidade para tratar com uma criança. Mas ele não condena os seus colegas do policiamento de rua por não saberem lidar com a situação escolar. Ao contrário, ele os justifica:

> [...] eles veem de maneira diferente, porque foge um pouco do cotidiano deles [...]. Num assalto a banco, por exemplo, você não vai imaginar que tem uma criança envolvida, mas no nosso caso só tem crianças. Eles acham difícil trabalhar na escola porque é preciso trabalhar com o psicológico das pessoas. A gente, aqui, não vai direto com uma arma em punho ou com uma abordagem, como manda os manuais [...]. Vamos providos de conhecimentos, só de conhecimentos [...]. "Eles falam para mim: eu particularmente não consigo fazer isto em virtude do que eu faço do meu cotidiano. Eu vou ter de preparar o meu psicológico para que eu entre nesta situação que você se encontra hoje" [...]. Mas todas as vezes que a gente solicita cobertura e que está com um problema grave eles chegam [...] (Cabo do 1º Batalhão).

Ainda que, aparentemente, haja um bom relacionamento, segundo os entrevistados, entre o policiamento escolar e os outros policiais no que se refere às tarefas "operacionais", para falar como Muniz, em algum momento, parece existir alguma forma de discriminação, como mostra um dos depoentes:

> [...] eu acho que, na verdade, a própria polícia e os próprios militares têm uma visão (que está mudando) de que o policiamento escolar é um policiamento que não é tão eficaz quanto o são os demais. Isso porque para a gente cabe mais a orientação do que a repressão ou condução dos meninos (Sargento do 5º Batalhão).

Há uma tendência de avaliar a eficácia do policiamento pelo número de ocorrências atendidas, de prisões e de apreensões.

É claro que as orientações que fazem nas escolas com alunos e professores não entram no processamento. Outro depoente foi mais direto no centro da questão. Para ele, os colegas das operações de rua não gostam de atender ocorrências na escola.

> [...] outro dia, eles reclamaram com a gente porque a gente não estava trabalhando e eles tiveram que atender ocorrência em escola [...]. A gente vê até uma certa discriminação [...], o policiamento escolar, pelo menos na minha companhia, é discriminado pelos outros PMs [...], o pessoal, do radiopatrulhamento [...]. Nós fazemos chamadas ao policiamento normal [...] e eles conversam com todo mundo, mas eles não dão papo para a gente da patrulha escolar [...], até mesmo os oficiais [...]. Se eles dão instruções, eles dão para todo mundo. Mas a gente fica excluído do corpo ali da tropa naquele momento [...], eles simplesmente acham que a patrulha escolar [...] não está fazendo nada. Mas nós estamos ali conversando. Às vezes, dando uma palestra no horário de serviço. Nós geramos uma ocorrência [...], conversamos com professores [...]. Às vezes, pinta uma ocorrência [...], eu faço contato com o 190 e o COPON, e gera a ocorrência [...] mas eles nem veem isto [...], acham que a gente está ali na maré mansa (Sargento do 16º Batalhão).

A ideia de que o policiamento escolar transforma o "*ethos* masculino" fica evidente nos depoimentos. Mas é preciso destacar o que foi modificado, o que compensa a perda do traço central da cultura militar.

Os policiais entrevistados gabam-se todos de estarem desempenhando uma atividade de extrema importância. O policiamento escolar se investe da "função civilizadora", e os policiais se enxergam como pessoas que podem inibir a incivilidade das crianças e dos adolescentes e levá-los a se autoconscientizarem, a se autocontrolarem. Parte dessa tarefa aparece na transmutação que fazem de "policial" para "pai". Nesta função de pai-policial, eles buscam identificar o que considéram de mais "perverso" no comportamento das crianças de dos adolescentes. Desenvolvem com isso uma linguagem bastante moralista. Um dos alvos é, como se pode imaginar, a sexualidade.

Um dos entrevistados se horroriza com a liberdade sexual dos adolescentes. Para ele, as meninas estão com o "sexo em fogo" e os meninos são "punheteiros contumazes".

> Tem algumas ocorrências lá, às vezes, muito complexas que acontecem à noite: menino agarrando menina, meninos se masturbando na porta da escola olhando para a sala de aula [...], uns tipos de alunos problemáticos [...], nas outras escolas eu nunca vi este tipo de problema [...] Ah, não! Está acontecendo algumas coisas naquela escola [...], acho que a merenda que eles comem ali é muito afrodisíaca [...] (Cabo do 5º Batalhão).

O discurso moralista quanto à sexualidade exuberante dos alunos reproduz muito claramente um imaginário social mais amplo que vê nos jovens marcas de incivilidade, de não interiorização das normas ou de não capacidade de autocontrole. A explosão hormonal, que outro policial declarou ao falar da paciência que é necessária com os adolescentes, torna-se, para o cabo do 5º Batalhão, um ponto crucial a ser combatido. E, ainda, ao falar das alunas, ele não esconde preconceitos sexistas.

> O maior problema que tem aqui é muito briga de mulher [...], tem mais briga de mulher do que de homem. Mulher, meninas, namoradas de marginais, mulheres de marginais. Uma que mete a faca na outra, uma querendo matar a outra (Cabo do 5º Batalhão).

Não vigora apenas a postura do moralista repressor, há outra versão em que a moralidade se articula com a compreensão. O policial é capaz de ouvir dos adolescentes aquilo que eles não conseguem dizer nem para os professores nem para os próprios pais. Às vezes, estes são os algozes dos próprios filhos. Um sargento declara que no atendimento quem mais o procura são adolescentes de ambos os sexos:

> [...] na maioria, são adolescentes, e a gente vê que eles estão ali à mercê do tráfico de drogas, à mercê, até mesmo, do abuso por parte dos professores. E muitos deles não têm pai, não têm mãe para estar ali passando para eles orientações. A gente vê uma coerência muito grande [...] já houve casos em que uma aluna chegou para mim e falou que uma colega dela havia sido estuprada pelo pai dela [...] então, você passa a entender por que a aluna está revoltada através desse contato. Porque uma moça para chegar e contar para um policial que determinada amiga dela foi violentada pelo pai, ela teve que ter certa confiança neste policial (Sargento do 10º Batalhão).

Haveria muitos outros depoimentos para analisar, os quais ajudariam a caracterizar o policiamento escolar e a esclarecer mais elementos que compõem o fenômeno de violência escolar no mundo contemporâneo. Sabe-se que as informações reunidas no presente artigo não solucionam um problema tão complexo, mas entende-se que elas dizem muitas coisas que nem os formuladores de políticas educacionais nem os de políticas de segurança pública consideram em suas proposições.

A pesquisa qualitativa tem esse dom, o de dizer o "indizível", o de mostrar aquilo que sem uma lupa gigante nunca seria visto. O estudo do policiamento escolar pode ajudar a construir uma dimensão mais humana de policial, pois a sua prática, em um ambiente eminentemente feminino, obriga os policiais (homens e mulheres) a se conhecerem como seres humanos, como indivíduos que passaram, também, pela experiência dos processos e de atos que visam à constituição de um individuo *civilisé*.

Não é à toa que em Belo Horizonte a principal personagem do policiamento escolar foi uma mulher, na época major. Foi ela quem deu ao policiamento escolar um *status* importante que dificilmente será alterado.

Considerações finais

O tema da violência em meio escolar em nossos dias coloca em evidência duas instituições: escola e polícia. Em grande parte dos episódios relatados pela mídia, a polícia tem sido chamada para interferir em eventos que ocorrem no interior de estabelecimentos escolares, reforçando a máxima de que a *polícia está na escola*.

Em outra direção há estudos que fazem uma severa crítica às formas como os episódios ocorridos nas unidades de ensino têm sido tratados, questionando, inclusive, o que faz a polícia nos estabelecimentos de ensino. O policiamento escolar tem sido visto como intruso: os invasores.

No rastro dessas pistas, buscou-se, então, apresentar um esboço do que esses profissionais têm construído na atividade do policiamento escolar ao longo dos tempos

A movimentação da polícia em direção às escolas apresenta particularidades muito específicas. Estas variaram, no tempo e no espaço. Quando observadas por outros ângulos, descrevem um movimento de chegada da força policial nas escolas de fora para dentro, e na esteira deste caminhar institucional essas particularidades mostram a produção de serviços dimensionados para a comunidade escolar de natureza *repressiva, preventiva e educativa*. Mas todas as ações da polícia na escola têm como pano de fundo o controle sobre o comportamento, mormente de crianças e adolescentes, como alternativa para se combater o crime organizado em particular o tráfico de drogas.

Nessa perspectiva, a escola teve e tem uma importância específica aos "olhos" da polícia pelo valor estratégico que ela representa para o tráfico de drogas e para outras modalidades criminosas.

A PMMG é essa complexidade inextrincável. Foi dela que se partiu para se compreender a relação polícia e escola. É nesta relação que os gestores públicos têm se apoiado para resolver um dos mais graves problemas do mundo contemporâneo: a violência no meio escolar.

Vários estudos haviam sido realizados tendo a escola como foco. O grande mérito deles foi mostrar que os sistemas públicos educacionais estavam pouco preparados para atuar com esse problema. Os professores não tinham formação suficiente para enfrentar as transformações por que passam as escolas no atual estágio de nossas sociedades. Enquanto isso os pais, também, desorientados, clamam por iniciativas públicas mais consistentes, e a sociedade está assustada com os eventos e episódios em meio escolar. Esses estudos faziam uma severa crítica às formas como os episódios eram tratados na escola, estando a polícia no centro do furacão. O que fazia essa instituição no meio escolar?

O presente artigo pretendeu trazer um breve panorama das práticas e dos saberes que policiais têm mobilizado para lidar com sua ação nas escolas. A riqueza que tem sido o encontro da escola e da polícia ainda não foi suficientemente reconhecida, e a nossa investigação apenas indicou uma pequena ponta do iceberg. Há muito por ser feito.

O estudo mostrou também que é possível haver uma polícia humanizada e que o policiamento escolar é a fonte de onde se podem extrair os fluidos dessa humanização. O encontro de professores e policiais indica que, por meio dessa ação, pode-se construir, com as gerações, tanto a presente como as futuras, uma segurança pública como um bem coletivo indispensável para assegurar os nossos direitos de cidadania, uma das "caras" conquistas do mundo moderno (Sapori, 2006).

Diante dos desafios que as autoridades têm de enfrentar no campo da segurança pública, o policiamento escolar é "algo pequeno", por vezes, "invisível", quando se consideram os embates contra o crime organizado globalizado. Mas é neste pequeno território, por vezes desprezado, visto como "coisa de mulher", que se pode encontrar o germe para se sustentar, quem sabe, um grande movimento social que ajude a combater as "pequenas incivilidades", vistas, também, como coisa menor, mas que, quando deixadas de lado, acabam produzindo o terrível sentimento de que os cidadãos estão abandonados pelos poderes públicos.

Referências

ABRAMOVAY, Miriam. *Escola e violência*. Brasília: UNESCO, 2002.

ARAÚJO, Maria Carla de Ávila. *Vivências escolares de jovens de um bairro de periferia de Belo Horizonte: um estudo exploratório das marcas da violência na construção de suas identidades*. 2000. Dissertação (Mestrado em Educação) – Faculdade de Educação, Universidade Federal de Minas Gerais, Belo Horizonte, 2000.

ASSIS, Márcio Ronaldo. *Projetos sociais voltados para crianças e adolescentes desenvolvidos na PMMG*. Belo Horizonte, 2003. 84 f. Monografia (Especialização em Segurança Pública) – Academia de Polícia Militar, Polícia Militar de Minas Gerais, Belo Horizonte, 2003.

BARBOSA, José Geraldo Leite. *A polícia educativa: todos podem cooperar*. Polícia Militar de Minas Gerais. 1966.

BAYLEY, David H; SKOLNICK, Jerome H. *Nova polícia: inovações nas polícias de seis cidades norte-americanas*. São Paulo: Edusp, 2001, 257 p.

BITTNER, Egon. *Aspecto do trabalho policial*. São Paulo: Edusp, 2003, 385 p.

BORGES, Evandro Geraldo Ferreira. *A violência nas escolas, o trabalho da formação ameaçado por uma questão de segurança pública*. 2003. 66 f. Monografia (Especialização em Criminalidade e Segurança Pública) – Centro de Estudos da Criminalidade e Segurança Pública, Universidade Federal de Minas Gerais, Belo Horizonte, 2003.

BOURDIEU, P.; PASSERON, J. C. *A reprodução*. Rio de Janeiro: Francisco Alves, 1995.

BRASIL. Secretaria Nacional de Segurança Pública. *Projeto de segurança pública para o Brasil*. 2003.

CAMACHO, Luiza Mitiko Yshiguro As sutilezas das faces da violência nas práticas escolares de adolescentes. *Educação e Pesquisa*, São Paulo, v. 27, n. 1, p. 123-140, jan./jun. 2001.

CANDAU, V. M. *Escola e violência*. Rio de Janeiro: Dp&A, 2001.

CARDIA, Nancy. A violência e a escola. *Contemporaneidade e educação*, Rio de Janeiro, v. 2, n. 2, p. 26-69, set. 1997.

CASTRO, Marta Luz Sisson. Violência no cotidiano da escola básica: um desafio social e educacional. *Revista Educação*, Porto Alegre, v. 34, n. 21, p. 7-22, abr. 1998.

CERQUEIRA, Carlos Magno Nazareth (Org.). *Do patrulhamento ao policiamento comunitário*. Rio de Janeiro: Freitas Bastos, 1999.

COELHO, Suzana L. B. *As disciplinas dos indisciplinados: código de normas e valores de jovens favelados em uma região industrial*. 1992. Dissertação (Mestrado em Educação) – Faculdade de Educação, Universidade Federal de Minas Gerais, Belo Horizonte, 1992.

COLOMBIER, Claire. *A violência na escola*. São Paulo: Summus, 1989.

COUTO, Karine Gusmão do. *Violência e escola: o que pensam os diferentes atores sociais sobre a intervenção policial na instituição escolar*. 2003. Dissertação (Mestrado em Educação) – Faculdade de Educação, Universidade Federal de Minas Gerais. Belo Horizonte, 2003.

DAYRELL, Juarez (Org.). *Múltiplos olhares sobre educação e cultura*. Belo Horizonte: UFMG, 2006, 194 p.

DEBARBIEUX, E. *La violence em milieu scolaire 1: état des lieux*. Paris: ESF, 1987.

DUPÂQUIER, J. La violence in milieu scolaire. In: DEBARBIEUX, Éric (Org.). *Éducation et formation: enfants et adolescents en difficulté*. Paris: Universitaires de France, 1999.

ESPIRITO SANTO, Shirlei Rezende Sales do Espírito. *Oposição, diversão e violência na escola: os significados produzidos para práticas culturais de transgressão*. 2002. Dissertação (Mestrado) – Faculdade de Educação, Universidade Federal de Minas Gerais, Belo Horizonte, 2002.

FERNANDES, Rubens César. *Segurança para viver*: propostas para uma política de redução da violência entre adolescentes e jovens. In: NOVAES, Regina; VANNUCHI Paulo (Org.). *Juventude e sociedade*: trabalho, educação, cultura e participação. São Paulo: Fundação Perseu Abramo, 2004. p. 260-274.

FUKUI, Lia. *Violência e educação*. São Paulo: Livros do Tatu: Cortez, 1992.

FUNDAÇÃO JOÃO PINHEIRO. *A implementação de projetos sociais em contexto de alta vulnerabilidade*: os projetos de combate à violência nas escolas. Belo Horizonte. FJP/EG, 2006. 482 p.

GONÇALVES, Luiz Alberto de Oliveira; SPÓSITO, Marília P. Iniciativas públicas de redução da violência escolar no Brasil. *Cadernos de Pesquisa*, São Paulo, n. 115, p. 101-138, mar. 2002.

LASH, C. *Refúgio em mundo sem coração: a família: santuário ou instituição sitiada*. São Paulo: Paz e Terra, 1991.

LIMA, Miriam Assumpção e. *Polícia e juventude: informação e reflexão como fatores intervenientes na atuação de militares do 22° e 34° BPM junto a jovens de aglomerados*. 2006. 70 f. Monografia (Especialização) – Academia da Polícia Militar, Polícia Militar do Estado de Minas Gerais, Belo Horizonte, 2006.

LOPES, Eliane Marta Santos Teixeira. *Da sagrada missão pedagógica*. 1991. 403 f. Tese (Concurso para Professor Titular do Departamento de Ciências Aplicadas à Educação da Faculdade de Educação da UFMG) – Universidade Federal de Minas Gerais, Belo Horizonte, 1991.

MELLO, Guiomar N. de. *Magistério do Primeiro Grau: da competência técnica ao compromisso político*. São Paulo: Cortez, 1982.

MINAS GERAIS. Lei nº 13.453, de 12 de janeiro de 2000. *Autoriza a criação do programa ronda escolar no Estado de Minas Gerais*. Disponível em: <http://www.intranetpm.mg.gov.br./>.

MINAS GERAIS. Polícia Militar, 1º Comando Regional de Policiamento. *Plano Anjo da guarda*. Governador Valadares- MG, 1994a, 13p.

MINAS GERAIS. Polícia Militar, 8º Região da Polícia Militar. *Memorando 30.910*. Programa Anjos da Escola. Belo Horizonte, 1998a.

MINAS GERAIS. Polícia Militar, 8ª Região de Polícia Militar. *Instrução nº 05/2005 – organiza e disciplina a nova malha protetora da PMMG sobre Belo Horizonte.* Belo Horizonte, 2005a.

MINAS GERAIS. Polícia Militar, 8ª Região de Polícia Militar. *Ordem de Serviço nº 3.007.1/04.* Plano de Policiamento Escolar. Belo Horizonte, 2004a.

MINAS GERAIS. Polícia Militar, 8ª Região de Polícia Militar. *Plano de Emprego do policiamento escolar e em postos de saúde.* Belo Horizonte, 2002a.

MINAS GERAIS. Polícia Militar, Comando de Policiamento da Capital. *Avaliação diagnóstica do ambiente de segurança.* Belo Horizonte, maio 1999a. 17 p.

MINAS GERAIS. Polícia Militar, Comando de Policiamento da Capital. *Memorando 3.090.* Programa Anjos da Escola. Belo Horizonte, 14 jun. 1999b.

MINAS GERAIS. Polícia Militar, Comando de Policiamento da Capital. *Memorando 30.488.* Programa Anjos da Escola. Belo Horizonte, 1999c.

MINAS GERAIS. Polícia Militar, Comando Geral. *Combate ao crime organizado: diretriz de operações policiais militares nº 11/99 – CG.* Belo Horizonte, 1990a. 16 p.

MINAS GERAIS. Polícia Militar, Comando de Policiamento da Capital. *Memorando 30.893.* Programa Anjos da Escola. Belo Horizonte, 27 jul. 1999d.

MINAS GERAIS. Polícia Militar, Comando Geral. *A atuação da PMMG na prevenção do uso e tráfico de drogas: diretriz para a produção de serviços de segurança pública nº 03/2002 – CG.* Belo Horizonte, 2002b.

MINAS GERAIS. Polícia Militar, Comando Geral. *A filosofia de direitos humanos na Polícia Militar de Minas Gerais: diretriz para a produção de serviços de segurança pública nº 08/2004 – CG.* Belo Horizonte, 2004b.

MINAS GERAIS. Polícia Militar, Comando Geral. *A filosofia de polícia comunitária na Polícia Militar de Minas Gerais: diretriz para a produção de serviços de segurança pública nº 04/2002 – CG.* Belo Horizonte, 2002c.

MINAS GERAIS. Polícia Militar, Comando Geral. *Comunicação organizacional na Polícia Militar de Minas Gerais: diretriz para a produção de serviços de segurança pública nº 11/2006* – CG. Belo Horizonte, 2006a.

MINAS GERAIS. Polícia Militar, Comando Geral. *Conselhos Comunitários de Segurança Pública: diretriz para a produção de serviços de segurança pública n° 05/2002* – CG. Belo Horizonte, 2002d.

MINAS GERAIS. Polícia Militar, Comando Geral. *Grupo especializado em policiamento de área de risco: instrução n° 02/2005.* – CG. Belo Horizonte, 2005b.

MINAS GERAIS. Polícia Militar, Comando Geral. *Manual de policiamento ostensivo.* Belo Horizonte, 1987.

MINAS GERAIS. Polícia Militar, Comando Geral. *Núcleo de prevenção ativa na Polícia Militar de Minas Gerais: instrução n° 3001.7/2004.* – CG. Belo Horizonte, 2004c.

MINAS GERAIS. Polícia Militar, Comando Geral. *O administrador da polícia e a globalização: diretriz para a produção de serviços de segurança pública n° 06/2003* – CG. Belo Horizonte, 2003a.

MINAS GERAIS. Polícia Militar, Comando Geral. *O emprego da Polícia Militar na segurança pública: diretriz para a produção de serviços de segurança pública n° 01/2002* - CG. Belo Horizonte, 2002e.

MINAS GERAIS. Polícia Militar, Comando Geral. *O papel do policiamento ostensivo: nota instrutiva 008.* Belo Horizonte, ago. 1986.

MINAS GERAIS. Polícia Militar, Comando Geral. *Planejamento do emprego da Polícia Militar: diretriz de operações policiais militares n° 12* – CG. Belo Horizonte, 1994b.

MINAS GERAIS. Polícia Militar, Comando Geral. *Plano estratégico 2004-2007.* Belo Horizonte, 2003b. 46 p.

MINAS GERAIS. Polícia Militar, Comando Geral. *Polícia comunitária: diretriz de planejamento operações n° 3008/93* – CG. Belo Horizonte, 1993.

MINAS GERAIS. Polícia Militar, Comando Geral. *Programa Educacional de Resistência às Drogas e à Violência: diretriz para a produção de serviços de segurança pública n° 09/2004* – CG. Belo Horizonte, 2004d.

MINAS GERAIS. Polícia Militar, Comando Geral. *Regula o emprego de meio ambiente e trânsito: diretriz para a produção de serviços de segurança pública n° 10/2005 – CG*. Belo Horizonte, 2005c.

MINAS GERAIS. Polícia Militar, Comando Geral. *Resolução 3 927, de 27 de abril de 2007*. Organograma operacional da PMMG. Belo Horizonte, 2007.

MINAS GERAIS. Secretaria de Estado da Educação e Polícia Militar. *Convênio 24/2003. (aquisição de viaturas para a PMMG)*. Belo Horizonte, 2003. Disponível em: <http://www.almg.mg.gov.br> Acesso em: 06 jun. 2006.

MINAS GERAIS. Secretaria de Estado de Defesa Social. *Plano Estadual de Segurança Pública 2003-2004*. Belo Horizonte. [2003?].

MINAS GERAIS. Secretaria de Estado do Planejamento e Coordenação Geral. *O processo de desenvolvimento de Belo Horizonte*: 1897-1970. Belo Horizonte, 1979. 336 p.

MINAS GERAIS. Secretaria de Estado do Planejamento e Coordenação Geral. Planejamento da Região Metropolitana de Belo Horizonte – PLAMBEL. *A estrutura urbana da RMBH*: o processo de formação do espaço urbano da RMBH 1987-1985 (V.1). Belo Horizonte, 1986. 201 p.

MUNIZ, Jaqueline. *Ser policial é antes de tudo uma razão de ser*. 1999: *cultura e cotidiano da Polícia Militar do Rio de Janeiro*. 250 f. Tese (Doutorado em Sociologia) – Iuperj, Rio de Janeiro, 1999.

NOGUEIRA, Paulo Henrique Q *Identidade juvenil e identidade discente*: processos escolares no Terceiro Ciclo da Escola Plural. Belo Horizonte: FaE/UFMG, 2006.

OLIVEIRA, Francisco Gomes de. *Violência nas escolas públicas de Belo Horizonte*. 2000. 59 f. Monografia (Curso de Especialização em Segurança Pública) – Academia de Polícia Militar, Polícia Militar de Minas Gerais, Belo Horizonte, 2000.

OLIVEIRA, Windson Jefferson de. *A policiliazação da violência escolar*. Tese (Doutorado em Educação) – Universidade Federal de Minas Gerais, Belo Horizonte, 2008.

RIBEIRO, Ruth. *Droga, juventude e desvio: um estudo exploratório dos significados atribuídos o uso e tráfico de drogas, por jovens de escola pública de Belo Horizonte.* 2002. 133 f. Dissertação (Mestrado em Educação). Universidade Federal de Minas Gerais, Belo Horizonte, 2002.

ROLIM, Vanderlei Hudson. *A atuação de policiais militares e de guardas municipais na prevenção da violência em escolas: um estudo comparativo.* Belo Horizonte, 2003. 52 f. Monografia (Especialização em Criminalidade e Segurança Pública) – Centro de Estudos da Criminalidade e Segurança Pública, UFMG, 2003.

ROSEMBERG, Fúlvia. Educação Infantil, educar e cuidar e atuação do profissional. *Infância na Ciranda*, São Paulo, v. 3, p. 21-26, 1993.

SAPORI, Luis Flávio. *Política de segurança pública e controle da criminalidade – os desafios da provisão da ordem pública como bem coletivo.* 2006. 206 f. Tese (Doutorado em Ciências Sociais) – Instituto Universitário de Pesquisa do Rio de Janeiro, Rio de Janeiro, 2006.

SILVA, André Luiz Mendes da Silva. *A eficiência da patrulha escolar como fator de prevenção e redução da violência e criminalidade nas escolas públicas das regiões noroeste e pampulha de Belo Horizonte.* 2006. 141 f. Monografia (Especialização em Segurança Pública) – Academia de Polícia Militar, Polícia Militar de Minas Gerais, Belo Horizonte, 2006.

SIQUEIRA, Otávio Augusto de. *Policiamento escolar: visão crítica.* Belo Horizonte, 1990, 88 f. Monografia (Curso Superior de Polícia) – Academia de Polícia Militar, Polícia Militar de Minas Gerais, Belo Horizonte, 1990.

SOUZA, Elenice. *Polícia comunitária em Belo Horizonte: avaliação e perspectiva de um programa de Segurança Pública.* 1999. Dissertação (Mestrado Ciências Sociais) – Faculdade de Filosofia e Ciências Humanas, Universidade Federal de Minas Gerais, Belo Horizonte, 1999.

SPÓSITO, M. P. Um breve balanço da pesquisa sobre violência escolar no Brasil. *Educação e Revista*, São Paulo, v. 27, n. 1, p. 25-47, jan./jun. 2001.

TARDIFF, M. Saberes Profissionais dos Professores e Conhecimentos Universitários. Elementos para uma Epistemologia da Prática Profissional dos Professores e suas Conseqüências em Relação à Formação do Magistérios, *Revista Brasileira de Educação*, p. 5-24, jan./fev./mar./ abr. 2000.

UNIVERSIDADE FEDERAL DE MINAS GERAIS. Núcleo de Estudos de Criminalidade e Segurança Pública – CRISP. *Perdas sociais causadas pela violência*: *as escolas (sumário executivo)*. Belo Horizonte. UFMG/CRISP, [2003?]. Disponível em: <http://www.crisp.ufmg.br/relatorio_total_violencia_escolas.pdf>. Acesso em: 15 mar. 2006.

ZAVERUCHA, Jorge. *Polícia Civil de Pernambuco: O desafio da reforma*. Pernambuco: Ed. UFPE, 2003.

Movimento sindical e fabricação de subjetividades: as dirigentes sindicais e a arte de transformarem-se a si mesmas

Shirley Aparecida de Miranda
Rogério Cunha Campos
Eloisa Helena Santos

A emergência de novos setores na configuração política do cenário brasileiro instaurou uma forma de sociabilidade que, pressupondo a emergência de conflitos, extrapolou o limite dos direitos previamente definidos. Através de uma nova prática coletiva, os movimentos sociais demonstraram que é no interior da sociedade que a política se faz e quebraram a representação que via no Estado a exclusividade do poder. As lutas por afirmação de identidades e a denúncia de que as bases da política – universalidade e igualdade – foram construídas mediante exclusões e silenciamentos contrapõem-se ao ideal de autenticidade unívoca que constitui o sujeito moderno.

Análises sobre movimentos sociais contemporâneos destacam sua contribuição para o esgotamento da concepção do sujeito moderno pelo abalo das identidades coletivas unívocas. De acordo com Hall (2000), cada movimento invoca a identidade social de seus sustentadores constituindo o que veio a ser conhecido como a política de identidade. Essa forma política confere visibilidade às várias modalidades de opressão explicitando como afetam os diferentes grupos. A identidade desloca-se de atributos universais fixos para a construção obtida por processos estruturais de diferenciação, desafiando, assim, as normas reguladoras da sociedade.

Do conjunto dos movimentos sociais destacamos o "novo sindicalismo", isto é, o conjunto de entidades retomadas e/ou criadas no contexto das lutas sociais dos anos 1970 e 1980, a partir do questionamento ao sindicalismo corporativo-assistencialista. Consideramos que a atividade sindical opera uma prática discursiva na medida em que coloca em funcionamento um conjunto de enunciados estrategicamente constituídos a estabelecer jogos de verdade que "ganham corpo em conjuntos técnicos, instituições, esquemas de comportamento, em tipos de transmissão e de difusão, em formas pedagógicas, que ao mesmo tempo as impõem e mantêm" (FOUCAULT, 1997, p. 11). Consideramos a atividade sindical como um campo no qual se fabricam discursos que definem a verdade sobre o sujeito e se estabelecem práticas que regulam seu comportamento e mediam relações, sempre conflitivas, com os outros e com a própria interioridade.

Esse texto resulta da pesquisa realizada no Programa de Pós-Graduação em Educação da UFMG na qual problematizamos as relações de saber-poder na atividade sindical, mais precisamente na política de gênero da Central Única dos Trabalhadores (CUT). Tal política funciona como um dispositivo organizador estratégias de poder, formas de saber e contínuos convites para que o sujeito entre em relações de força consigo mesmo.

Esse texto apresenta a análise das narrativas das dirigentes sindicais pesquisadas. Localizamos a produção de subjetividades na maneira pela qual as mulheres entrevistadas estabelecem relação com determinada prática discursiva, definem sua posição e fixam determinados modo de ser. Por fim, tecemos algumas considerações a respeito da dimensão ética na produção de subjetividades.

Fabricação de subjetividades: narrativas de mulheres dirigentes sindicais

Perante a política de gênero, os ideais que definem o masculino e o feminino se desestabilizam e se deslocam, provocando uma dispersão que desarticula o registro "classe trabalhadora". É com essa tensão que se confrontam homens e mulheres, dirigentes sindicais, que elaboram e se inserem na prática sindical. Que deslocamentos produzem diante da gramaticidade estabelecida pelo dispositivo política de gênero? Esse foi o conjunto de questões que mobilizou a pesquisa com mulheres, dirigentes sindicais.

Na definição acerca dos sujeitos de pesquisa estabelecemos alguns critérios coerentes com o delineamento do problema, conforme estabelecem autores[1] que discutem as pesquisas de cunho qualitativo. O primeiro foi selecionar dirigentes inseridas no Sindicato Único dos Trabalhadores em Educação de Minas Gerais (Sind-UTE), residentes na Grande Belo Horizonte, que participaram do Programa de Formação em Relações de Gênero desenvolvido pela Escola Sindical 7 de Outubro. Diante da extensão temporal do Programa delimitamos o período compreendido entre os anos 2002 e 2004. A escolha desse sindicato se deu em razão da oportunidade de investigar a conjunção saber-poder e gênero num sindicato cuja base é majoritariamente feminina. Quisemos perceber em que medida essa característica atravessaria as narrativas e evidenciaria a fabricação de subjetividades. Chamava-nos atenção também o fato de algumas dirigentes se inserirem nas direções sindicais e ingressarem posteriormente em outros espaços desse movimento – Secretarias Estaduais da CUT, Comissões Nacionais

---

[1] Conferir, entre outros, HATCHUEL (2005) e TURATO (2003).

e espaços de gestão de políticas públicas em administrações municipais. Entre as entrevistadas, escolhemos uma que no período demarcado deixou a direção sindical para compor a equipe de gestão da Secretaria Municipal de Educação do município de Contagem; outra que saiu da direção sindical antes do término do seu mandato para ingressar na Escola Sindical 7 de Outubro e, após um ano, passou a atuar na gestão do município de Contagem. Uma terceira chegou à direção estadual do Sind-UTE após ter participado de direção de uma subsede desse sindicato no Norte do Estado. Seu ingresso na direção estadual exigiu sua mudança para a capital, inclusive solicitando a remoção de seu cargo de professora na rede estadual de ensino. Além dessas, consideramos importante a narrativa da única dirigente sindical que, até o momento da pesquisa, havia sido presidente do Sind-UTE. Após o término de seu mandato, essa dirigente esteve em espaços importantes do movimento sindical e na gestão da Prefeitura Municipal de Belo Horizonte.

Nas entrevistas apresentamos uma questão mobilizadora para a narrativa: "conte sobre sua trajetória de ingresso na direção sindical, iniciando por onde você achar que deve começar". Considerávamos que a pergunta sobre a trajetória admitiria uma perspectiva temporal longitudinal e franquearia o acesso à construção de um movimento anterior e posterior ao fixado. Esse movimento de rememoração é classificado por Claudine Blanchard-Laville (2005, p. 42) como uma dimensão "ao-depois", que permite reorganizar os dados do passado vivido e reinscrevê-los, remanejá-los à luz das condições atuais. O tempo passado é assim tempo ativo "que não se mostra já constituído, mas que instaura acontecimentos psíquicos singulares", um "já-ali que só assume corpo ao-depois".

Entre a intimidade e a política: técnicas de produção de subjetividades

Nas narrativas das dirigentes sindicais procuramos as técnicas utilizadas na fabricação de subjetividades que, em meio a relações de poder-saber, indicam a forma como experimentam as relações sociais a partir de um lugar sexual. Nessa busca, interrogamos posições assumidas diante de tensões e os deslizamentos em relação aos ideais de gênero. Inquirimos as modalidades da relação que estabelecem consigo mesmas na tensa dinâmica de definir-se entre o âmbito público e privado, entre a intimidade e a política.

Recusar a pressuposição de uma noção estável de sujeito, como destaca Butler (1998, p. 15), significa um modo de interrogar sobre sua construção em vez de tomá-la como dado inexorável. No registro da filosofia da diferença, a identidade é contingente e produto de diferentes componentes que se interconectam: discursos políticos e culturais, sistemas de representação e histórias particulares.

Stuart Hall (2000, p. 112) nos adverte que uma "suturação eficaz do sujeito a uma posição-de-sujeito" tem que ser pensada como uma *articulação*, e não como um processo unilateral de adesão. É por esse caminho que o autor retorna à obra de Foucault – predominantemente seu último trabalho, *História da sexualidade* – e passa a indagar a identidade nos termos da "relação com o eu".

Por esse ângulo analítico, retratamos uma cartografia a partir dos pontos que as dirigentes definiram em sua narrativa. Esse trabalho apresentou-nos duas exigências. A primeira, reconsiderar nossas expectativas e reler o direcionamento das entrevistas. A segunda, abrir mão de atribuir categorias prévias para classificação dos enunciados. Guiamo-nos por aquilo que as entrevistadas pronunciaram na situação de entrevista e compusemos um conjunto que não se estrutura a partir do que é recorrente nas narrativas. As demarcações propostas nas narrativas indicaram-nos um eixo articulador: *o conflito*. É possível dizer que as dirigentes sindicais escolheram ingressar nas direções porque carregavam uma oposição em relação a um ideal de gênero que não lhes servia mais? Que tensões experimentaram e introduziram em sua trajetória como dirigentes sindicais? Que mecanismos participam da fabricação de subjetividades?

A inserção na institucionalidade sindical: apropriação de uma gramaticidade

Como supúnhamos ao iniciar as entrevistas, tivemos acesso à construção de um sentido para essa experiência "ao-depois" e a partir de uma narrativa sobre o ingresso. Assim, a perspectiva de descobrir *por que* as entrevistadas ingressaram em direções sindicais perdeu força explicativa. Se as razões dessa escolha não se evidenciaram, a narrativa da experiência vivida trouxe à tona um ponto de referência: a greve.

Recorrendo à análise de Inês Teixeira (1992, p. 198), consideramos a greve momento ímpar nos mundos do trabalho e da experiência humana. A autora nos lembra que os estudos sobre greves têm delimitado vários focos interpretativos: "reivindicações, negociações, formas organizativas, vitórias e derrotas"; "desdobramentos na organização e configuração política dos trabalhadores"; "a festa, ou o 'espírito da greve'" (p. 199). Sua opção foi abordar a greve em seu traçado menos visível, aquele da produção de subjetividades que ocorre em meio aos "confrontos e encontros pela valorização do trabalho e da qualidade de vida" e requer a autodeterminação. A greve, nesse entendimento, constrói-se cotidianamente por meio de símbolos, códigos, vocabulário específico e, sustentada por textos diversos – faixas, cartazes, boletins, cartas, comunicados –, imprime uma marca singular. Nenhuma greve é igual à outra. Do mesmo modo, dificilmente alguém sai de uma greve da mesma maneira que entrou, pois a adesão já é um ato que mobiliza disposições políticas e subjetivas. O texto da greve é, correlativamente, a escrita do próprio texto, à medida que "sujeitos reais, mulheres e homens, com seus desejos, expectativas, sentimentos, hesitações" confrontam-se com dilemas – os do movimento – e com as suas escolhas (TEIXEIRA, 1992, p. 199).

248

Por seu caráter estratégico no campo das relações de poder, a greve consiste num ritual de inversão das relações sociais. Por sua posição no contexto da atividade sindical, especialmente no Sind-UTE,[2] concebemos a greve como mecanismo do dispositivo política de gênero, enunciado não nos documentos, mas nas narrativas das entrevistadas.

Se todas as narrativas começaram pela greve, não registraram a mesma greve. No caso do Sind-UTE,[3] a de 1979 será sempre um marco constitutivo, e foi por ela que Rosaura iniciou sua narrativa, com a lembrança da reunião do grupo que se consolidou como oposição sindical à APPMG – Associação dos Professores Públicos de Minas Gerais – e que resultou na construção da greve. Em sua narrativa, Rosaura contou que sua "consciência política" surgiu antes de sua aproximação do processo de fundação da UTE, ainda no movimento estudantil. Definiu a consciência política como "a visão de que precisava participar" e narrou o momento específico em que admitiu essa premissa. Cursava licenciatura em Física na Universidade Federal de Minas Gerais (UFMG) quando houve o encontro preparatório para o Congresso de Reconstrução da União Nacional dos Estudantes (UNE), em Belo Horizonte. O clima era de intensa mobilização interna na universidade – vigília e ocupação de prédios para garantir a realização do encontro – e ela "não participava da nada". Num determinado momento do encontro, "a repressão baixou":

---

[2] A criação dessa entidade que reúne os(as) trabalhadores(as) em educação de Minas Gerais teve sua origem na greve ocorrida em 1979, que alcançou mais de 400 cidades e teve a duração de 41 dias. Essa greve, um emblema do novo sindicalismo, foi liderada à revelia da entidade que à época representava os docentes do estado, a Associação Profissional dos Professores de Minas Gerais (APPMG). Ao final da greve estava criada a União dos Trabalhadores em Educação (UTE). A partir de 1990, com o Congresso de Unificação, as associações representativas de trabalhadores e trabalhadoras em educação se unificaram no Sind-UTE, com exceção da APPMG, que assumiu o *status* de fundação.

[3] Esse foi o único caso em que o nome verdadeiro da entrevistada foi mantido, por indicação dela própria. Nos outros casos utilizei nomes codinomes indicados pelas entrevistas.

Educação e seus atores: experiências, sentidos e identidades

E a televisão à noite mostrou as imagens da repressão e aquilo me incomodou pra caramba. Aquela cena dos meus colegas, porque ali, era muito perto, era o povo que estava comigo dentro da universidade, apanhando. E a sensação de não ter participado... (Rosaura).

A participação não foi vinculada a motivos ideológicos ou à opção por um programa político. Pareceu mais relacionada aos efeitos de uma prática discursiva em elaboração e disputa. Sua decisão de participar talvez indique muito mais o esgarçamento de uma referencialidade que já não lhe servia mais: "Até então, pra mim, ser pobre e ser rico era normal", disse Rosaura. A mobilização em 1979 assumiu, em sua narrativa, um caráter de restituição.

Definido o momento de início da greve, trabalhadores(as) vivenciam um tempo distinto demarcado por reuniões, comissões de trabalho, piquetes, negociações e aquilo que Inês Teixeira (1992, p. 241) definiu como "o pulso, o centro e a forma organizativa básica do movimento": a assembleia. Em torno desse marco, uma gramaticidade é construída e a inserção nesse jogo exige não só aprender um vocabulário, mas manipulá-lo. Organizar uma reunião de comando ou de regional é o passo que antecede a participação numa mesa de assembleia. Rosaura conta como foi se introduzindo nesse espaço:

> Eles estavam lá também, fazendo as questões de ordem, e a gente coordenando a reunião. O povo não entendia muito como é que era aquilo, não, e nem eu entendia, não, mas via que dava pra organizar a reunião (Rosaura).

Questões de ordem precedem qualquer tipo de discussão ou votação. Se acatadas, quem as interpõe tem precedência de fala. O objeto de uma questão de ordem é o próprio encaminhamento da assembleia: que propostas serão votadas e de que maneira, que assuntos serão tratados e como. As "questões de esclarecimento" também têm precedência numa assembleia e são utilizadas para fazer falar, garantir a exposição de um assunto que está em debate, por exemplo, o que aconteceu numa mesa de negociação, as implicações de determinadas propostas, etc. Esses recursos acabam por definir quem tem a propriedade da fala e o que pode ser pronunciado na assembleia. Afinal, uma questão de ordem também serve para suspender a discussão de um assunto, e quem solicita um esclarecimento não está, necessariamente, em dúvida, pois este é um recurso para se fazer falar sobre determinado tema. De acordo com Rosaura, havia um grupo – "eles"[4] – que interpunha as tais questões, desconhecidas do vocabulário daquele coletivo. Aos poucos, ela também passou a dominá-las e manipulá-las.

A greve de 1979 assumiu características ímpares também em sua forma de organização. Numa categoria profissional cuja base é composta por mulheres, as formas de manifestação ganharam contornos intimamente relacionados às atividades com crianças: cartazes coloridos, músicas e versos para as cantorias, enfim, "adereços e cores para os rituais da festa" (TEIXEIRA, 1992, p. 252). O depoimento de uma liderança, recolhido por Oliveira (2006, p. 80), afirma que o apoio que a greve recebeu deveu-se a "fatores políticos e alguns desses fatores de psicologia de massas". A presença feminina resultou num fator do segundo tipo e influiu na simpatia imediata que a greve despertou, porque, segundo o depoente, "as nossas formas iniciais de lutar eram de certa ingenuidade, simplicidade, forma um tanto prosaica que geraram uma simpatia imediata. Mas é claro que isso não foi o fator determinante" (OLIVEIRA, 2006, p. 80).

Mesmo levando-se em conta a época em que o depoimento fora proferido, 1979, a oposição entre formas políticas de luta e

---

[4] Embora a entrevistada não o tenha explicitado, o movimento que culminou com a fundação da UTE contou com a presença de lideranças masculinas com participação política pregressa. O trabalho de Oliveira (2006) sobre o processo de criação da UTE e sua passagem à Sind-UTE baseia-se na narrativa do que chamou de "núcleo dirigente fundador". Segundo esse autor o referido núcleo, era composto por lideranças que atuaram em organizações clandestinas de esquerda que lutaram contra a ditadura militar no Brasil, em partidos políticos como o PC do B e PMDB, ou no movimento estudantil. São homens os cinco entrevistados que compõem esse núcleo.

formas ingênuas de manifestação denota o quanto as relações sociais são configuradas a partir de uma posição de sujeito. Foram necessárias décadas de luta e afirmação de práticas discursivas para que os limites entre o político e o pré-político fossem rompidos, e enunciados desse tipo, suplantados. Da mesma forma em que o Sind-UTE surgiu da construção de uma greve à revelia do poder constituído, a greve produziu lideranças à revelia das demarcações de gênero instituídas.

Constituir-se como referência, aprender o que se diz e a forma de dizê-lo, inserir-se nas regras dos jogos de verdade e assumir-se como participante desses jogos com as exigências que isso implica: esses são recursos da *experiência de si* assumidos pelas entrevistadas ao ingressarem nas direções sindicais.

Embora em ampla maioria nas assembleias, as mulheres raramente se pronunciam no microfone. A narrativa de Dirce sobre o desafio de se pronunciar em assembleia, manipulando a gramaticidade da prática discursiva, apresenta descritores da experiência de si:

> Vou falar da primeira polêmica que foi na defesa que eu fiz em uma assembleia. Aqui em Contagem as escolas estavam todas preparadas pra tirar greve [...]. E nós levamos posição de greve, a diretoria reprovou, o Conselho Geral achou que também não deveria, e tal, e tal. Aí, eu fui apresentar... Era uma estratégia: como Contagem levou posição de greve, eu tinha que defender contra [porque era essa a posição do Conselho Geral]. E eu falei "tudo bem". Esse dia me marcou, porque não foi a primeira vez que eu falei, mas foi a primeira vez que eu falei uma coisa polêmica. E falar o que os outros querem escutar é fácil, entendeu? O que o povo queria escutar, eu já sabia falar, então não tinha problema nenhum. E eu falei o seguinte: "Bem, como vocês sabem eu sou de Contagem. Contagem está preparada pra greve, já fizemos a discussão nas escolas e tal. Eu queria dialogar um pouco não só com a assembleia como também com os professores e professoras, os trabalhadores de educação de Contagem que estão aqui".

Aí fui falando que pra greve ser vitoriosa a gente tinha que ter uma organização muito grande e que infelizmente nem todos os municípios já tinham a organização que Contagem tinha. E o povo ficou escutando e eu fui continuando. Portanto, depois dessa reflexão eu também fui convencida que está mais do que na hora de fazer greve, mas nós temos que sair juntos, unidos, porque nós não queremos sair derrotados. Queremos com vitória e tenho certeza que Contagem vai aguardar e vamos ajudar as outras cidades a se organizar pra gente sair com a greve unida. Pronto, ganhei a situação! [risos]. Polêmico. Foi acho que... A primeira vez foi essa (Dirce).

Aprender a estratégia de posicionamento no interior do movimento sindical implica não só se posicionar, mas ver-se e atribuir valores ao seu posicionamento a ponto de inverter os próprios argumentos utilizando-os de modo estratégico. Experimentar-se, ou, nos dizeres de Marina, outra entrevistada, "colocar a vergonha à prova".

Gênero: rupturas com a univocidade do poder

Há uma forma feminina de se fazer política? A resposta a essa questão abriga paradoxos que têm desafiado a teoria feminista: respondê-la afirmativamente recaindo na naturalização do feminino ou respondê-la negativamente e apagar a diferença, elegendo uma vertente definidora do âmbito político. As narrativas das entrevistadas propõem pistas para essa problemática especialmente quando discorrem sobre os desafios de uma mulher na presidência da entidade.

A narrativa de Rosaura sobre sua ascensão à presidência da UTE e, posteriormente, do Sind UTE é precedida pela demarcação das fronteiras que teve que cruzar. Apesar de sua intensa militância desde os primeiros momentos de insurgência da UTE, ela não participou como efetiva nem do primeiro comando de greve nem da primeira diretoria. Ressaltou que houve disputa acirrada por esses espaços, demarcada pela inserção política pregressa dos(as) candidatos(as). Em 1987, seu segundo mandato na direção sindical, Rosaura contou que já "dava conta de falar nos espaços" e havia pessoas que se identificavam com seus argumentos. Naquele ano a nova direção da entidade seria eleita no Congresso e havia um grupo indicando Rosaura para a presidência na chapa de uma das tendências políticas do movimento sindical. Rosaura narrou o intenso e extenso processo de negociação para que viesse a encabeçar a chapa da tendência majoritária no Congresso. Após a eleição os conflitos se deslocaram, e ela foi surpreendida por uma ação política que desconhecia apesar de ter participado da composição de todas as diretorias da UTE.

> Shirley o que é que você enxergava? O quê é que você conseguia visualizar?

> R – É disputa interna né? Que prevaleceu durante muito tempo, e eu na presidência e uma disputa interna acirrada na diretoria. E o que é que aconteceu? Como eu era tímida, em várias, é... tímida, tímida pra me posicionar e tal. Acabou que começou a aparecer como presidente da UTE o C. Ele tinha um contato muito bom com a imprensa. Fazia isso com a maior desenvoltura. Ligava pra imprensa da casa dele. E eu não era presidente, eu era presidente de direito, mas não de fato, entendeu? Então o primeiro período da diretoria, eu fiquei ali, tentando... Eu coordenava as reuniões da diretoria, mas pra fora era o C., que era tido como presidente, saía inclusive no jornal como presidente da UTE. Eu ia ter que comprar a briga pra poder assumir o meu lugar. E eu tinha muita dificuldade pra fazer isso. Ir pra disputa, aquilo pra mim era um negócio delicado, sabe? Mas aí eu fui conquistando meu espaço. Nas assembleias era eu que falava. Eu era presidente e eu é que defendia as propostas. Eu coordenando as reuniões e fui adquirindo, é... respaldo da categoria. E com isso eu fui ganhando espaço na imprensa também, depois de um determinado tempo. O povo começou a me conhecer também. Acho que demorou um bocado de tempo pra eu ser presidente de direito e de fato. E no Congresso de

> Unificação a coisa ficou sem questionamento mesmo, né? Eu que coordenei as principais articulações do processo de unificação. Aquele Congresso com mais de três mil pessoas muito bem organizado, no qual a gente, o grupo que sempre me apoiou na diretoria teve um papel fundamental. Eu virei presidente de fato, nesse processo. Participava das coisas a nível nacional, da CNTE,[5] da CUT, e com o Congresso de Unificação eu fui reconduzida pro cargo, né? Sem questionamento, não tinha questionamento nem da oposição. Ninguém questionou que era o meu nome pro outro mandato do sindicato.

A narrativa de Rosaura demonstra efeitos do dispositivo política de gênero. A disparidade de poder entre homens e mulheres foi o argumento utilizado para apresentar sua candidatura à presidência e, mesmo que não tenha sido o único, evidencia uma incidência dos debates realizados no período. Trata-se de uma reiteração da problemática que o movimento sindical resolveu enfrentar naquele momento, redimensionada pelas características do Sind-UTE. A presença das mulheres já era majoritária em função da própria composição da categoria profissional. O problema das relações de poder se apresentava de modo menos visível, sob a forma de quem ocupa determinadas posições, quem tem a legitimidade para determinar os rumos do movimento. A disputa acirrava-se mediante a criação de um novo domínio de autorização. Não foi por mera coincidência que a imprensa não identificava Rosaura como presidente da UTE. A desenvoltura de C. estava em conseguir manipular com facilidade os instrumentos que conferem sustentação ao poder, que definem, na ordem do discurso, quem pode dizer o que e quando.

E de que modo Rosaura subverteu essa lógica? A passagem da insegurança ao desejo de assumir o lugar de poder foi mediada, de acordo com sua narrativa, pela identificação com a

---

[5] Confederação Nacional dos Trabalhadores em Educação.

leitura de uma feminista, Simone de Beauvoir. Não se trata aqui de discutir os graus de influência da teoria sobre a realidade vivida. Esse argumento pode inclusive ter se estruturado como recurso explicativo dirigido à entrevistadora. O interessante é que foi utilizado na narrativa para conferir um enquadre, para dar visibilidade às "coisas de mulher". O encontro com essa referência permitiu a Rosaura uma atividade original, um modo de organizar normas passadas e futuras, de situar-se através dessas normas. Ela permaneceu negando o enfrentamento interno e acessou a seu modo os mecanismos que lhe dariam sustentação – a condução de reuniões e assembleias, a defesa de propostas, reuniões com a imprensa –; conquistou o poder de enunciação por meio de um estilo que negava a disputa e apostava na aglutinação. Não foi também por coincidência que seu investimento na presidência da UTE voltou-se para a unificação das entidades de representação da categoria docente.

A inserção de Rosaura na presidência da instituição abalou as fronteiras e a referencialidade da política abrindo possibilidades para outros modos de circulação do poder. De todo modo, romper com uma trajetória de hegemonia masculina na centralidade do poder deixa fissuras. A chapa eleita em disputa tão acirrada poderia não ter logrado sucesso, poderia ter enfrentado maiores questionamentos quanto ao poder representativo, e isso, ao que parece, não ocorreu. Não é possível afirmar que essa reelaboração da matriz discursiva tenha se dado em função da presença feminina nos espaços centrais do poder. O que interessa aqui é destacar o modo pelo qual as dirigentes apontam, em suas narrativas, as formas de manifestação das relações de poder. Na posição de Marina, outra entrevistada, a situação revela-se da seguinte forma:

> M: É possível questionar o outro com todas as cartas na mesa, né? A disputa no campo do movimento sindical, onde a disputa política tem o cunho da disputa pessoal por espaços, aí ela já se torna uma disputa difícil, mais velada,

né? Mais agressiva e que às vezes perde no conteúdo, perde muito no conteúdo, essa é a grande dificuldade né? E, é... na disputa onde todas as cartas não estão na mesa, uma disputa que ela não é só de concepção, às vezes ela nem é de concepção, é de espaços, é de lugares, é de mídia. Então, quando o componente do sujeito individual ele é colocado na frente né? Ou tem uma relevância muito grande, aí a disputa já fica muito difícil. Porque quando entra o pessoal dessa forma, já não é possível mais colocar todos os elementos e todos os argumentos no debate e na disputa (Marina).

Dirce, por sua vez, revelou que não se trata de uma recusa de poder, mas de uma forma específica de se conduzir:

É porque... vou falar: teve as disputas veladas, eu sempre disputei espaço, não é falar que eu não disputava espaço... mas a minha disputa sempre foi aberta, quando eu queria ir pra disputa, eu ia mesmo, podia perder no voto, mas eu ia (Dirce).

Considero essa narrativa significativa por indicar não o desvencilhamento das operações conflitivas, mas a escolha de uma determinada modalidade de poder: um campo mais aberto, com "todas as cartas na mesa", nas palavras de Marina. Essa forma de conduzir-se atribui ao saber sobre si um lugar importante, pois a tarefa de se pôr à prova coloca a questão da verdade – do que se é, do que se faz e do que se é capaz de fazer. E muitas vezes, do que se escolhe fazer. O saber sobre si não se constitui num dispositivo de confissão, que propõe como estratégia o autocontrole. Entendo que essas dirigentes fizeram uso dessa tecnologia que propõe uma estilização das condutas – descobrir uma forma de posicionar-se – não por uma característica intrínseca do feminino, mas por oposição a uma característica das relações de poder. Elas se viram diante da necessidade de construir formas de contornar limites ao reconhecimento de si como sujeito da política, capaz de representatividade, de fala, de enunciação. Nesse percurso, apropriaram-se de uma

Educação e seus atores: experiências, sentidos e identidades

gramaticidade para se inserirem numa ordem discursiva que demarca quem tem o poder de dizer, como e o quê.

Saber-poder e gênero: fronteiras variáveis

O modo pelo qual as dirigentes se inseriram nos espaços de disputa de poder não atenuou outras demarcações de gênero que implicaram conflitos com os quais se depararam. Entre essas, a naturalização do corpo feminino, que no Ocidente atribui às mulheres um modelo centrado em seu corpo, em sua capacidade reprodutora.

A fixação do ideal que define a verdadeira mulher organiza práticas sociais que delimitam suas atividades e sua importância culturais no tempo e no espaço. As demandas postas por uma prática discursiva forjada no movimento feminista e incorporada à atividade sindical reposicionaram os limites entre a esfera pública e privada. Nessa perspectiva, estão em jogo a desnaturalização do poder político e os pilares de sustentação da família monoparental – cruzamento da sexualidade e da aliança, dispositivo no qual o corpo feminino é convertido em lugar estratégico da conjugação entre público e privado, ponto de apoio da biopolítica.

Se a inserção das mulheres em direções sindicais abala essa composição é importante perguntar como as dirigentes sindicais articulam os efeitos da operação de transbordamento dos limites reguladores da identidade de gênero. As narrativas enunciam os dilemas e as escolhas, algumas dolorosas, que engendraram novas conjugações do feminino. Sobre a maternidade, as entrevistadas se pronunciaram a partir do fio tênue que separa a intimidade daquilo que pode vir a público. Para garantir a sutileza dessa circunscrição nesse ponto da análise, não indicarei a entrevistada nem mesmo pela inicial de seu pseudônimo.

No Brasil, é vasta a literatura que indica ainda a estabilização entre mulher-maternidade-docência. Mas o que dizer da correlação mulher-militante-mãe?

A gravidez do G. foi muito junto com a minha entrada na política né? E o grande conflito que eu vivi, talvez uma depressão pós-parto que eu tive, foi o medo de não conseguir ter mais, depois de ter filho, a mesma vida de militância política.

Shirley: E como é que você fez pra ir dando conta disso?

– Acho que foi nos 40 dias, eu vivi isso 40 dias, na hora que eu tava oficialmente "liberada", entre aspas. Acho que essa ida pra reunião em São Paulo, né?[6] Imagina que não precisava daquilo, daquele jeito, né? Aquela sangria desatada [risos]. E eu fui pra tudo quanto era lugar com a criança, né? Independente das condições físicas, eu lembro hoje quanta poeira o G. comeu. Mas foi a forma que eu encontrei de estabelecer um outro limite, de não ficar presa à criança.

Shirley: Um outro limite assim, de fazer as duas coisas? Seria?

– Pra esse sentimento meu, né? Acho que se eu tivesse permanecido em casa, por mais tempo. Eu estava licenciada ainda, né? Tava no período de licença gestação para o meu trabalho, eu era diretora de escola na época, mas eu fui pra militância sindical e partidária, né? É desse lugar que eu tinha medo de não dar conta, então eu fui pra ele. Que aí passou 40 dias eu voltei [risos].

Shirley: Você fala que levava o G... pra tudo quanto era lado né? Mas você se questionava como mãe assim?

– Não.

Shirley: Não?

– Não. Não me questionei como mãe, eu não dava assim a devida importância a algumas ponderações que as pessoas faziam, né? Sobre a exposição de criança e tal, tal, tal. Mas pra mim eu não conseguia pensar minha vida se eu não desse conta da militância.

---

[6] A entrevistada se refere a uma reunião do movimento sindical em São Paulo realizada no dia seguinte ao término de seu período de resguardo, em que ela foi e voltou no mesmo dia.

Em sua narrativa, a entrevistada enuncia um conflito com as expectativas sociais a respeito da mulher, que se apresenta sob a forma do medo de não conseguir coordenar as duas funções, a maternidade e a militância. De que tem medo? Ao que parece, do materno com seu sentido social que aprisiona e desenha os corpos, o desejo e o ser no feminino. Das injunções políticas, que convertem o gênero em sexo e subtraem a posse do corpo. A entrevistada pronuncia-se a partir da construção de uma maternidade liberada, na qual a criança não assume a centralidade para a mulher. Não era como mãe que ela se questionava, mas como militante, e, por isso, tentava inventar outra possibilidade de viver a maternidade "sem prejuízos". Esses procedimentos afirmam um modo de posicionar-se diante das injunções do feminino. Se não é possível afirmar categoricamente que o ingresso na direção sindical se deve a uma oposição aos ideais da cultura, é possível considerar que essa inserção convoca a destituição das demarcações de sexo ao evidenciar maternidade e paternidade como construções políticas. Esse debate, já intenso na teoria feminista e nos dispositivos da política de gênero, propõe a elaboração de um estilo de viver o corpo desnaturalizado.

As técnicas utilizadas pelas dirigentes para se introduzirem, se apropriarem e permanecerem na atividade sindical concorreram para a fabricação de subjetividades que, em meio a relações de poder-saber, incidiram sobre o modo como experimentam o próprio corpo, rompem os limites de gênero e abrem novas expectativas. Os modos de subjetivação aqui ensejados propõem, do nosso ponto de vista, a tarefa de colocar-se à prova, examinar-se com o fito de tecer valores que abrem novas veredas de vivência da política, da sexualidade, da família e do trabalho. Fronteiras desconfiguradas abalam os limites entre o âmbito público e o privado.

Concluindo

A partir da análise das entrevistas não é possível afirmar que as mulheres ingressaram nas direções por oposição a um ideal de gênero que não lhes servia mais. Contudo, é possível identificar as tensões e as respostas que produziram a partir de sua inserção. As demarcações propostas nas narrativas indicaram-nos um eixo articulador de um modo de subjetividade: o conflito. Inserindo-se na institucionalidade da atividade sindical, se apropriaram de uma gramaticidade, manipulando-a de modo a se afirmarem contra a hegemonia do masculino. Aprender a estratégia de posicionamento no interior do movimento sindical implica, portanto, posicionar-se, ver-se e atribuir valores ao seu posicionamento e inverter os próprios argumentos, utilizando-os de modo estratégico.

Também não é possível afirmar que o dispositivo política de gênero modela as subjetividades à revelia dos ideais enclausuradores do feminino operados pelo biopoder. Entretanto, constatamos que o encontro com referências que, no campo da cultura, problematizam o acesso das mulheres aos espaços de poder político permitiu às dirigentes uma atividade original, um modo de organizar normas passadas e futuras, de situarem-se através dessas normas. Constatamos que essas dirigentes fizeram uso dessa tecnologia que propõe uma estilização das condutas – descobrir uma forma de posicionarem-se – não por uma característica intrínseca do feminino, mas por oposição às demarcações das relações de poder.

Outro polo de conflito com as expectativas sociais a respeito da mulher era concernente à maternidade. Recusando o materno como aprisionamento que desenha os corpos, o desejo e o ser no feminino e as injunções políticas que convertem o gênero em sexo e subtraem a posse do corpo, pronunciaram-se a partir da construção de uma maternidade liberada, na qual a criança não assume a centralidade para a mulher. Retomar a posse sobre o próprio corpo tornou-se uma condição estabelecida pela entrevistada para afirmar seu lugar na política. Enunciando em suas distintas escolhas um modo ativo de viver o próprio corpo, as entrevistadas se transformam e se redefinem.

Essas operações inserem o problema da experiência de si no campo da ética, mas não como regras de condutas prescritas, ou como forma de condução dos indivíduos diante desse código, que seria o nível da moralidade dos comportamentos. Tais operações focalizam "a maneira pela qual o indivíduo deve constituir tal parte dele mesmo como matéria principal de sua conduta moral", estabelece sua relação com essa regra e se reconhece como ligado à obrigação de pô-la em prática (FOUCAULT, 2003b, p. 27). A ética é uma estética da existência, estilo de vida ativo no qual o sujeito circunscreve parte dele mesmo que constitui o objeto de prática moral, define sua posição em relação ao preceito que respeita. As práticas do *cuidado de si* configuram modos de subjetivação observáveis na forma como as dirigentes atribuíram valores ao seu posicionamento; se arriscaram a se pronunciar a partir do fio tênue que separa a intimidade daquilo que pode vir a público. A conjunção saber-poder e gênero tencionou conflitos que atribuíram ao saber sobre si um lugar importante colocando em questão a verdade – do que se é, do que se faz e do que se é capaz de fazer. E muitas vezes, do que se escolhe fazer. Uma arte de fazer-se a si mesmas agindo sobre si mesmas, pondo-se à prova, transformando-se.

Referências

BLANCHARD-LAVILLE, Claudine. *Os professores: entre o prazer e o sofrimento*. São Paulo: Loyola, 2005. 326 p.

BUTLER, Judith. Fundamentos contingentes: o feminismo e a questão do "pós-moderno". *Cadernos Pagu-trajetórias do gênero, masculinidades*, Campinas, v. 11, p. 11-43, 1998.

CALDAS-COULTHARD, Carmen. Caro colega: exclusão lingüística e invisibilidade. In: WOLFF, Cristina; FÁVERE, Marlene; RAMOS, Tânia (Org.). *Leituras em rede: gênero e preconceito*. Florianópolis: Mulheres, 2007, p. 373-389.

FOUCAULT, Michel. *Resumo dos cursos do collège de France (1970-1982)*. Trad. Andréa Daher. Rio de Janeiro: Jorge Zahar, 1997.

FOUCAULT, Michel. *História da sexualidade I: vontade de saber.* 15 ed. Rio de Janeiro: Graal, 2003, 152 p.

HALL, Stuart. Quem precisa da identidade? In: SILVA, Tomaz Tadeu da (Org.). *Identidade e diferença: a perspectiva dos estudos culturais.* Petrópolis: Vozes, 2000, p. 103-133.

HATCHUEL, Françoise. *Savoir, apprendre, transmettre: une approche psychanalytique du rapport au savoir.* Paris: La Découverte, 2005.

MOUFFE, Chantal. *O regresso do político.* Lisboa: Gradiva, 1996.

OLIVEIRA, Wellington de. *A trajetória histórica do movimento docente de Minas Gerais: da UTE ao Sind-UTE.* 2006, 315f. Tese (Doutorado em Educação) – Faculdade de Educação, Universidade Federal de Minas Gerais, Belo Horizonte, 2006.

TEIXEIRA, Inês Assunção de Castro. *"Ritos de passagem": o fazer-se do(a) trabalhador(a) professor(a) em pedaços de história (a escola particular).* 1992. Dissertação (Mestrado em Educação) – Faculdade de Educação, Universidade Federal de Minas Gerais, Belo Horizonte, 1992.

TURATO, Egberto Ribeiro. *Tratado da metodologia da pesquisa clínico-qualitativa: construção teórico-epistemológica, discussão comparada e aplicação nas áreas da saúde e humanas.* Petrópolis: Vozes, 2003.

Os autores

ANA AMÉLIA DE PAULA LABORNE

Doutoranda em Educação pela Universidade Federal de Minas Gerais, graduada em Ciências Sociais e pesquisadora do Observatório da Juventude e do Programa Ações Afirmativas da UFMG.

ANA MARIA RABELO GOMES

Doutora em Educação pela Universidade de Bolonha, professora associada da Faculdade de Educação da UFMG e do Programa de Pós-Graduação em Educação da UFMG. Pesquisadora do CNPq.

CARLA LINHARES MAIA

Doutora em Educação pela Universidade Federal de Minas Gerais, graduada em História e pesquisadora do Observatório da Juventude da UFMG.

CARMEM LÚCIA EITERER

Doutora em Educação pela USP, professora associada da Faculdade de Educação e do Programa de Pós-Graduação em Educação da UFMG. Pesquisadora do Núcleo de Educação de Jovens e Adultos.

CRISTIANE BENJAMIM DE FREITAS

Mestre em Educação pela Universidade Federal de Minas Gerais, graduada em Pedagogia.

ELIENE LOPES FARIA

Doutora em Educação pela Universidade Federal de Minas Gerais e professora adjunta do Colégio Técnico da UFMG.

ELOISA HELENA SANTOS

Doutora em Ciências da Educação pela Université de Paris VIII, professora do Programa de Pós-Graduação em Gestão Social, Educação e Desenvolvimento Social do Centro Universitário UNA, Belo Horizonte.

Geraldo Leão

Doutor em Educação pela Universidade de São Paulo, professor adjunto da Faculdade de Educação e do Programa de Pós-Graduação em Educação da UFMG. Pesquisador do Observatório da Juventude da UFMG.

Isabel de Oliveira e Silva

Doutora em Educação pela Universidade Federal de Minas Gerais, professora adjunta da Faculdade de Educação e do Programa de Pós-Graduação em Educação da UFMG.

Isamara Coura

Mestre em Educação pela Universidade Federal de Minas Gerais, graduada em História.

Juarez Dayrell

Doutor em Educação pela Universidade de São Paulo, professor associado da Faculdade de Educação e do Programa de Pós-Graduação em Educação da UFMG. Coordenador do Observatório da Juventude da UFMG e pesquisador do CNPq.

Leôncio Soares

Doutor em Educação pela Universidade de São Paulo, professor associado da Faculdade de Educação e do Programa de Pós-Graduação em Educação da UFMG. Pesquisador do CNPq e da FAPEMIG.

Lúcia Helena Alvarez Leite

Doutora em Pedagogia pela Universidad de Valência, professora adjunta da Faculdade de Educação e do Programa de Pós-Graduação em Educação da UFMG.

Luiz Alberto Oliveira Gonçalves

Doutor em Sociologia pela École de Hautes Études en Sciences Sociales e professor associado da Faculdade de Educação e do Programa de Pós-Graduação em Educação da UFMG. Pesquisador do CNPq.

Luiz Felipe Lopes Cunha

Mestre em Educação pela Universidade Federal de Minas Gerais, graduado em Filosofia. Integrante da ONG Amanu – Educação, Ecologia e Solidariedade.

Autores

MARCELO EDGARDO REINOSO FAÚNDEZ

Mestrando em Educação pela Universidade Federal de Minas Gerais, graduado em Pedagogia pela Universidad de la Frontera e educador do Programa Interdisciplinario de Investigaciones em Educación.

NILMA LINO GOMES

Doutora em Ciências Sociais pela USP, professora associada da Faculdade de Educação da UFMG e do Programa de Pós-Graduação em Educação da UFMG. Coordenadora do Programa Ações Afirmativas da UFMG e pesquisadora do CNPq.

ROGÉRIO CUNHA CAMPOS

Doutor em Educação pela USP. Professor associado da Faculdade de Educação e do Programa de Pós-Graduação em Educação da UFMG.

SHIRLEY APARECIDA DE MIRANDA

Doutora em Educação pela Universidade Federal de Minas Gerais, professora adjunta da Faculdade de Educação da Universidade Federal de Minas Gerais. Pesquisadora do Programa Ações Afirmativas da UFMG.

WINDSON JEFERSON MENDES DE OLIVEIRA

Doutor em Educação pela Universidade Federal de Minas Gerais e professor titular da Academia da Polícia Militar de Minas Gerais.

267

Qualquer livro do nosso catálogo não encontrado nas
livrarias pode ser pedido por carta, telefone ou pela Internet.

Rua Aimorés, 981, 8º andar – Funcionários
Belo Horizonte-MG – CEP 30140-071

Tel: (31) 3222 6819
Fax: (31) 3224 6087
Televendas (gratuito): 0800 2831322

vendas@autenticaeditora.com.br
www.autenticaeditora.com.br

Este livro foi composto com tipografia Times New Roman e impresso
em papel Off Set 75 g na Label Artes Gráficas.